中国中部地区经济高质量发展报告

(2024~2025)

Report on High Quality Economic Development in Central China (2024-2025)

主　编　刘耀彬

副主编　彭继增　聂长飞

《中国中部地区经济高质量发展报告（2024～2025）》编委会

主　　编　刘耀彬

副 主 编　彭继增　聂长飞

编写组成员　王圣云　罗海平　温湖炜　李　晶　徐宝亮
钟无涯

主编简介

刘耀彬 管理学博士，南昌大学经济管理学院教授，博士生导师。现任江西财经大学党委书记，兼任中国区域经济学会副理事长、中国地理学会城市与区域管理专业委员会副主任、江西省数字经济学会理事长。国家级重大人才工程人选（2012），全国杰出专业技术人才（2014），国家社科基金重大项目首席专家。在 *Annals of the Association of American Geographers*、《中国工业经济》等刊物上发表论文 100 多篇，出版专著 10 余部，近 5 年研究成果入选国家哲学社会科学成果文库（2024），获第九届高等学校科学研究优秀成果奖（人文社会科学）二等奖（2024）、国家级教学成果奖二等奖（2023）、全国教材建设先进个人（2021）、江西省普通高等学校优秀教材一等奖（2024）、江西省科学技术奖自然科学类二等奖（2024）、江西省教学成果奖特等奖（2023）、江西省社会科学优秀成果一等奖（2021）和二等奖（2023）。

彭继增 经济学博士，南昌大学经济管理学院二级教授，博士生导师。江西省高等学校第七批青年骨干教师（2011），省部级人才，国家社科基金通讯评审专家；江西省人民政府研究室特约研究员，中共江西省委办公厅信息决策咨询专家，江西省社会科学界联合会省情研究首席专家，江西省政协第十二届委员会港澳台和外事委员会专家；中国工业经济学会理事，江西省金融学会常务理事。主要从事产业经济与国际经济教学科研工作。主持国家社科基金项目 4 项（重点 1 项）、省部级科研项目 10 余项。在《金融研究》

《经济地理》等期刊发表学术论文80余篇，出版学术专著4部，3篇咨政报告获省长肯定性批示，6篇咨政报告获副省级领导肯定性批示，获江西省社会科学优秀成果奖等省部级二等奖6项（排名第1）、一等奖1项（排名第2）、三等奖1项（排名第1）。

聂长飞　经济学博士，南昌大学经济管理学院副教授，硕士生导师。兼任中国政治经济学学会理事，主持国家社科基金青年项目等课题，在《统计研究》《数量经济技术经济研究》《经济学动态》等学术期刊上发表40多篇学术论文，3篇论文被《新华文摘》、中国人民大学复印报刊资料等转载，出版学术专著1部，2篇决策咨询报告获省级领导批示。

王圣云　理学博士，南昌大学中国中部经济社会发展研究中心研究员，南昌大学香樟英才特聘教授，经济管理学院博士生导师。美国密歇根州立大学访问学者，江西省百千万人才工程人选，江西省文化名家暨“四个一批”人才。主持国家社科、国家自然科学基金项目4项，在《数量经济技术经济研究》、《中国软科学》、*Journal of Cleaner Production* 等期刊发表学术论文60多篇。多篇决策咨询报告获得省委、省政府主要领导肯定性批示，获江西省社会科学优秀成果奖5次。

罗海平　经济学博士，南昌大学中国中部经济社会发展研究中心研究员，博士生导师。兼任中共江西省委办公厅信息决策咨询专家，主持完成国家社科基金项目3项、省部级以上课题20余项，在《中国软科学》《经济学家》《经济评论》等学术期刊上发表学术论文100余篇，20余篇咨政成果获省级领导肯定性批示，其中省主要领导批示3篇。

温湖炜　经济学博士，南昌大学经济管理学院教授，博士生导师。入选江西省赣鄱俊才支持计划·高校青年领军人才培养项目，兼任中国工业经济学会理事，主持国家社科基金青年项目等10余项，在《统计研究》《国际贸易问题》等学术期刊上发表50余篇学术论文，3篇论文被《新华文摘》或中国人民大学复印报刊资料全文转载，出版学术专著2部。

李　晶　金融学博士，南昌大学中国中部经济社会发展研究中心副研究员，硕士生导师，日本九州大学公派访问学者，中国投入产出学会理事。主持国家社科基金项目2项，在*Energy Economics*、*Economic Systems Research*等期刊上发表论文10余篇，出版学术专著4部。

徐宝亮　经济学博士，南昌大学经济管理学院讲师。主持江西省社科基金项目等课题，在《经济研究》《南开经济研究》《当代经济科学》等学术期刊上发表学术论文10余篇，部分论文被中国人民大学复印报刊资料转载。

钟无涯　经济学博士，南昌大学中国中部经济社会发展研究中心专职研究员。主持国家社科基金项目等多项课题，已在各类学术期刊上发表数十篇学术论文，部分论文被《新华文摘》、中国人民大学复印报刊资料等转载，出版学术专著多部，2篇决策咨询报告获省级领导批示。

目 录

I 总报告

II 分报告

III 专题报告

总 报 告

Z.1 中国中部地区经济高质量发展的新定位与新内涵

第一节　中部地区经济高质量发展的研究

党的二十大报告指出，实现高质量发展是“中国式现代化的本质要求”，是“全面建设社会主义现代化国家的首要任务”。促进中部地区加快崛起，是实现区域协调发展、推动高质量发展的关键一环和必然要求。2024 年 3 月 20 日，习近平总书记在湖南省长沙市主持召开新时代推动中部地区崛起座谈会时指出，“在更高起点上扎实推动中部地区崛起”，他还明确强调，“中部地区是我国重要粮食生产基地、能源原材料基地、现代装备制造及高技术产业基地和综合交通运输枢纽，在全国具有举足轻重的地位。要一以贯之抓好党中央推动中部地区崛起一系列政策举措的贯彻落实，形成推动高质量发展的合力，在中国式现代化建设中奋力谱写中部地区崛起新篇章”[①]。2024 年 5 月 27

① 《习近平主持召开新时代推动中部地区崛起座谈会强调 在更高起点上扎实推动中部地区崛起》，《人民日报》2024 年 3 月 21 日。

日，中共中央政治局召开会议，审议《新时代推动中部地区加快崛起的若干政策措施》，提出要“推动中部地区崛起取得新的重大突破”。在此背景下，切实有效推动中国中部地区经济高质量发展，成为一个重大的理论和实践问题。

学术界有关中国中部地区经济高质量发展的研究主要聚焦中部地区崛起和经济高质量发展两方面。截至 2024 年 6 月，在“中国知网”以“中部崛起”为主题词进行检索，文献总量达 7688 篇；以“高质量发展”为主题词进行检索，文献总量高达 17.99 万篇。

在研究内容方面，与中部地区崛起相关的文献主要分为三类。第一类文献主要论证中部地区崛起的必然性。一方面，中部地区具有承东启西、连南通北的区位优势，是国家区域协调发展战略的重点区域①；另一方面，中部地区崛起战略作为中国区域协调发展战略的重要组成部分，在推动共同富裕中起着关键作用②。第二类文献主要关于中部地区崛起面临的挑战，具体包括一体性挑战、开放性挑战、空间统筹挑战和政策弱势挑战等③。除此之外，正确处理开发和保护的矛盾、正确处理人口资源环境之间的关系，对中部地区来说同样是巨大的挑战④。第三类文献主要关于中部地区崛起的路径选择。具体而言，为促进中部地区加速崛起，中部地区应坚持安全、承载和动态三大基本点，坚持系统、创新、和谐三大观念，坚持能力、效率、质量提升三大导向，积极探索绿色崛起新发展模式，推动形成开发与保护相协调的新格局，加强治理与管控，持续改善人居环境和环境质量，优化能源结构和控制能源消费总量，健全区域协调、绩效考核、产业准入、产业置换等保障机制⑤。

与经济高质量发展相关的文献在研究内容上主要分为五类。第一类是关

---

① 董锁成等：《中部地区资源环境、经济和城镇化形势与绿色崛起战略研究》，《资源科学》2019 年第 1 期。

② 金凤君、马丽：《新时代中部地区绿色崛起的方向与路径》，《改革》2021 年第 7 期。

③ 范恒山：《中部地区实现全面崛起的挑战与重点路径》，《区域经济评论》2018 年第 1 期。

④ 肖金成：《中部崛起的新机遇与新挑战》，《区域经济评论》2018 年第 1 期。

⑤ 金凤君、马丽：《新时代中部地区绿色崛起的方向与路径》，《改革》2021 年第 7 期。

于高质量发展历史必然性的研究。具体而言，由高速增长阶段转为高质量发展阶段，是中国经济可持续发展的必然选择，是适应新时代、新常态和新发展理念的必然要求，是遵循经济发展客观规律的必然结果，是实现社会主义现代化的必由之路①。同时，中国经济转向高质量发展阶段也是生产力不断发展、适应我国主要矛盾变化以及摆脱传统经济增长方式依赖、促进经济持续健康发展的必然结果②，是符合国际发展经验的。第二类是关于高质量发展特征和内涵的研究，主要观点包括：经济高质量发展有其内在的学理逻辑，具有多维性、质量性、动态性、人民性等特征③，具有凸显新发展理念引领性、统筹高质量发展和高水平安全的联动性、在显著提升效率中促进公平正义性等内涵④，是贯彻新发展理念，推动经济、政治、文化、社会、生态文明"五位一体"全面可持续发展的经济发展方式⑤。第三类是关于高质量发展水平测度的研究。聂长飞和简新华⑥依据"四高一好"的衡量标准构建指标体系，从时间、空间、区域等维度对高质量发展指数进行了深入分析。钞小静等⑦立足"条件—过程—结果"的三维分析框架，构建经济高质量发展的综合评价指标体系，对中国 282 个地级市的高质量发展水平进行测度，发现中国城市经济高质量发展水平总体呈现稳步上升趋势。第四类是关

① 李彩华：《中国经济转向高质量发展阶段的历史必然性》，《中南财经政法大学学报》2019 年第 1 期。

② 林昌华：《新时代我国经济高质量发展的内在逻辑探究——基于社会主要矛盾变化的视域》，《福建论坛》（人文社会科学版）2019 年第 11 期；周小亮、吴洋宏：《经济高质量发展的历史逻辑及其实现路径——以总量生产函数分析为视角》，《东南学术》2019 年第 6 期；任保平、李培伟：《中国式现代化进程中着力推进高质量发展的系统逻辑》，《经济理论与经济管理》2022 年第 12 期。

③ 邹升平、高笑妍：《经济高质量发展的研究进路与深化拓展》，《宁夏社会科学》2023 年第 3 期。

④ 陈健：《中国式现代化新征程经济高质量发展研究》，《现代经济探讨》2024 年第 3 期。

⑤ 王伟：《经济增长、经济发展与经济高质量发展的逻辑内涵》，《中学政治教学参考》2023 年第 12 期。

⑥ 聂长飞、简新华：《中国高质量发展的测度及省际现状的分析比较》，《数量经济技术经济研究》2020 年第 2 期。

⑦ 钞小静、廉园梅、沈路：《中国经济高质量发展的时空差异与收敛特征研究——基于"条件—过程—结果"的三维测度》，《财经问题研究》2023 年第 3 期。

于高质量发展水平影响因素的研究。总体而言，高质量发展的影响因素是多方面的，包括知识产权保护①、数字经济②、中国省域文化产业③、资产结构配置④等。第五类是关于高质量发展路径的研究。具体而言，包括充分挖掘内需动能潜力、优化生产结构、保障新旧动能平稳转换，综合运用改革、开放、创新等政策工具，释放新动能发展活力以切实有效促进高质量发展⑤。

通过以上梳理可以发现，有关中部地区崛起和高质量发展的研究已经十分丰富，本报告在此基础上，综合 2024 年 3 月新时代推动中部地区崛起座谈会的主要精神，对中国中部地区经济高质量发展的新定位和新内涵进行阐述。

第二节　中国中部地区经济发展概况

一　中部地区范围界定

中国中部地区属于经济地理概念，不同于传统地理概念的“华东地区”和“华中地区”。中国中部地区的界定是相对的，会根据国家经济政策的变动而改变。1986 年，全国人大六届四次会议通过“七五”计划，首次将我国划分为东部、中部和西部三个区域，其中中部地区包括山西、内蒙古、吉林、黑龙江、安徽、江西、河南、湖北、湖南、广西 10 个省份。2000 年，《国务院关于实施西部大开发若干政策措施的通知》发布，由于当时内蒙古和广西的经济发展水平与西部平均水平较为接近，在西部大开发战略实施过程中，将内蒙古和广西统一纳入西部大开发战略的政策优惠，从而中部地区省份数量由 10 个减少为 8 个。2004 年，国务院《政府工作报告》首次提出

① 聂长飞、冯苑、张东：《知识产权保护与经济增长质量》，《统计研究》2023 年第 2 期。

② 任燕燕、王文悦、王娜：《数字经济对经济高质量发展的影响》，《当代财经》2024 年第 12 期。

③ 苏晓智、周克勤：《中国省域文化产业与经济高质量发展的动态响应及协调效应研究》，《资源开发与市场》2024 年第 8 期。

④ 许志勇、张娜：《资产结构配置对企业高质量发展的影响研究——基于数字经济调节效应的分析》，《科研管理》2024 年第 6 期。

⑤ 胡文哲、王明姬：《我国经济增长新旧动能转换路径分析》，《宏观经济管理》2023 年第 11 期。

中部地区崛起战略，有关中部地区的界定引发进一步讨论。2006 年，中共中央、国务院发布《关于促进中部地区崛起的若干意见》，将“中部地区”定义为包括华北地区的山西，华中地区的河南、湖北、湖南以及华东地区的安徽、江西，中部地区省份数量进一步减少为 6 个。

本报告基于推动中国中部地区经济高质量发展、促进中部地区加快崛起的目标，遵循《关于促进中部地区崛起的若干意见》的划分标准，即中部地区包括山西、安徽、江西、河南、湖北、湖南六省。

二 中部地区发展现状分析

1. 中部地区经济总体发展概况分析

中部六省自北向南依次为山西、河南、安徽、湖北、江西、湖南，最大城市为武汉。中部地区总面积 102.8 万平方公里，占全国陆地总面积的 10.71%。从人口总量来看，2022 年，中部地区总人口 3.65 亿人，占全国总人口的 25.8%，是我国人口高密度集聚地。因此，中部地区经济高质量发展对推动我国经济高质量发展，实现区域协调发展和中国式现代化具有重要意义。

如表 1-1 所示，在地区经济发展方面，从总量来看，2022 年，中部地区生产总值（GDP）达到 26.65 万亿元，占全国的 22.0%，与人口占比相比，低 3.8 个百分点；从均量来看，2022 年中部地区人均 GDP 达到 74327 元，全国人均 GDP 为 85698 元，中部地区人均 GDP 相当于全国的 86.7%，低于平均水平。从经济增速来看，2022 年，中部地区的 GDP 增速达 6.5%，比全国 GDP 增速高出 3.5 个百分点；人均 GDP 增速达 7.2%，高出全国人均 GDP 增速 4.2 个百分点，处于加速崛起阶段，表现出强劲的经济韧性和发展潜力。然而，客观来看，中部地区崛起战略提出 20 多年来，中部地区与实现完全崛起还存在一定距离，不少关键指标还落后于全国和东部地区，特别是当前我国经济发展正经历百年未有之大变局，国际形势动荡不安，短期不确定性因素增加，给中部地区经济高质量发展带来了严峻的挑战。

表 1-1　2022 年中部地区主要经济社会发展指标与全国对比情况

项目	总人口（万人）	GDP（亿元）	人均 GDP（元）	GDP 增速（%）	人均 GDP 增速（%）
中部地区	36456	266512.7	74327	6.5	7.2
全国	141175	1210207.2	85698	3.0	3.0
中部地区占比（%）	25.8	22.0	86.7	—	—

资料来源：《中国统计年鉴 2023》。

2. 中部六省经济发展概况分析

表 1-2 展示了 2022 年中部六省与全国的各项经济社会发展指标对比情况。在总人口方面，河南总人口最多，达 9872 万人，逼近 1 亿人大关，占全国的 6.99%，山西总人口最少，但也达到了 3481 万人，占全国的 2.47%，可见中部地区的重要战略地位。

在经济总量方面，2022 年中部六省 GDP 占全国 GDP 比重分别为 5.07%（河南）、4.44%（湖北）、4.02%（湖南）、3.72%（安徽）、2.65%（江西）和 2.11%（山西），可以看出河南、湖北、湖南和安徽四省发展水平靠前。

在均量方面，中部六省人均发展水平相对落后，2022 年中部六省人均 GDP 分别是全国平均水平的 107.42%（湖北）、85.97%（山西）、85.89%（安徽）、85.88%（湖南）、82.76%（江西）和 72.47%（河南）。其中，除了湖北超过全国平均水平外，其余五省皆低于全国平均水平。

在增速方面，2022 年中部六省在经济增长上保持“强韧性”，表现出强大的经济活力和发展潜能。具体而言，江西、湖南、山西和湖北四省的经济总量增速均保持在 4.3%及以上，超出全国平均水平至少 1.3 个百分点，安徽和河南经济总量增速同样高于全国平均水平，展现出强大的经济韧性。中部六省人均 GDP 增速皆高于全国平均水平，实现稳步增长，山西人均 GDP 增速达到 13.7%，超出全国人均 GDP 增速 10.7 个百分点，展现出良好的经济发展态势。

表 1-2　2022 年中部六省主要经济社会发展指标与全国对比情况

地区	总人口（万人）	GDP（亿元）	人均 GDP（元）	GDP 增速（%）	人均 GDP 增速（%）
山西	3481	25642.6	73675	4.4	13.7
安徽	6127	45045	73603	3.5	4.7
江西	4528	32074.7	70923	4.7	4.6
河南	9872	61345.1	62106	3.1	3.5
湖北	5844	53734.9	92059	4.3	3.4
湖南	6604	48670.4	73598	4.5	4.8
全国	141175	1210207.2	85698	3.0	3.0

资料来源：《中国统计年鉴 2023》。

三　中部地区崛起战略实施以来的中部地区发展历程分析

1. 基于经济总量的分析

自 2004 年国务院《政府工作报告》首次提出中部地区崛起以来，中部地区在国家政策扶持下稳步发展，逐步向实现中部地区崛起目标迈进。图 1-1 展示了 2004~2022 年中部地区 GDP 的发展演化过程，可以看出，2004~2022 年中部地区经济规模明显扩大，在全国的战略地位日益提升，在经济社会发展中发挥着支撑作用。中部地区 GDP 由 2004 年的 3.17 万亿元增加到 2022 年的 26.65 万亿元，增加了 23.48 万亿元，增长了 7.41 倍，年均增长 12.56%；中部地区 GDP 占全国 GDP 比重由 2004 年的 19.61%增加到 2022 年的 22.02%，逼近全国经济总量的 1/4，提高了 2.41 个百分点，平均每年提高 0.13 个百分点，中部地区在全国经济发展中的重要性日益突出。此外，值得注意的是，以 2012 年为拐点，中部地区经济发展速度呈现两种状态。2012 年之前，中部地区 GDP 占全国 GDP 比重总体加速上升，由 2004 年的 19.61%上升至 2012 年的 21.43%。2012 年之后，中部地区 GDP 占全国 GDP 比重总体波动性上升，由 2012 年的 21.43%波动上升到 2022 年的 22.02%，平均每年上升 0.06 个百分点。

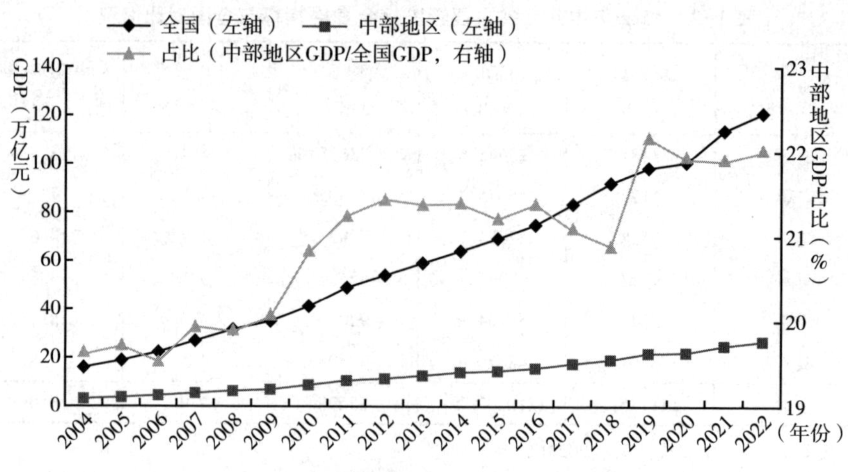

图 1-1　2004~2022 年中国中部地区 GDP 发展变化趋势

2. 基于均量的分析

从均量来看，2004~2022 年中部地区人均 GDP 及其占全国人均 GDP 的比重总体呈波动上升趋势。具体来看，如图 1-2 所示，中部地区人均 GDP 由 2004 年的 0.91 万元增加到 2022 年的 7.43 万元，共增加 6.52 万元，平均每年增加 0.36 万元，人均 GDP 占全国人均 GDP 的比重由 2004 年的 72.81%上升到 2022 年的 86.73%，共上升 13.92 个百分点，平均每年上升 0.77 个百分点。中部地区崛起战略提出 20 多年来，中部地区受国家利好政策的推动和政府的扶持，经济水平不断提升，在全国的经济权重也持续提高，但人均 GDP 始终没有达到并超过全国平均水平，中部地区仍然需要加快崛起步伐。分阶段来看，中部地区崛起主要经历了加速崛起和减速崛起两个阶段，2004~2012 年中部地区加速崛起，人均 GDP 占全国人均 GDP 的比重由 2004 年的 72.81% 上升到 2012 年的 81.14%，共上升 8.33 个百分点，平均每年上升 1.04 个百分点。2013~2022 年，中部地区减速崛起，人均 GDP 占全国人均 GDP 的比重总体呈“U”形变化趋势，2013~2018 年总体下降，2018~2022 年总体上升，究其原因可能是，进入新时代以来，国家对经济发展的要求由对“量”的追求转变为对“质”的追求，在这个过程中中部地区在多个领域积极转型，不断提高经济高质量发展水平。

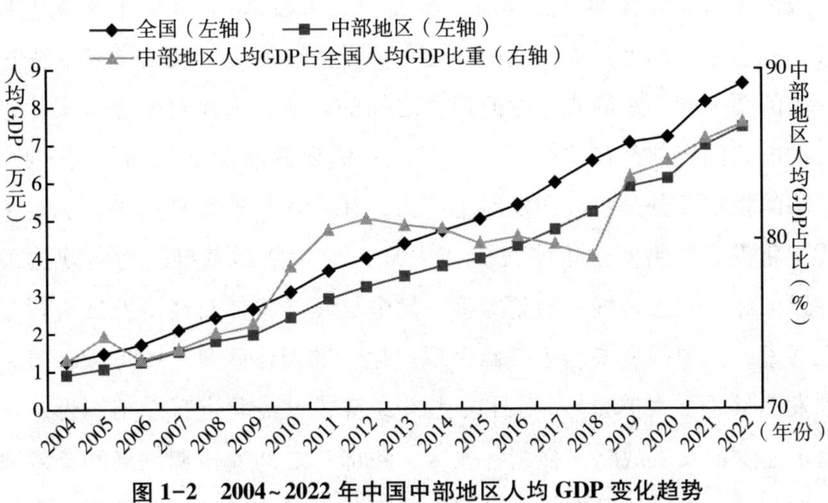

图 1-2　2004~2022 年中国中部地区人均 GDP 变化趋势

第三节　中国中部地区经济高质量发展的新定位

一　经济高质量发展的演进逻辑

中国经济发展经历了“有没有”到“好不好”的历史性转变，其中，经济量与质的跨越关键在于从当下社会主要矛盾出发，始终坚持党的领导，坚持马克思列宁主义、毛泽东思想、邓小平理论、“三个代表”重要思想、科学发展观和习近平新时代中国特色社会主义思想，遵循新时代社会经济发展规律，基于不同时期的实际情况，指导经济发展从注重量向注重质转变①。

① 吴茜：《中国式现代化进程中推动经济高质量发展的演进逻辑》，《河北师范大学学报》（哲学社会科学版）2024 年第 3 期。

1. 经济高质量发展的历史逻辑

（1）社会主义革命和建设时期。新中国成立之初，工人阶级与民族资产阶级的矛盾成为我国主要矛盾，经过“三大改造”，社会主义改造基本完成，社会主义制度建立，我国社会主要矛盾转变为人民对于建立先进的工业国的要求同落后的农业国的现实之间的矛盾，人民对于经济文化迅速发展的需要同当前经济文化不能满足人民需要的状况之间的矛盾。此时，党面临的根本任务是解放和发展生产力，让人民快速富裕起来，满足人民物质文化需求，为实现中华民族伟大复兴奠定物质基础。为实现建设目标，以毛泽东同志为核心的党的第一代中央领导集体对经济发展进行了一系列探索，为中国发展制定“四个现代化”的宏伟蓝图。1956 年 4 月，毛泽东发表《论十大关系》，对社会主义经济建设经验进行总结，否定了单一追求速度的发展战略，强调各地区、各部门之间要协调发展和统筹兼顾多方面利益，追求经济发展质量的思想初步形成。党的八大指出，在经济工作中要坚持既反保守又反冒进，即在综合平衡中稳步前进的经济建设方针，并提出国民经济建设第二个五年计划。1960 年 9 月，中共中央首次提出“调整、巩固、充实、提高”八字方针，以更好地调整经济发展方向、稳固发展，促进经济稳步增长。社会主义革命和建设时期，国家在经济发展道路和方向的探索方面侧重于“量”的提升，对经济质量作要求的思想处于萌芽阶段。

（2）改革开放和社会主义建设时期。该时期，我国社会主要矛盾是人民日益增长的物质文化需要同落后的社会生产之间的矛盾，党面临的主要任务依旧是解放和发展生产力，使人民摆脱贫困、尽快富裕起来，推动中华民族伟大复兴。1978 年党的十一届三中全会召开，会议明确了党和国家的工作应该以经济建设为中心，将现代化建设作为经济发展的目标，对此邓小平从我国底子薄、人口多的实际国情出发，提出了未来经济发展的“三步走战略”：第一步解决人民生活温饱问题，第二步人民生活水平达到小康，第三步人民实现共同富裕。在经济建设方面，党中央注重经济质量问题，邓小平指出，经济发展要“讲效益，讲质量，搞外向型经济”，不鼓励“不切实际的高速度”，“要扎扎实实，讲求效益，稳步协调地发展”①。之后，党的十六大提出新型工业化道路，党的十七大根据科学发展观提出“生产发展、生活富裕、生态良好”的发展道路，突出发展的质量和效益，突出又好又快，突出人民共享发展成果，突出可持续发展，并明确了完善内外联动、互利共赢、安全高效的开放型经济体系。此外，2005 年的“十一五”规划和党的十七大报告依次强调了经济增长要由粗放型转为集约型，从根本上转变经济增长方式。改革开放和社会主义建设时期，在党中央对经济建设的持续探索中，我国对经济增长的要求逐渐由“量”转变为“质”，经济高质量发展的思想体系已经初步形成。

（3）中国特色社会主义新时代。新时代，我国社会主要矛盾转变为人民日益增长的美好生活需要和不平衡不充分的发展之间的矛盾。党的十八大以来，中国特色社会主义进入新时代，以习近平同志为核心的党中央所面临的主要任务是持续推动经济高质量发展，提高人民生活质量，满足人民美好生活需求，实现共同富裕，推进中华民族伟大复兴。对此，党中央对新时代中国特色社会主义建设所面临的新阶段的发展理念、战略、目标、动力、政策取向等一系列重大问题进行了深刻论述，形成了系统全面的经济发展思想，并在经济实践中逐步形成、完善高质量发展相关理论②。2012 年 11 月，习近平总书记在党的十八届一中全会上对经济发展的质量和效益的重要性进行强调，要求切实把推动发展的立足点转到提高质量和效益上来③。2013 年 4 月，习近平主席在博鳌亚洲论坛 2013 年年会上进一步阐述了经济转向高质量发展的方式，提出要加大转变经济发展方式、调整经济结构力度，更加注重发展质量和改善民生④。2014 年 7 月，习近平主席在出席金砖国家领导

① 《邓小平文选》（第三卷），人民出版社，1993。

② 刘耀彬、聂长飞：《中国式现代化进程中高质量发展的新定位、新内涵与新路径》，《经济学家》2023 年第 7 期。

③ 《必须把推动发展的立足点转到提高质量和效益上来》，中国共产党新闻网，2012 年 12 月 11 日，http：//theory. people. com. cn/n/2012/1211/c352852-19861871. html。

④ 《习近平在博鳌亚洲论坛 2013 年会上的主旨演讲（全文）》，中国政府网，2013 年 4 月 7 日，https：//www. gov. cn/ldhd/2013-04/07/content_ 2371801. htm。

人第六次会晤时强调，“我们要调整经济结构，实现更高质量发展”①。2015年党的十八届五中全会召开，习近平总书记在会议上强调，要坚持科学发展，并提出经济建设要贯彻创新、协调、绿色、开放、共享的新发展理念②。2017年10月18日，党的十九大召开，习近平总书记在会议上首次提出“我国经济已由高速增长阶段转向高质量发展阶段”，必须坚持质量第一、效益优先，不断增强我国经济创新力和竞争力③。2022年10月16日，党的二十大召开，会议提出“高质量发展是全面建设社会主义现代化国家的首要任务”，并强调坚持以高质量发展为主要经济增长方式④。

2. 经济高质量发展的理论逻辑

首先，经济高质量发展概念彰显了人民性。人民性是马克思主义哲学的鲜明优秀理论品质，也是经济高质量发展的精髓。习近平总书记强调，“高质量发展，就是能够很好满足人民日益增长的美好生活需要的发展”⑤。高质量发展概念继承和发展了历史唯物主义关于人民主体性和人民是历史创造者的基本原理，坚持以人民为中心，明确人民主体性，尊重人民群众的首创精神，将提高人民生活水平、满足人民日益增长的美好生活需要作为发展目标，充分体现了马克思主义哲学将人民利益作为最高追求的价值导向。

其次，经济高质量发展概念体现了辩证思维方法论。辩证唯物主义认为事物是普遍联系和永恒发展的，事物发展过程既表现为量变质变的不断交替，也表现为肯定否定的循环往复。回顾经济高质量发展进程，高质量发展

---

① 《习近平出席金砖国家领导人第六次会晤并发表重要讲话》，中国政府网，2014年7月16日，https：//www.gov.cn/xinwen/2014-07/16/content_2718093.htm。

② 《中国共产党第十八届中央委员会第五次全体会议公报》，中央纪委国家监委网站，2015年10月29日，https：//www.ccdi.gov.cn/special/wzqh/vedio_wzqh/201510/t20151029_64206.html。

③ 《习近平：决胜全面建成小康社会 夺取新时代中国特色社会主义伟大胜利——在中国共产党第十九次全国代表大会上的报告》，共产党员网，2017年10月18日，https：//www.12371.cn/2017/10/27/ARTI1509103656574313.shtml。

④ 《习近平：高举中国特色社会主义伟大旗帜 为全面建设社会主义现代化国家而团结奋斗——在中国共产党第二十次全国代表大会上的报告》，中国政府网，2022年10月25日，https：//www.gov.cn/xinwen/2022-10/25/content_5721685.htm。

⑤ 习近平：《开创我国高质量发展新局面》，《求是》2024年第12期。

将经济增长与各个领域的建设相联系，互惠互利、相辅相成，实现了经济“有没有”到“好不好”的转变以及从“量”到“质”的跨越。经济高质量发展要求充分遵循事物发展的客观规律，注重事物之间的普遍联系，实事求是地看待发展速度和发展质量之间的联系，充分体现了马克思主义哲学的辩证思维。

最后，经济高质量发展概念坚持全面性和系统性。全面性和系统性强调事物之间的普遍联系，事物的发展过程是一个十分复杂的系统工程。习近平总书记强调，“高质量发展……是体现新发展理念的发展，是创新成为第一动力、协调成为内生特点、绿色成为普遍形态、开放成为必由之路、共享成为根本目的的发展”①。要将创新、协调、绿色、开放、共享的新发展理念融入经济发展过程，从而构成多方面相互联系的系统，体现了党中央在发展问题上的全面性系统性思维以及经济高质量发展概念的全面性和系统性。

二　中部地区经济高质量发展的政策演进与发展成就

1. 中部地区崛起战略的政策演进

中部地区作为我国东西部、南北方之间的连接纽带，拥有我国1/4以上的人口，其发展状况关乎区域协调发展大局。然而，中部地区发展相对滞后，地区发展不平衡不充分是长期存在的问题。为了促进中部地区经济高质量发展、推动区域协调发展、推进中国式现代化、实现共同富裕，中部地区崛起战略应运而生。在近20年的持续发展建设中，国家做出一系列相关政策调整，以推动中部地区加速崛起。

（1）中部地区崛起战略的初步形成。2004年3月5日，国务院总理温家宝在第十届全国人民代表大会第二次会议上首次明确提出促进中部地区崛起，旨在推动中部地区加快发展速度，打破区域发展不充分不平衡的局面，统筹区域协调发展，形成东中西互动、优势互补、相互促进、共同发展的新格局。

① 习近平：《开创我国高质量发展新局面》，《求是》2024年第12期。

2006 年 2 月 15 日，国务院总理温家宝主持召开国务院常务会议，研究促进中部地区崛起问题，会议明确强调中部地区崛起战略是促进区域协调发展总体战略的重大任务。同年 3 月 27 日，中共中央政治局召开会议，研究促进中部地区崛起工作。中共中央总书记胡锦涛主持会议。会议再次强调了中部地区崛起战略在我国社会经济发展中的重要地位，肯定了中部地区对我国发展做出的重大贡献。会议指出，中部地区崛起战略是一项长期任务，政府各部门要从实际出发全面落实中央有关中部地区崛起的各项重大任务和政策，踏实做好中部地区崛起各项工作。同年 4 月 15 日，中共中央、国务院发布《中共中央 国务院关于促进中部地区崛起的若干意见》（以下简称《意见》）。《意见》指出，要把中部地区建设成为粮食生产基地、能源原材料基地、现代装备制造及高技术产业基地和综合交通运输枢纽，简称“三基地、一枢纽”，充分发挥中部地区“承东启西”的作用。

（2）中部地区崛起战略的持续推进。2007 年 4 月，国家发展改革委设立国家促进中部地区崛起工作办公室，主要负责促进中部地区崛起有关工作的协调和落实，这标志着中部地区崛起战略进入了更具可操作性的阶段。

2008 年 1 月 11 日，为了贯彻《意见》精神，及时协调和解决中部地区崛起工作中面临的各种重大问题，经国务院同意，建立促进中部地区崛起工作部际联席会议（以下简称“联席会议”）制度。联席会议在贯彻国家有关中部地区崛起的重大部署、促进研究中部地区崛起重大问题、推动各部门交流、加快中部地区崛起方面发挥重要作用。

2009 年 9 月 23 日，国务院总理温家宝主持召开国务院常务会议，讨论并通过《促进中部地区崛起规划》。该规划指出，争取到 2015 年，中部地区实现经济发展水平显著提高、发展活力进一步增强、可持续发展能力明显提升、和谐社会建设取得新进展的目标；以薄弱环节为突破口，加快改革开放和体制机制创新，增强中部地区发展动力和活力；着力打造对外开放平台，加强与东部沿海地区及西部地区的交流合作，促进区域间优势互补、共同发展。

2012 年 7 月 25 日，国务院总理温家宝主持召开国务院常务会议，研究部署进一步实施促进中部地区崛起战略，会议讨论通过《关于大力实施促进中部地区崛起战略的若干意见》。会议强调要从粮食、能源、技术、服务、交通等多个方面加快推进中部地区崛起，不断开创促进中部地区崛起工作新局面。

2016 年 12 月 7 日，国务院总理李克强主持召开国务院常务会议，审议通过《促进中部地区崛起“十三五”规划》（以下简称《规划》）。《规划》在继承原有“三基地、一枢纽”定位基础上，根据新形势新任务新要求，提出了“一中心、四区”的战略定位，即全国重要先进制造业中心、全国新型城镇化重点区、全国现代农业发展核心区、全国生态文明建设示范区、全方位开放重要支撑区，确定了到“十三五”末的主要发展目标，明确了创新发展、转型升级、现代农业等方面的重点任务和保障措施。

2019 年 5 月 21 日，习近平总书记在南昌主持召开推动中部地区崛起工作座谈会，并指出要奋力开创中部地区崛起新局面。习近平总书记就做好中部地区崛起工作提出八点意见：一是推动制造业高质量发展，二是提高关键领域自主创新能力，三是优化营商环境，四是积极承接新兴产业布局和转移，五是扩大高水平开放，六是坚持绿色发展，七是做好民生领域重点工作，八是完善政策措施和工作机制①。

（3）中部地区崛起战略向高质量发展演变。2021 年 7 月 22 日，中共中央、国务院正式公布《中共中央 国务院关于新时代推动中部地区高质量发展的意见》，明确了推动中部地区高质量发展在坚持创新发展、坚持协调发展、坚持绿色发展、坚持开放发展和坚持共享发展五个方面的重点任务，对新时代新征程推动中部地区高质量发展具有全局性的指导意义。

2024 年 3 月 20 日，习近平总书记在湖南省长沙市主持召开新时代推动中部地区崛起座谈会。5 月 27 日，中共中央政治局召开会议，审议《新时

---

① 《习近平在江西考察并主持召开推动中部地区崛起工作座谈会》，中国政府网，2019 年 5 月 22 日，https：//www.gov.cn/xinwen/2019-05/22/content_ 5393815.htm。

代推动中部地区加快崛起的若干政策措施》《防范化解金融风险问责规定（试行）》，会议指出，推动中部地区崛起是以习近平同志为核心的党中央做出的重大战略决策，要推动中部地区崛起取得新的重大突破。

2. 中部地区崛起战略实施二十余年来经济高质量发展的瞩目成就

自2004年国务院《政府工作报告》首次提出促进中部地区崛起以来，中部地区崛起战略提出已逾20年。党的十八大以来，在以习近平同志为核心的党中央领导下，中部地区经济社会发展迈出坚实步伐、取得重大成就。

一是经济实力迈上新台阶。具体而言，中部地区经济总量由2004年的3.17万亿元增加到2022年的26.65万亿元，增长7倍多；人均GDP由2004年的0.91万元增加到2022年的7.43万元，连续跨越了七个“万元级”台阶，中部地区在全国经济社会发展中的支撑作用持续增强。具体到各个省份，中部六省的经济发展水平均有质的飞跃。其中，安徽省的经济总量由2004年的0.51万亿元增加到2022年的4.50万亿元，连续跨越了四个“万亿元级”台阶，人均GDP由2004年的8279元增加到2022年的73603元，实现了由“总量居中、人均靠后”向“总量靠前、人均居中”的历史性跨越①。江西省的GDP、人均GDP分别由2004年的0.35万亿元、7960元增长到2022年的3.21万亿元、70923元，实现了由“总量中下、人均靠后”向“总量中上、人均居中”的巨大跨越②。河南省的GDP、人均GDP分别由2004年的0.84万亿元、9047元增长到2022年的6.13万亿元、62106元③。山西省的GDP、人均GDP分别由2004年的0.35万亿元、10515元增长到2022年的2.56万亿元和73675元④。湖南省的GDP、人均GDP分别由

---

① 《安徽省2022年国民经济和社会发展统计公报》，安徽省人民政府网站，2023年3月24日，https：//www.ah.gov.cn/zfsj/tjgblmdz/sjtjgb/564232991.html。

② 《江西省2022年国民经济和社会发展统计公报》，https：//tjj.jiangxi.gov.cn/default/files/986d3cf5-e3e9-4503-b3af-2993a2b3f033.pdf。

③ 《2022年河南省国民经济和社会发展统计公报》，河南省发展改革委网站，2023年3月23日，https：//fgw.henan.gov.cn/2023/04-06/2720410.html。

④ 《山西省2022年国民经济和社会发展统计公报》，山西省人民政府网站，2023年3月24日，https：//www.shanxi.gov.cn/ywdt/sxyw/202303/t20230324_8210360.shtml。

2004 年的 0.55 万亿元和 9004 元增长到 2022 年的 4.87 万亿元和 73598 元[①]。湖北省的 GDP、人均 GDP 分别由 2004 年的 0.57 万亿元、9746 元增长到 2022 年的 5.37 万亿元、92059 元[②]。可见，中部六省的经济实力都得到了显著提升。

二是“三基地、一枢纽”，即粮食生产基地、能源原材料基地、现代装备制造及高技术产业基地和综合交通运输枢纽的地位日益巩固。作为粮食生产基地，2022 年中部地区粮食产量 2.03 亿吨，占全国粮食总产量的 29.5%，占比稳定在 30%左右，为国家粮食安全提供了重要保障。作为能源原材料基地，中部地区储备了大量能源，其中江西赣州有“稀土王国”“世界钨都”之称，离子型稀土储备量占全国的 80%。此外，山西作为我国煤炭生产大省，煤炭资源丰富、储备量大、分布广，煤炭品种齐全、质量优，2022 年山西省原煤产量达到 130715 万吨。作为现代装备制造及高技术产业基地，中部地区新一代信息技术、新能源汽车、先进轨道交通、航空航天、新材料、现代生物医药、现代种业等重点新兴产业发展壮大，在全国乃至全世界都具有较强竞争力。作为综合交通运输枢纽，中部地区基础设施日益完善，2022 年中部地区公路里程达 141.62 万公里，占全国公路总里程的 26.45%，营业铁路、高速铁路、等级公路和高速公路密度均居四大板块第 2 位，在“连接南北、承接东西”方面中部地区发挥了关键的支撑作用。

三是创新能力建设取得明显成效。中部六省在长期经济发展中始终坚持创新的核心地位，深刻认识到创新是第一动力，不断优化创新资源的配置，完善科技创新体系，加快推动创新驱动发展战略的实施。2004~2022 年，中部地区技术市场成交额由 13.17 亿元增加到 1034.44 亿元，占全国技术市场成交额的比重由 9.87%提高到 21.64%，增加了 11.77 个百分点，年均增长 0.65 个百分点。2022 年，中部地区工业企业中研究与试验发展（R&D）人

① 《湖南省 2022 年国民经济和社会发展统计公报》，湖南省人民政府网站，2023 年 3 月 23 日，https：//www.hunan.gov.cn/hnszf/zfsj/tjgb/202303/t20230323_ 29297460.html。

② 《湖北省 2022 年国民经济和社会发展统计公报》，湖北省统计局网站，2023 年 4 月 17 日，https：//tjj.hubei.gov.cn/tjsj/tjgb/ndtjgb/qstjgb/202303/t20230316_ 4587528.shtml。

员达1220033人，占全国工业企业R&D人员总数的20.37%，发明专利授权量104070项，占全国的比重达到13.04%[①]。与此同时，随着数字基础设施建设不断推进，数字技术创新能力持续提升，中部地区数字经济规模不断扩大，成为稳增长促转型的重要引擎。

四是协调发展水平进一步提高。推动以人为核心的新型城镇化是促进区域协调发展的重要内容，是中部地区实现经济高质量发展目标的必经之路。2004年，中部地区常住人口城镇化率为41.76%；2022年，山西、江西、安徽、河南、湖北、湖南的常住人口城镇化率分别达到63.96%、62.07%、60.20%、57.07%、64.67%、60.31%，中部地区城镇化水平大幅提升。城镇基础设施建设水平显著提高，2004~2022年，城市供气用气、供水用水、供热和环境建设等方面发生了从“建设不完善”到“有切实保障”的转变。

五是绿色发展深入推进。中部地区六省政府积极贯彻落实新发展理念，坚持“人与自然和谐共生”，积极推动生态文明建设，构建生态文明体系，在绿色发展方面取得显著成果。其中长江、黄河、淮河、洞庭湖和鄱阳湖等重点水域治理成效显著，水质得到明显改善，2020年以来，长江连续三年水质达到Ⅱ类，符合饮用水标准，一度“病得不轻”的长江实现“初愈”。2023年黄河流域水质首次提升到优，干流连续两年全线达到Ⅱ类水质，地表水优良水质断面比例达到91%。淮河水环境保障能力明显提升，水质常年保持在Ⅲ类。洞庭湖水质同样持续向好，实现了劣Ⅴ类到Ⅳ类的转变，生物多样性持续增加。2022年全国森林覆盖率达22.96%，中部地区森林覆盖率达到29.01%，超过全国平均水平6.05个百分点，中部地区绿色发展水平居全国前列。

六是开放水平再上新台阶。近20年来，中部地区不断深化改革开放，推进高水平对外开放，开放型经济加速发展，形成了更大范围、更宽领域、更深层次的对外开放格局。中部地区进出口总额由2004年的349.48亿美元增加到2022年的5675.92亿美元，共增加5326.44亿美元，2022年对外经济贸易规模扩大到2004年的16倍多，年均增长16.75%。中部地区进出口总额占全

① 根据《中国统计年鉴》计算。

国进出口总额比重由2004年的3.03%提高到2022年的9.00%。中部六省积极参与共建“一带一路”，扩大对外投资，外贸“新三样”成为各省对外贸易中的新增长点，走俏海外市场，“走出去”迈出可喜步伐，国际经济合作不断深化，对外贸易的朋友圈日益扩大。

七是共享发展达到新水平，人民幸福感日益增强。中部地区城镇居民人均可支配收入由2004年的7886.51元增加到2022年的42795.40元，共增加34908.89元，年均名义增长9.86%；农村居民人均可支配收入由2004年的2692.77元增加到2022年的16032.78元，共增加13340.01元，年均名义增长10.42%，人民收入水平稳步提升。中部地区城镇居民人均消费支出由2004年的5880.11元增加到2022年的26161.80元，农村居民人均消费支出由2004年的1590.91元增加到2022年的16491.38元，人民消费水平不断提高①。此外，中国在教育、医疗、公共服务、社会保障等领域也取得了良好的进展，共同富裕的物质基础不断夯实，人民群众获得感、幸福感明显提升②。

三 经济高质量发展的新定位

自中部地区崛起战略实施以来，特别是党的十八大以来，在以习近平同志为核心的党中央领导下，中部地区经济社会发展取得重大成就，人民生活水平实现提升，粮食生产基地、能源原材料基地、现代装备制造及高技术产业基地和综合交通运输枢纽的地位更加巩固，创新动能不断增强，城镇化水平超60%，绿色生活方式和发展方式基本形成，开放水平再上新台阶，共享发展达到新水平，中部地区发展来到了新的历史方位。

进入新时代，我国立足新的发展阶段和发展目标，基于对我国社会发展现状的科学判断，习近平总书记在党的十九大高屋建瓴地提出了“高质量发展”的宏伟战略，为我国新发展阶段指明了方向。自党的十九大首次提

① 根据《中国统计年鉴》计算。

② 刘耀彬、聂长飞：《中国式现代化进程中高质量发展的新定位、新内涵与新路径》，《经济学家》2023年第7期。

出“高质量发展”以来，中部地区积极贯彻落实国家发展战略，中部地区高质量发展的定位不断清晰。

党的十九大明确我国进入了高质量发展阶段。2017 年 12 月 18 日，习近平总书记在中央经济工作会议上提出，高质量发展是经济持续健康发展的必然要求，是适应我国社会主要矛盾变化和全面建成小康社会、全面建设社会主义现代化国家的必然要求，是遵循经济规律发展的必然要求①。2021 年 3 月 7 日，习近平总书记在参加十三届全国人大四次会议青海代表团审议时，明确了高质量发展是“十四五”乃至更长时期我国经济社会发展的主题，关系我国社会主义现代化建设全局。2022 年 10 月 16 日，党的二十大报告进一步清晰了高质量发展的定位，提出高质量发展是全面建设社会主义现代化国家的首要任务，是中国式现代化的本质要求。2024 年 1 月 31 日，习近平总书记在二十届中央政治局第十一次集体学习时的讲话中强调，高质量发展是新时代的硬道理②。2023 年 3 月 5 日十四届全国人大一次会议和 2024 年 3 月 5 日十四届全国人大二次会议均再次强调高质量发展是全面建设社会主义现代化国家的首要任务。党中央提出高质量发展以来，中部地区始终秉持党中央对高质量发展定位的判断，基于自身发展水平，从实际情况出发，持续推进中部地区高质量发展，将高质量发展作为中部地区崛起的首要任务。

高质量发展是新时代的硬道理，将高质量发展作为首要任务是推动中部地区崛起取得新的重大突破的必然要求。中部地区崛起是深入贯彻创新、协调、绿色、开放、共享的新发展理念的高质量发展。在创新方面，主动融入新一轮科技创新和产业变革，提高关键领域自主创新能力。在协调方面，坚持协调发展，增强城乡区域发展协同性。在绿色方面，坚持绿色发展，打造人与自然和谐共生的美丽中部。在开放方面，坚持开放发展，形成内陆高水平开放新体制。在共享方面，坚持共享发展，提升公共服务保障水平。因

① 习近平：《开创我国高质量发展新局面》，《求是》2024 年第 12 期。

② 《习近平在中共中央政治局第十一次集体学习时强调：加快发展新质生产力 扎实推进高质量发展》，中国政府网，2024 年 2 月 1 日，https：//www. gov. cn/yaowen/liebiao/202402/content_ 6929446. htm。

此，中部地区只有坚持推进高质量发展、将高质量发展作为首要任务，才能更好地全方面发展，实现中部地区加速崛起。

第四节 中国中部地区经济高质量发展的新内涵

一 经济高质量发展内涵的不断深化

进入新时代，特别是党的十八大以来，高质量发展的内涵不断深化，对其内涵的认识经历了三个阶段：第一阶段是对高质量发展基础理论的认识，第二阶段是对初步形成的高质量发展概念的认识，第三阶段是对成熟完善的高质量发展概念的认识。

第一阶段，即党的十八大到党的十九大期间，为实现经济快速增长，我们在能源、生态环境等方面付出了代价，党和政府开始注重经济增长的质量和效益，逐渐转变经济增长方式，质量变革、效率变革、动力变革加快实现，经济质的有效提升和量的合理增长成为重要特征①。学术界也展开了重点研究，其中李娟伟等②认为，需求结构调整、产业结构优化、供给结构改善等政策将是提高中国经济增长质量和效益的有效路径。此后，“质量第一、效益优先”成为经济发展的主题，推动经济增长方式由“量”到“质”的加速转变。在此基础上，习近平总书记立足国内经济社会发展阶段，深刻总结国内外发展经验，抓住国内主要矛盾，高屋建瓴地提出了创新、协调、绿色、开放、共享的新发展理念，进一步指明了国家经济增长方式转变的方向，也进一步丰富了高质量发展内涵。

第二阶段，习近平总书记在党的十九大上首次提出高质量发展，明确提出我国经济已经转向高质量发展阶段，这标志着对高质量发展内涵认识的进一步加深。基于我国社会主要矛盾发生了重大变化，经济增长方式处于转变

① 顾严、张欣欣、马小腾：《高质量发展的体系化阐释》，《北京行政学院学报》2024 年第 1 期。

② 李娟伟、任保平、刚翠翠：《提高中国经济增长质量与效益的结构转化路径研究》，《经济问题探索》2014 年第 4 期。

关键时期，经济发展不充分不平衡的现实基础，2017 年 12 月 18 日，习近平总书记在中央经济工作会议上指出，“推动高质量发展，是保持经济持续健康发展的必然要求，是适应我国社会主要矛盾变化和全面建成小康社会、全面建设社会主义现代化国家的必然要求，是遵循经济规律发展的必然要求”①，并从供给、需求、投入产出、分配和宏观经济循环等方面对高质量发展内涵进行论述。高质量发展，归根结底就是从“有没有”转向“好不好”。进入新发展阶段，面对国内外环境变化带来的一系列机遇和挑战，2020 年 8 月 24 日，习近平总书记在经济社会领域专家座谈会上进一步丰富高质量发展的内涵，将“更高质量、更有效率、更加公平、更可持续、更为安全”作为高质量发展的推进目标。至此，高质量发展的内涵不断丰富，并在社会经济建设中不断完善。

第三阶段，2021 年 11 月，《中共中央关于党的百年奋斗重大成就和历史经验的决议》指出，必须实现创新成为第一动力、协调成为内生特点、绿色成为普遍形态、开放成为必由之路、共享成为根本目的的高质量发展。党的二十大报告进一步将高质量发展作为全面建设社会主义现代化国家的首要任务。党中央在多方面对高质量发展提出进一步要求，高质量发展是高水平对外开放的，是高水平科技自立自强的，是高水平安全的，是以新质生产力为内在要求和重要着力点的，是经济实现质的有效提升和量的合理增长的发展。

二　经济高质量发展的新内涵

新时代新征程，高质量发展来到了新的历史方位，成为新时代的硬道理、全面建设社会主义现代化国家的首要任务。随着高质量发展内涵的不断深化，党中央对高质量发展内涵有了系统、全面的认识，本报告从多个视角阐释了高质量发展的新内涵。

---

① 《人民日报评论员：大力推动我国经济实现高质量发展——二论贯彻落实中央经济工作会议精神》，中国共产党新闻网，2017 年 12 月 23 日，http：//cpc. people. com. cn/n1/2017/1223/c64387-29724760. html。

第一，高质量发展是以人民为中心的发展。首先，发展为了人民，是马克思主义政治经济学的根本立场。党的十八届五中全会鲜明地提出要坚持以人民为中心的发展思想，把增进人民福祉、促进人的全面发展、朝着共同富裕方向稳步前进作为经济发展的出发点和落脚点。此外，习近平总书记多次强调高质量发展是能够满足人民日益增长的美好生活需要的发展，其根本目的是为人民谋福利、为中华民族谋复兴。《中共中央关于党的百年奋斗重大成就和历史经验的决议》提出“十个明确”，强调“必须坚持以人民为中心的发展思想”，坚持发展为了人民、发展依靠人民、发展成果由人民共享，以人民为中心推动高质量发展。其次，发展离不开人民群众，人民是历史的创造者，是推动我国经济社会发展的基本力量和基本依靠，社会发展离不开人民群众的实践和创造，党百年的伟大历史成就皆来源于人民群众，人民是发展的基本动能，一切成果都是从人民中来、到人民中去，脱离人民群众的发展都是不切实际的，要紧紧依靠人民群众推动高质量发展。可见，坚持以人民为中心是推动高质量发展的必然要求。

第二，高质量发展是以新质生产力为内在要求和重要着力点的发展。新质生产力是创新起主导作用，摆脱传统经济增长方式、生产力发展路径，具有高科技、高效能、高质量特征，符合新发展理念的先进生产力质态。它由技术革命性突破、生产要素创新性配置、产业深度转型升级而催生，以劳动者、劳动资料、劳动对象及其优化组合的跃升为基本内涵，以全要素生产率大幅提升为核心标志，特点是创新，关键在质优，本质是先进生产力。依靠新质生产力推动高质量发展，决定了高质量发展“不以数量论英雄，追求创新、高质量、高效益”的特征，与传统经济增长方式和生产路径有质的区别。在经济增长方式上，与传统经济增长方式相比，高质量发展包含了全新的数字经济增长路径，具备全新质态的数字生产要素，大幅提高了生产效率和经济质量。在生产路径上，与传统生产方式相比，数字技术的进步与生产要素的结合，提高了劳动者的科技水平和文化水平，提升了劳动者生产素质，扩大了劳动资料和劳动对象的范畴，劳动者、劳动资料、劳动对象三要素的质量和组合配置水平都得到了提升。新质生产力成为高质量发展的重要着力点，加快了高质量发展速度。

第三，高质量发展是量的合理增长和质的有效提升有机结合的发展。习近平总书记在参加十四届全国人大一次会议江苏代表团审议时强调，必须更好统筹质的有效提升和量的合理增长，始终坚持质量第一、效益优先，大力增强质量意识，视质量为生命，以高质量为追求①。在发展中，要正确认识量与质的关系，坚持发展是量与质的辩证统一，两者相互联系、相辅相成，量的增长为质的跨越奠定了坚实基础，质的提高反过来为量的有效增长提供保障和持续动力。要坚持量和质的辩证统一，告别简单以 GDP 增长率论英雄，注重挖掘长期竞争优势，追求实实在在、没有水分的生产总值，追求有效益、有质量、可持续的经济发展，把推动发展的立足点转到提高质量和效益上来。只要长期坚持量和质的辩证统一，通过质的有效提升引领量的合理增长，通过量的合理增长支撑质的有效提升，坚持质量第一、效益优先，我们就一定能不断实现更高质量、更有效率、更加公平、更可持续、更为安全的发展。

第四，高质量发展是创新为第一动力的发展。创新是一个国家、一个民族发展进步的不竭动力，是高质量发展的必然要求。党的二十大报告强调，“创新是第一动力”“加快实施创新驱动发展战略”“坚持创新在我国现代化建设全局中的核心地位”“增强自主创新能力”。创新在发展中的地位不断凸显，在传统经济增长方式的转型中起着关键支撑作用，对技术变革和科技发展至关重要，是破解增长瓶颈的关键，是经济发展从“有没有”转向“好不好”的有效路径。根据经济增长理论，经济增长的动力在于资本的积累、劳动力的增加和生产效率的提高，其中资本的积累和劳动力的增加在长时间的循环中终有上限，唯有科技创新能够带来生产效率的提高，为发展提供不竭动力和无限可能，进而产生质变。因此，只有坚持创新是第一动力，不断推进理论创新、实践创新、制度创新、文化创新以及其他各方面创新，

① 《习近平在参加江苏代表团审议时强调：牢牢把握高质量发展这个首要任务》，中国政府网，2023 年 3 月 5 日，https：//www. gov. cn/xinwen/2023-03/05/content_ 5744877. htm。

才能有效推动高质量发展。

第五，高质量发展是协调成为内生特点的发展。社会发展不充分不平衡是我国长期存在的重要现实问题，要充分认识到高质量发展与协调发展辩证统一的关系，两者相辅相成、互惠互利，高质量发展是促进区域协调发展的重要依托，区域协调发展是高质量发展的基础保障。协调作为高质量发展的基本内容和内生特点，在国家发展战略中得到充分体现。党的二十大报告强调，要“促进区域协调发展”“深入实施区域协调发展战略”“构建优势互补、高质量发展的区域经济布局和国土空间体系”“以城市群、都市圈为依托构建大中小城市协调发展格局”。由此可见，协调发展是促进高质量发展的重要支撑，是实现共同富裕、扎实推动中国式现代化建设的重要抓手。

第六，高质量发展是绿色成为普遍形态的发展。建设生态文明是中华民族永续发展的千年大计，党的二十大将“城乡人居环境明显改善，美丽中国建设成效显著”作为未来五年的工作目标，强调生态文明建设的重要性。在推动高质量发展过程中，要秉持习近平生态文明思想，坚持人与自然和谐共生，牢固树立绿水青山就是金山银山的理念，统筹经济发展和环境保护，始终坚持走绿色发展道路和绿色生活方式，建设美丽新中国。绿色是高质量发展的鲜明底色，党的二十大报告强调，“推动经济社会发展绿色化、低碳化是实现高质量发展的关键环节”，这是党对加快发展方式绿色转型、推动绿色发展做出的重大判断和战略部署。对此，高质量发展深刻贯彻了新发展理念中的绿色发展理念，加快绿色发展转型，将绿色发展理念融入每一个领域的高质量发展，促进农业、医疗、汽车、交通、电力等多个行业的绿色发展，深刻改变了以要素低成本优势为特征的传统生产方式，推动了产业高端化、智能化、绿色化，形成许多新的增长点，并加快了绿色低碳循环发展经济体系的构建，充分体现了高质量发展是绿色成为普遍形态的发展。

第七，高质量发展是开放成为必由之路的发展。改革开放是我国一以贯之的时代主题，高质量发展要始终走开放道路，不能脱离历史的正确发展轨迹，要坚持全面深化改革，只有改革开放才能发展中国、发展社会主义、发展马克思主义，脱离改革开放的发展永远达不到高质量发展阶段。党的十八大以来，我们始终坚持深化改革开放并迈出新步伐，形成了开放新格局和更高水平开放型经济新体制基本格局，并且持续推进高水平的对外开放，对外开放取得了新的瞩目成就。历史充分证明，改革开放是中国特色社会主义现代化建设的重要法宝。经济全球化不可逆，是历史发展的大方向，中国要发展就必须坚定不移地走改革开放道路。过去 40 多年的历史成就是在改革开放基础上取得的，未来推动经济高质量发展水平达到更高层次，同样需要推进更高水平的对外开放。高水平对外开放有利于创新发展、协调发展、绿色发展和共享发展，进而全方位提高高质量发展水平。

第八，高质量发展是共享成为根本目的的发展。中国是人民当家作主的国家，任何发展的最终目的都是为人民服务，高质量发展旨在将蛋糕做大，通过共享的方式使发展成果由每一个人享受，达到更好、更有效地为人民谋福利的目的并最终朝着共同富裕方向稳步前进。共享发展的理念深深刻在中国人的骨子里，中华优秀传统文化中的“不患寡而患不均”“损有余而补不足”等思想蕴含着共享的理念，现在我们坚持以人民为中心的发展思想，维护人民根本利益，增进民生福祉，不断实现发展为了人民、发展依靠人民、发展成果由人民共享，让现代化建设成果更多更公平惠及全体人民。回顾历史，我们取得了全面建成小康社会、打赢脱贫攻坚战、持续巩固拓展脱贫攻坚成果、乡村振兴、扎实推动共同富裕等共享发展的成果。在未来的发展建设中，我们依然要深入贯彻共享发展理念，推动经济高质量发展，构建合理的分配体系，统筹中部地区崛起、西部大开发、东北全面振兴等区域协调发展战略，促进发展成果由人民共享，为实现共同富裕奠定坚实的基础。

三　中部地区经济高质量发展的新内涵

正是经济高质量发展秉持了马克思主义哲学的辩证方法论，具有人民性、全面性和系统性等特点，并在内涵上包含新发展理念、以人民为中心发展理念等丰富内容，决定了准确把握经济高质量发展内涵的复杂性。因此，必须结合中部地区实际发展情况，对中部地区高质量发展的内涵进行科学阐述。习近平总书记在湖南长沙主持召开新时代推动中部地区崛起座谈会的会议精神以及《关于新时代推动中部地区高质量发展的意见》和《新时代推动中部地区加快崛起的若干政策措施》等政策文件，为正确认识、准确把握中部地区经济高质量发展的内涵提供了新的科学指引。

综合而言，中部地区经济高质量发展是在“三基地、一枢纽”的地位日益巩固的基础上，以人民为中心，以新质生产力为驱动，以创新、协调、绿色、开放、共享的新发展理念为指导的发展，具体可以从五个方面进行解读：以科技创新引领产业创新，积极培育和发展新质生产力，使创新成为第一动力；加强与其他重大发展战略的衔接，更好融入和支撑新发展格局，使协调成为内生特点；统筹推进深层次改革和高水平开放，持续打造更具竞争力的内陆开放高地，使开放成为必由之路；协同推进生态环境保护和绿色低碳发展，加快建设美丽中部，使绿色成为普遍形态；坚持城乡融合发展，扎实推进乡村全面振兴，使共享成为发展的根本目的。

Z.2
中国中部地区经济高质量发展的综合评价与比较分析

第一节　经济高质量发展内涵的科学解读

改革开放以来，中国经济保持了40多年的高速增长，已经成为全球第二大经济体。然而，随着国内外发展环境和条件发生变化，中国经济过去主要依赖要素投入、外需拉动、投资驱动、规模扩张的粗放型增长模式已不再适应未来经济持续健康发展和全面建设社会主义现代化国家的现实需求，亟须转变发展方式、优化经济结构和转换增长动力，实现经济的高质量发展。党的十九大报告首次提出“中国经济已由高速增长阶段转向高质量发展阶段”的科学论断，党的二十大报告进一步将高质量发展的定位提升到“全面建设社会主义现代化国家的首要任务”的全新高度，并将“经济高质量发展取得新突破”纳入未来五年的主要目标任务，这意味着我国经济发展重心从以往的“量大”转向“质高”。

经济高质量发展是对我国经济发展阶段变化和现在所处关口做出的一个重大判断，为我国今后经济发展指明了方向、绘制了蓝图、提出了任务，具有重大的理论意义和现实价值。那么，如何科学界定经济高质量发展的内涵？一些学者认为，经济高质量发展的核心要义在于发展效率的提升，因此提出以单一效率指标刻画经济高质量发展水平，例如，利用全要素生产率①、人均GDP②等指标反映经济发展质量水平。随着对经济高质量发展内涵认识的不断深入，

① 蔡昉：《中国经济增长如何转向全要素生产率驱动型》，《中国社会科学》2013年第1期；程广斌、王朝阳：《全要素生产率与区域经济高质量发展的空间非线性检验》，《统计与决策》2020年第15期；李冬、杨万平：《面向经济高质量发展的中国全要素生产率演变：要素投入集约还是产出结构优化》，《数量经济技术经济研究》2023年第8期。

② 唐娟、秦放鸣、唐莎：《中国经济高质量发展水平测度与差异分析》，《统计与决策》2020年第15期。

有学者认为，单一指标难以全面体现经济发展质量，因此通过构建综合指标体系的方式评估经济高质量发展水平，且多数文献以创新、协调、绿色、开放、共享的新发展理念为依据进行指标体系设计①。

从根本上讲，经济高质量发展与新发展理念是内在统一的。习近平总书记明确指出，“高质量发展，就是能够很好满足人民日益增长的美好生活需要的发展，是体现新发展理念的发展”②。《中共中央关于党的百年奋斗重大成就和历史经验的决议》也明确强调，“必须实现创新成为第一动力、协调成为内生特点、绿色成为普遍形态、开放成为必由之路、共享成为根本目的的高质量发展”。面对国内国际发展新形势，立足新发展阶段，本报告从城市经济高质量发展的内涵出发，将新发展理念完整融入城市经济发展的全领域，形成对城市经济高质量发展尽可能科学准确的解读，具体思路如图 2-1 所示。

1. 创新成为第一动力

创新发展注重的是解决城市经济高质量发展动力问题。传统劳动力、土地和资本等要素在边际报酬递减规律作用下，在经济发展达到一定的水平后，驱动作用往往受限，因此需要重视创新对经济发展带来的规模收益递增作用，发挥城市人才、科研、技术、信息、数据等创新要素的集聚优势，以创新为内生动力，实现经济持续健康增长。一方面，要激发城市创新活力，探索发展大数据、人工智能、电子信息和生物医药等新兴产业，以互联网、物联网、云计算等技术探索培育智慧城市经济发展的新业态新模式。另一方面，推动传统产业改造和转型，推进产业数字化改造及数字产业化发展，打造现代制造业和服务业，实现经济发展质量与效率的双提升。

---

① 方大春、马为彪：《中国省际高质量发展的测度及时空特征》，《区域经济评论》2019 年第 2 期；史丹、李鹏：《我国经济高质量发展测度与国际比较》，《东南学术》2019 年第 5 期；崔丹等：《中国资源型城市高质量发展综合评估及影响机理》，《地理学报》2021 年第 10 期；佟孟华、褚翠翠、李洋：《中国经济高质量发展的分布动态、地区差异与收敛性研究》，《数量经济技术经济研究》2022 年第 6 期；陈子曦、青梅：《中国城市群高质量发展水平测度及其时空收敛性研究》，《数量经济技术经济研究》2022 年第 6 期。

② 习近平：《开创我国高质量发展新局面》，《求是》2024 年第 12 期。

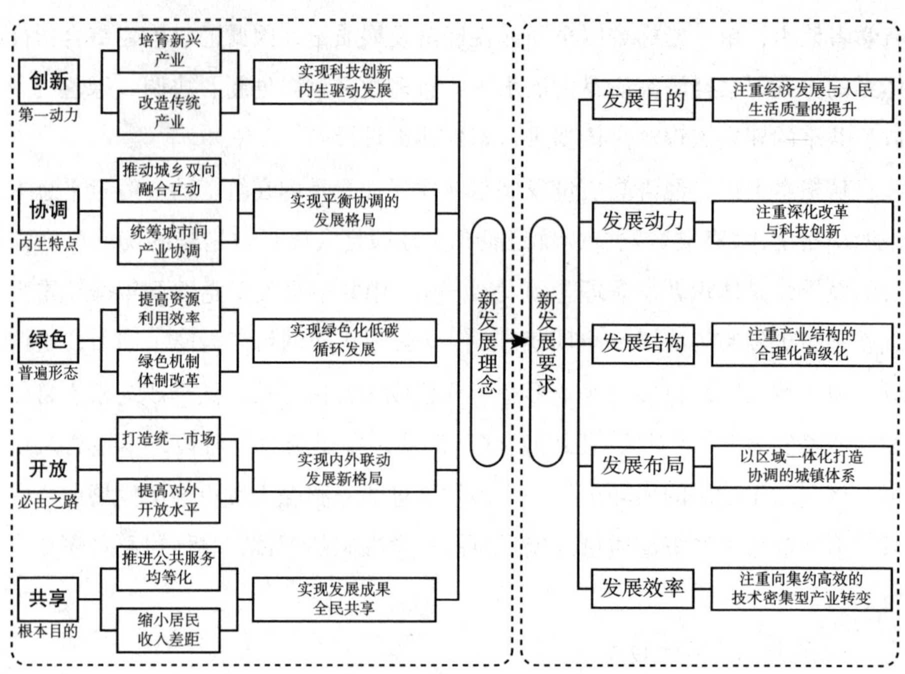

图 2-1　城市经济高质量发展的内涵阐释

2. 协调成为内生特点

协调发展是城市经济高质量发展的内生特点，注重解决城市之间、城乡之间的发展不平衡问题。一方面，要推动超大城市“瘦身健体”，将非核心产业、公共服务资源有序向中小城市转移，强化大城市核心支柱产业对周边区域辐射带动作用，形成合理有序的城市间产业分工及协同格局，以壮大产业集群、推动区域大中小城市产业协调发展，缩小城市间发展差距。另一方面，城市的发展不是以牺牲乡村及农业为代价的，而是打破城乡二元思维，坚持新型城镇化和乡村振兴两手抓，坚持以工补农，推进城乡产业互补互促，以城乡融合发展缩小城乡发展差距。

3. 绿色成为普遍形态

绿色发展注重的是解决城市经济发展过程中人与自然和谐共生问题，妥善处理好经济发展与环境保护之间的关系。过去长期高污染、高耗能、高投入的经济增长模式不仅造成环境污染、资源浪费，也对环境承载力造成巨大破坏，资源约束日益凸显，不利于城市经济的可持续发展。因此，要推动产业绿色化改造、提高生产集约化程度与资源利用效率，同时要完善绿色体制机制与法律保障，通过强化对生态保护的硬性约束保障城市经济绿色化、低碳化转型。

4. 开放成为必由之路

开放发展注重的是解决城市经济发展过程中的内外联动问题。开放是市场经济的重要体现，也是经济高质量发展的必由之路。基于新的国内国际形势，站在新的历史发展起点，要统筹国内国际两个大局，加快构建新发展格局。一方面，对外需要积极参与国际分工合作，增强自身国际竞争力，推动本地企业“走出去”。同时不断提高地方政府服务能力，打造市场化、法治化、国际化营商环境，持续吸引优质外资。另一方面，对内需要改变地方政府“唯 GDP”导向，减少城市之间竞相模仿重复建设以及地方保护等行为，进一步减少市场分割，推动要素、资源商品等自由流动，从而实现最优的资源配置和最高的经济效率。

5. 共享成为根本目的

共享发展注重的是解决城市经济发展的公平正义问题。一方面，要坚持“人民城市人民建，人民城市为人民”的理念，协调好城市人口与土地之间的关系，实行精明规划，约束城市面积过度扩张，防止出现人地脱钩现象。另一方面，要全面深化户籍制度改革，完善县域公共服务配套设施，推进城乡公共服务均等化，加快城市保障性租赁住房建设，有序推进农业人口市民化，让城乡居民真正享受城市经济发展的成果。

第二节　中部地区经济高质量发展评价指标体系的构建

一　评价指标体系构建的基本原则

构建经济高质量发展评价指标体系是一个综合、复杂的问题，为了避免指标选取过程中的主观性和随意性等导致的测量误差，必须遵循一定的原则。具体而言，在指标设计过程中，本报告主要遵循科学性原则、真实性原则、数据可得性原则、可比性和综合性原则。

一是科学性原则。本报告评价指标体系的构建主要基于对经济高质量发展的科学解读以及《关于新时代推动中部地区高质量发展的意见》等文件精神，对评价指标的解释和数据的相关计算都是按照科学的规范进行，能够反映中部地区经济高质量发展现状，根据合适的评价方法对中部地区经济高质量发展水平进行科学的评价。

二是真实性原则。真实性原则是指构建的指标体系比较合理，能够真实地反映中部地区经济高质量发展情况。指标数据的真实可靠对分析经济发展状况至关重要，有真实的数据才能得到真实的结果，并对症下药，找出中部地区经济高质量发展存在的问题，提出真实有效的建议来促进中部地区经济更好发展。

三是数据可得性原则。统计指标的数据是分析中部地区经济高质量发展现状的基础，通过数据从空间和时间上反映中部地区经济高质量发展的情况，因此选取的指标应该可以通过相关年鉴、统计公报直接获取数据。

四是可比性和综合性原则。由于要对数据进行纵向与横向比较，所以选取的评价指标在空间上可以进行比较。同时，所选取的指标不应是描述单一方面的，比如不能唯经济论，只考虑经济的发展，不考虑发展过程中环境的代价，因而构建评价指标体系要统筹兼顾，进行综合分析、综合评价。

最后，必须指出的是，虽然中部六省在经济发展方面存在诸多相似之处，但不同的城市，因为发展阶段的不同、拥有资源禀赋的不同，发展的主要目标往往也不尽相同，因此经济高质量发展评价指标体系理应有所不同。实际上，《关于新时代推动中部地区高质量发展的意见》对中部六省推进经济高质量发展的定位、目标等存在较大的差异。关于这一点，本报告认为，尽管各城市的经济高质量发展呈现不同的形态，但从本质上来说，中部地区各城市高质量发展的内涵与目标有着较高的一致性。在此背景下，利用统一的经济高质量发展综合指数来衡量中部地区各城市的高质量发展水平，既具有合理性，又可以为我国制定推进中部六省高质量发展的政策提供量化依据。

二 评价指标体系的指标选取

目前衡量经济高质量发展水平的评价指标体系不在少数，且绝大多数经济高质量发展评价指标体系并不完全一致。本报告聚焦中部地区经济高质量发展的现实问题，基于上述对经济高质量发展的理解，结合《关于新时代推动中部地区高质量发展的意见》等文件精神进行指标体系设计，以尽可能充分体现和刻画中部六省的实际发展状况。具体而言，本报告基于评价指标体系构建的四大基本原则，紧扣“创新、协调、绿色、开放、共享”五大关键词，在充分参考《中国中部地区经济高质量发展报告（2022）》的基础上，构建了由 5 个一级指标、19 个二级指标、35 个三级指标和 40 个基础指标组成的中部地区经济高质量发展评价指标体系（见表 2-1）。

表 2-1 中部地区经济高质量发展评价指标体系

<table>
<tr><th>一级指标</th><th>二级指标</th><th>三级指标</th><th>基础指标</th><th>指标属性</th></tr>
<tr><td rowspan="9">创新</td><td rowspan="3">创新基础</td><td rowspan="3">经济增长</td><td>全员劳动生产率</td><td>正向</td></tr>
<tr><td>资本生产率</td><td>正向</td></tr>
<tr><td>全要素生产率</td><td>正向</td></tr>
<tr><td rowspan="4">创新投入</td><td rowspan="2">人员投入</td><td>科学研究与技术服务从业人员数</td><td>正向</td></tr>
<tr><td>高等学校在校学生人数</td><td>正向</td></tr>
<tr><td rowspan="2">经费投入</td><td>财政科学技术支出占财政预算支出比重</td><td>正向</td></tr>
<tr><td>财政教育支出占财政预算支出比重</td><td>正向</td></tr>
<tr><td rowspan="2">创新产出</td><td>创新数量</td><td>每万人三类专利授权数</td><td>正向</td></tr>
<tr><td>创新质量</td><td>发明专利授权数占专利总授权数比重</td><td>正向</td></tr>
<tr><td rowspan="6">协调</td><td rowspan="2">城乡协调</td><td>城镇化水平</td><td>常住人口城镇化率</td><td>正向</td></tr>
<tr><td>城乡居民收入差距</td><td>城镇居民人均可支配收入/
农村居民人均可支配收入</td><td>负向</td></tr>
<tr><td>产业结构</td><td>产业结构高级化</td><td>第三产业产值/第二产业产值</td><td>正向</td></tr>
<tr><td>消费结构</td><td>消费率</td><td>人均全社会消费品零售总额</td><td>正向</td></tr>
<tr><td>金融结构</td><td>金融深化指数</td><td>金融机构存贷款余额与 GDP 之比</td><td>正向</td></tr>
<tr><td>财政收支结构</td><td>财政自给率</td><td>地方一般公共预算收入/
地方一般公共预算支出</td><td>正向</td></tr>
</table>

续表

一级指标	二级指标	三级指标	基础指标	指标属性
绿色	能源消耗	万元 GDP 能耗变化率	（本年万元 GDP 能耗/上年万元 GDP 能耗-1）×100%	负向
		单位 GDP 电耗	全社会综合用电量/GDP	负向
	工业污染	单位产出工业二氧化硫排放量	工业二氧化硫排放量/GDP	负向
		单位产出工业烟（粉）尘排放量	工业烟（粉）尘排放量/GDP	负向
		单位产出工业废水排放量	工业废水排放量/GDP	负向
	环境治理	污水处理厂集中处理率	污水处理厂集中处理率	正向
		生活垃圾无害化处理率	生活垃圾无害化处理率	正向
	生态禀赋	建成区绿化覆盖率	建成区绿化覆盖率	正向
开放	对外贸易	对外贸易规模	货物进出口总额	正向
	使用外资	外商投资	实际使用外资总额	正向
			规模以上外资投资企业数	正向
	开放环境	基础设施水平	道路面积/城市面积	正向
		信息化开放水平	互联网宽带接入用户数/总人口	正向
		市场化水平	GDP/地方一般公共预算支出	正向
共享	人民生活	失业率	调查城镇失业率	负向
		收入福利	职工平均工资	正向
	公共服务	教育设施	普通高校密度	正向
		医疗设施	每千人医疗卫生机构床位数	正向
		文化设施	人均拥有公共图书馆藏量	正向
		公共交通	人均拥有公共汽（电）车营运车辆数	正向
	社会保障	养老保障	城镇职工基本养老保险参保率	正向
		医疗保障	职工基本医疗保险参保率	正向
		就业保障	失业保险参保率	正向
	乐享富足	旅游服务生活	人均国内旅游收入	正向
		文体娱乐生活	文化、体育和娱乐业从业人员数占比	正向

具体而言，在创新维度，本报告主要从创新基础、创新投入和创新产出三个方面进行刻画。创新基础主要通过经济增长的效率进行衡量，包括全员劳动生产率、资本生产率和全要素生产率 3 个基础指标。创新投入主要从人员投入和经费投入两个层面进行考察，其中，人员投入采用科学研究与技术服务从业人员数和高等学校在校学生人数 2 个基础指标表示；经费投入则综合考虑科学技术投入和教育投入，选取财政科学技术支出占财政预算支出比重和财政教育支出占财政预算支出比重 2 个基础指标表征。创新产出综合考虑了创新的数量和质量，分别用每万人三类专利（即发明专利、外观设计专利和实用新型专利）授权数以及发明专利授权数占专利总授权数比重反映。

在协调维度，本报告综合考虑了城乡协调、产业结构、消费结构、金融结构以及财政收支结构五个方面。其中，城乡协调采用常住人口城镇化率和城镇居民人均可支配收入/农村居民人均可支配收入 2 个基础指标表示。产业结构采用第三产业产值/第二产业产值进行衡量，以反映产业结构高级化的程度。消费结构采用人均全社会消费品零售总额进行衡量。金融结构方面借鉴现有文献的通常做法，采用金融机构存贷款余额与 GDP 之比反映金融深化状况。财政收支结构则采用财政自给率，即地方一般公共预算收入/地方一般公共预算支出反映。

在绿色维度，本报告重点关注了能源消耗、工业污染、环境治理以及生态禀赋四个方面。其中，能源消耗综合考虑了能源消费强度的绝对大小和降低幅度，具体选取万元 GDP 能耗变化率和单位 GDP 电耗 2 个三级指标进行测度。工业污染主要基于常见污染物排放强度的视角，选取了单位产出工业二氧化硫排放量、单位产出工业烟（粉）尘排放量和单位产出工业废水排放量 3 个三级指标进行衡量。环境治理采用污水处理厂集中处理率和生活垃圾无害化处理率 2 个三级指标进行表征。生态禀赋主要采用建成区绿化覆盖率指标进行刻画。

在开放维度，本报告从三个方面进行测度，分别是对外贸易、使用外资以及开放环境。其中，对外贸易规模选取货物进出口总额指标反映。使用外资的下级指标综合考虑了规模和强度，采用实际使用外资总额和规模以上外资投资企业数 2 个基础指标进行表征。开放环境包括基础设施水平、信息化开放水平、市场化水平 3 个三级指标，对应的基础指标分别为道路面积/城市面积、互联网宽带接入用户数/总人口和 GDP/地方一般公共预算支出。

在共享维度，本报告主要从人民生活、公共服务、社会保障以及乐享富足四个层面衡量。其中，人民生活主要从就业和收入两个方面体现，分别选取调查城镇失业率和职工平均工资进行刻画。公共服务重点关注了教育、医疗、文化和公共交通等方面，分别采用普通高校密度、每千人医疗卫生机构床位数、人均拥有公共图书馆藏量和人均拥有公共汽（电）车营运车辆数等基础指标表示。社会保障综合考虑了养老、医疗和就业等方面的保障情况，分别以城镇职工基本养老保险参保率、职工基本医疗保险参保率和失业保险参保率 3 个基础指标反映。乐享富足主要包括旅游服务生活和文体娱乐生活 2 个层面，分别采用人均国内旅游收入以及文化、体育和娱乐业从业人员数占比进行测度。

第三节　中部地区经济高质量发展综合指数的数据来源与测度方法

一　评价对象与数据来源

本报告基于中部地区经济高质量发展状况，具体选取中部六省 80 个地级市为评价对象。样本期设定为 2013～2022 年，因为党的十八大以来，我国经济开始逐步由“数量型增长”转向“质量型发展”①，将研究区间起点设定为 2013 年能够从时序上更好地把握党的十八大以来中部地区的经济高质量发展进程；同时，由于数据的可得性，本报告使用《中国城市统计年

① 聂长飞、简新华：《中国高质量发展的测度及省际现状的分析比较》，《数量经济技术经济研究》2020 年第 2 期。

鉴》的2022年最新数据。在评价主体选择方面，本报告没有简单地以中部六省为评价对象，而是将评价主体拓展到更为微观的地级市层面，有助于对中部地区经济高质量发展问题进行更为细致、深入、具体和有针对性的研究。指标数据主要来源于《中国城市统计年鉴》（2014~2023）和中国互联网络信息中心（CNNIC）等权威数据库，对于存在缺失的数据，首先采用中部六省历年统计年鉴或城市国民经济和社会发展统计公报数据进行补充，对于仍然缺少的个别数据，则采用插值法进行替代。此外，对于个别2022年缺失数据的指标，采用增长率法或2020~2021年数据均值进行填补，最终得到2013~2022年中部地区80个地级市的平衡面板数据。

二 中部地区经济高质量发展综合指数的测度方法

为确保测算成果的科学性与可信性，本报告综合运用“等权法+熵权法”，测算考察期间内各个城市的经济高质量发展水平。测度时划分为两个层次：一是使用客观赋权法——熵权法，对各个维度的评估指标赋权，从而得到各维度的指数；二是基于5个维度发展指数的测度结果，运用主观赋权法中的等权方法，对经济高质量发展综合指标进行测算。

1. 分维度指数的测度方法

依据目前的综合测度方法，分维度指数合成包括三个步骤：一是指标权重的确定；二是指标标准化处理；三是指数的合成。

为最大程度保证测度结果不受主观因素的影响，本报告采用现有文献广泛使用的熵权法测度“创新、协调、绿色、开放、共享”5个维度的指数，步骤如下。

首先，采用min-max方法对原始数据进行标准化处理，便于消除原始数据量纲的影响。

$$z_{ij} = \frac{x_{ij} - \min(x_{ij})}{\max(x_{ij}) - \min(x_{ij})} \quad (x_{ij}\text{为正向指标});$$

$$z_{ij} = \frac{\max(x_{ij}) - x_{ij}}{\max(x_{ij}) - \min(x_{ij})} \quad (x_{ij}\text{为逆向指标}) \tag{2-1}$$

其中，x_{ij}为城市 i 第 j 个指标的原始数据，max（x_{ij}）和 min（x_{ij}）分别代表样本期内所有城市中各基础指标的最大值和最小值，z_{ij}表示经过标准化处理的值。

其次，计算熵值。

$$E_j = -1/\ln n \sum_{i=1}^{n} p_{ij}\ln p_{ij}, \quad 其中\ p_{ij} = z_{ij}/\sum_{i=1}^{n} z_{ij} \tag{2-2}$$

再次，计算各指标权重。

$$w_j = (1 - E_j)/\sum_{j=1}^{m}(1 - E_j) \tag{2-3}$$

最后，计算各维度指数。

$$Q_i = 100 \times \sum_{j=1}^{m} w_j \times z_{ij} \tag{2-4}$$

其中，Q 表示各城市的某一维度指数，其大小介于 0~100，数值越大，表示城市在该维度的发展水平越高。

重复上述步骤，即可分别测度 2013~2022 年中部六省 80 个城市“创新、协调、绿色、开放、共享”5 个维度的指数。

2. 经济高质量发展综合指数的测度方法

本报告构建的经济高质量发展评价指标体系由“创新、协调、绿色、开放、共享”5 个维度构成，各个维度之间相辅相成，没有绝对意义上的优先级。为此，在测算经济高质量发展综合指数的过程中，使用加权平均的方法，将各个维度的权重设定为 20%，然后进行指数合成，最后得到各个城市历年的经济高质量发展综合指数。具体步骤如下。

第一步，采用 min-max 方法对 5 个维度指数进行标准化处理，由于各个维度均为正向指标，即指数值越大越好，因此标准化公式可表示为：

$$Z_{ij} = \frac{Q_{ij} - \min(Q_{ij})}{\max(Q_{ij}) - \min(Q_{ij})} \tag{2-5}$$

其中，Q_{ij}为城市 i 第 j 个维度的指数，max（Q_{ij}）和 min（Q_{ij}）分别表

示考察期内所有城市各维度指数的最大值和最小值，Z_{ij} 表示各维度指数经过标准化处理的值。

第二步，计算各城市经济高质量发展综合指数：

$$QEG_i = 100 \times \sum_{j=1}^{m} w_j \times Z_{ij}, \quad 其中\ w_j = 20\%, \quad j = 1,2,3,4,5 \qquad (2-6)$$

其中，QEG 表示各城市的经济高质量发展综合指数，大小介于 0~100，数值越大，表示城市经济高质量发展水平越高。

在测度城市层面经济高质量发展综合指数及各维度指数的基础上，本报告采用 GDP 加权的方式，计算出中部六省省级层面以及中部六省总体经济高质量发展综合指数及各维度指数，以便于省级层面的分析比较和对中部六省经济高质量发展情况的综合把握。

第四节　中部地区经济高质量发展水平的测度结果与比较分析

一　中部地区经济高质量发展水平的测度结果与时序演进特征

1. 中国中部地区经济高质量发展水平的演变趋势

图 2-2 描绘了中国中部地区经济高质量发展综合指数的演变趋势。综合而言，中部地区经济高质量发展水平总体偏低，2013~2022 年均值为 36.15，距离最优值 100 还存在较大的差距，2021 年达到最大值 42.84，2022 年较 2021 年下降了 0.33，降幅相对较小。这可能是因为，一方面，中部六省地理位置条件劣于沿海经济发达地区，交通、物流成本相对较高，同时资源相对匮乏、自然环境条件也相对较差，这些成为制约经济高质量发展的重要因素。另一方面，中部六省产业结构相对落后，传统制造业是中部六省赖以生存的产业，科技创新能力还不足，技术未能很好地得到改善，十分依赖资源与能源，加之缺乏高新技术产业的支撑，新动能、新引擎的培育不足。从时序变化趋势来看，中部地区经济高质量发展综合指数整体呈现上升

趋势，由 2013 年的 26. 32 上升到 2022 年的 42. 51，增加了 16. 19，年均增长率为 5. 47%，表明新时代十年，中部地区经济高质量发展水平实现了明显的跃升。

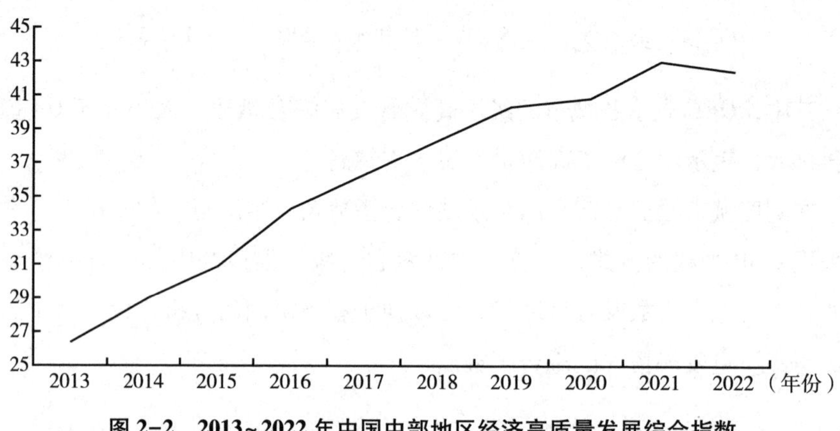

图 2-2　2013~2022 年中国中部地区经济高质量发展综合指数

2. 中部地区分维度指数的演变趋势

表 2-2 进一步报告了中国中部地区经济高质量发展五大维度指数的测度结果。样本期内，五大维度指数均值从大到小依次为绿色发展指数、协调发展指数、共享发展指数、创新发展指数以及开放发展指数。从各维度指数增长速度来看，五大维度指数增长速度分为三个梯队：第一梯队为创新发展指数和开放发展指数，年均增长率均在 5. 00%以上。其中，创新发展指数增长速度最快，由 2013 年的 14. 22 快速增长到 2022 年的 24. 62，年均增长率为 6. 29%，说明我国中部六省的创新动能正在不断培育和加速形成。开放发展指数增长速度仅次于创新发展指数，从 2013 年的 10. 23 增加至 2022 年的 16. 50，年均增长率为 5. 46%，说明中部六省经济外循环链条不断打通。第二梯队为协调发展指数和共享发展指数，属于“发展中”维度，年均增长率分别为 4. 13%和 3. 45%，说明中部六省在促进协调发展、增进民生福祉等方面仍需要进一步努力。第三梯队为绿色发展指数，年均增长率最低，仅为 1. 98%，总体表现为微弱的上升趋势，主要原因是中部六省的绿色发展指数基数较大。

表 2-2 2013~2022 年中国中部地区经济高质量发展分维度指数

年份	创新	协调	绿色	开放	共享
2013	14.22	26.18	63.36	10.23	20.09
2014	15.30	28.29	65.45	11.20	21.07
2015	16.71	29.71	66.50	12.12	22.57
2016	18.09	31.09	70.69	12.77	24.03
2017	18.72	32.33	72.28	14.45	25.10
2018	19.49	33.43	73.42	15.88	26.76
2019	20.61	35.25	74.10	17.02	27.86
2020	21.75	34.54	74.47	17.98	28.03
2021	23.85	37.61	75.43	18.70	27.41
2022	24.62	37.69	75.61	16.50	27.25

综上所述，新时代十年，中部地区经济高质量发展综合指数与五个维度指数总体均呈现上升趋势，共同展现了经济高质量发展水平的加速提升。

二 省级层面的中部地区经济高质量发展综合指数比较分析

表 2-3 报告了 2013~2022 年中部地区及各省经济高质量发展综合指数。可以看出，2013~2022 年，中部地区及各省经济高质量发展综合指数均总体呈现上升态势。从 2022 年的测度结果来看，中部各省经济高质量发展水平存在不小的差距，经济高质量发展综合指数最高的是湖北省，指数为 53.06，此外，湖南、河南、江西、山西四省经济高质量发展综合指数低于中部地区经济高质量发展综合指数。从增速来看，河南省经济高质量发展综合指数增速最快，从 2013 年的 21.73 上升至 2022 年的 38.98，年均增长率为 6.71%。

通过以上分析可以看出，中部六省经济高质量发展水平存在一定的不平衡性。因此，新时代新征程，要切实有效提高中部地区经济高质量发展水平，应至少从以下两个方面发力。第一，明确发展方位，找准主攻方向。自中部地区崛起战略实施以来，国家根据中部地区的资源禀赋、基础条件、发展阶段，对中部地区提出了“三基地、一枢纽”的明确定位，中部地区必须充分锚定定位，坚定不移地走高质量发展之路。第二，坚持因地制宜推动中部六省高质量发展。中部六省在资源禀赋、发展阶段等方面存在一定的差异，在产业分工体系中不同省份的主导产业也有所不同，《关于新时代推动中部地区高质量发展的意见》等政策文件对各省的功能定位进行了明确。在实践中，各省应坚持因地制宜，注重因势利导，防止脱离当地的产业发展实际盲目“求新”，不断强化特色优势产业，推动优势特色产业高质量发展，形成竞争比较优势，为经济高质量发展聚势赋能。

表 2-3　2013~2022 年中国中部地区六省经济高质量发展综合指数

地区	2013 年	2014 年	2015 年	2016 年	2017 年	2018 年	2019 年	2020 年	2021 年	2022 年
山西	21. 16	24. 29	26. 26	29. 56	31. 38	33. 50	34. 84	34. 51	35. 44	35. 16
安徽	26. 47	28. 00	30. 42	33. 51	34. 71	36. 43	38. 27	39. 91	43. 08	43. 52
江西	24. 11	25. 22	26. 43	29. 39	32. 88	34. 51	36. 81	37. 96	39. 55	38. 54
河南	21. 73	24. 60	26. 98	30. 57	32. 55	34. 17	36. 22	37. 59	39. 89	38. 98
湖北	36. 04	38. 93	41. 62	45. 51	47. 31	50. 32	51. 93	50. 99	54. 85	53. 06
湖南	26. 56	29. 17	30. 18	33. 28	35. 91	37. 80	39. 58	40. 58	40. 02	41. 63
中部地区	26. 32	28. 83	30. 89	34. 28	36. 38	38. 39	40. 26	40. 84	42. 84	42. 51

三　城市层面的经济高质量发展综合指数比较分析

1. 中部地区城市经济高质量发展状况的总体分析

为了直观地反映中部地区经济高质量发展的结构性特征，本报告采用四分位法，即依据 2013 年和 2022 年各城市经济高质量发展综合指数的均值［V（2013）= 19. 39；V（2022）= 34. 22］和标准差［SD（2013）= 10. 36；SD（2022）= 10. 93］之间的关系，对不同城市经济高质量发展水平进行分组。具体而言，本报告将（0，V-SD）定义为第四梯队，经济高质量发展水平最低；将［V-SD，V）定义为第三梯队；将［V，V+SD）定义为第二梯队；将［V+SD，+∞）定义为第一梯队，经济高质量发展水平最高。

表 2-4 报告了 2013 年中国中部六省 80 个城市的经济高质量发展综合指数梯队分布情况。可以看出，第一梯队城市包括武汉（湖北，65. 95）、太

原（山西，51.48）、长沙（湖南，50.57）、郑州（河南，48.34）、合肥（安徽，44.05）、南昌（江西，43.67）六市，均是各省的省会城市，说明省会城市在各省经济高质量发展中扮演着“领头羊”的角色。第二梯队共有19个城市，分布在5个省份，其中，安徽省有8个城市，分别是池州、蚌埠、安庆、马鞍山、铜陵、黄山、宣城、芜湖；江西省有4个城市，分别是上饶、景德镇、九江、新余；河南省只有洛阳1个城市；湖北省有3个城市，分别是十堰、宜昌、襄阳；湖南省有3个城市，分别是常德、株洲、湘潭；山西省没有城市进入第二梯队。第三梯队城市数量最多，共包含54个城市，占样本城市总数的67.50%，说明中部六省城市经济高质量发展大多处于中低水平，还需要加速发展突破。具体而言，第三梯队中，山西省有9个城市，安徽省有7个城市，江西省有6个城市，河南省有14个城市，湖北省有9个城市，湖南省有9个城市。第四梯队仅1个城市，为山西省忻州市。

表2-4　2013年中部地区经济高质量发展水平的空间分布格局

省份	第一梯队	第二梯队	第三梯队	第四梯队
山西	太原		吕梁、临汾、运城、大同、阳泉、长治、晋中、晋城、朔州	忻州
安徽	合肥	池州、蚌埠、安庆、马鞍山、铜陵、黄山、宣城、芜湖	宿州、阜阳、六安、亳州、淮南、淮北、滁州	
江西	南昌	上饶、景德镇、九江、新余	赣州、宜春、萍乡、鹰潭、抚州、吉安	
河南	郑州	洛阳	南阳、商丘、濮阳、安阳、周口、鹤壁、驻马店、信阳、平顶山、三门峡、新乡、漯河、焦作、许昌	
湖北	武汉	十堰、宜昌、襄阳	黄冈、开封、荆州、孝感、咸宁、黄石、鄂州、荆门、随州	
湖南	长沙	常德、株洲、湘潭	娄底、邵阳、怀化、张家界、益阳、永州、衡阳、郴州、岳阳	

表2-5报告了2022年中国中部六省80个城市的经济高质量发展综合指数梯队分布情况。第一梯队仍然是6个省会城市，依次为武汉（湖

北，83.48）、郑州（河南，72.83）、合肥（安徽，70.16）、长沙（湖南，67.53）、太原（山西，58.44）、南昌（江西，55.21），进一步说明了省会对各省经济高质量发展的引领作用。第二梯队共有20个城市，分布在5个省份，其中，安徽省有5个城市，分别是池州、滁州、黄山、马鞍山、芜湖；江西省有5个城市，分别是鹰潭、萍乡、景德镇、九江、新余；河南省有2个城市，分别是焦作、洛阳；湖北省有5个城市，分别是十堰、黄石、鄂州、宜昌、襄阳；湖南省有3个城市，分别是湘潭、株洲、张家界；山西省依旧没有城市进入第二梯队。第三梯队共有52个城市，其中，山西省有10个城市，安徽省有10个城市，江西省有5个城市，河南省有12个城市，湖北省有6个城市，湖南省有9个城市。第四梯队城市数量为2个，分别是河南省商丘市和周口市。由此可见，新时代十年，中部地区各城市经济高质量发展的格局相对稳定，且绝大多数城市分布在第三梯队。

表2-5　2022年中部地区经济高质量发展水平的空间分布格局

省份	第一梯队	第二梯队	第三梯队	第四梯队
山西	太原		运城、忻州、临汾、吕梁、长治、朔州、阳泉、晋城、晋中、大同	
安徽	合肥	池州、滁州、黄山、马鞍山、芜湖	宿州、亳州、阜阳、六安、淮南、宣城、安庆、淮北、蚌埠、铜陵	
江西	南昌	鹰潭、萍乡、景德镇、九江、新余	抚州、吉安、上饶、赣州、宜春	
河南	郑州	焦作、洛阳	信阳、濮阳、南阳、驻马店、鹤壁、新乡、安阳、漯河、平顶山、许昌、开封、三门峡	商丘、周口
湖北	武汉	十堰、黄石、鄂州、宜昌、襄阳	孝感、随州、黄冈、咸宁、荆州、荆门	
湖南	长沙	湘潭、株洲、张家界	邵阳、娄底、怀化、益阳、永州、衡阳、岳阳、郴州、常德	

2. 中部六省省会城市经济高质量发展状况的比较分析

在不同年份，中部六省省会城市的经济高质量发展综合指数始终稳居前列，扮演着绝对的“领头羊”角色。为了更加深入地刻画中部地区经济高质量发展的状况，本报告进一步对6个省会城市的经济高质量发展状况进行比较分析。

表2-6报告了2013~2022年中部六省省会城市经济高质量发展综合指数。可以看出，各省会城市经济高质量发展水平均表现出稳定的总体上升趋势。从绝对水平来看，2013年，武汉市的经济高质量发展综合指数突破60，之后依次是太原市、长沙市、郑州市、合肥市、南昌市。2022年，武汉市经济高质量发展综合指数突破80，其后依次是郑州市、合肥市、长沙市、太原市、南昌市。

表2-6　2013~2022年中部六省省会城市经济高质量发展综合指数

城市	2013年	2014年	2015年	2016年	2017年	2018年	2019年	2020年	2021年	2022年
太原	51.48	54.97	55.22	58.19	58.76	60.82	62.21	58.93	58.98	58.44
合肥	44.05	47.17	50.58	52.71	54.53	57.49	62.27	63.21	68.74	70.16
南昌	43.67	45.56	47.41	48.36	52.98	54.85	56.31	57.71	60.90	55.21
郑州	48.34	52.40	57.38	61.29	63.20	65.00	69.43	72.13	77.14	72.83
武汉	65.95	70.57	75.68	79.34	80.71	85.35	88.88	85.32	90.99	83.48
长沙	50.57	52.90	54.30	57.13	59.72	63.33	66.75	66.60	64.13	67.53

表2-7进一步报告了2013~2022年中部六省省会城市经济高质量发展综合指数变化情况。具体而言，在经济高质量发展综合指数的增长幅度上，6个省会城市也存在较大的差异，新时代十年，经济高质量发展综合指数增幅最大的是合肥市，增加了26.11，年均增长率为5.31%；郑州市经济高质量发展综合指数的增幅为24.49，年均增长率为4.66%；武汉市经济高质量发展综合指数的增幅为17.53，年均增长率为2.65%；长沙市经济高质量发展综合指数的增幅为16.96，年均增长率为3.27%；南昌市经济高质量发展综合指数的增幅为11.54，年均增长率为2.64%；太原市经济高质量发展综合指数的增幅最小，为6.96，年均增长率为1.42%。

表 2-7　2013~2022 年中部六省省会城市经济高质量发展综合指数变化情况

城市	2013 年指数	2022 年指数	指数增幅
太原	51. 48	58. 44	6. 96
合肥	44. 05	70. 16	26. 11
南昌	43. 67	55. 21	11. 54
郑州	48. 34	72. 83	24. 49
武汉	65. 95	83. 48	17. 53
长沙	50. 57	67. 53	16. 96

3. 分省份各城市经济高质量发展状况的比较分析

（1）山西省。图 2-3 对比了 2013 年和 2022 年山西省 11 个城市的经济高质量发展综合指数与年均增长率。2013~2022 年山西各城市经济高质量发展综合指数均呈现总体上升的趋势。在绝对水平上，2022 年经济高质量发展综合指数最高的是太原市（58. 44），其他城市与太原的差距较大，说明山西省内部各城市经济高质量发展水平存在较大的差距。在发展增速上，太原市（1. 42%）和朔州市（5. 78%）经济高质量发展综合指数的年均增长率低于山西省（5. 80%）总体；年均增长率大于 10%的有 4 个城市，分别是忻州市（17. 44%）、大同市（10. 85%）、吕梁市（10. 53%）、临汾市（10. 03%），可见这些城市经济高质量发展的后发优势比较明显。

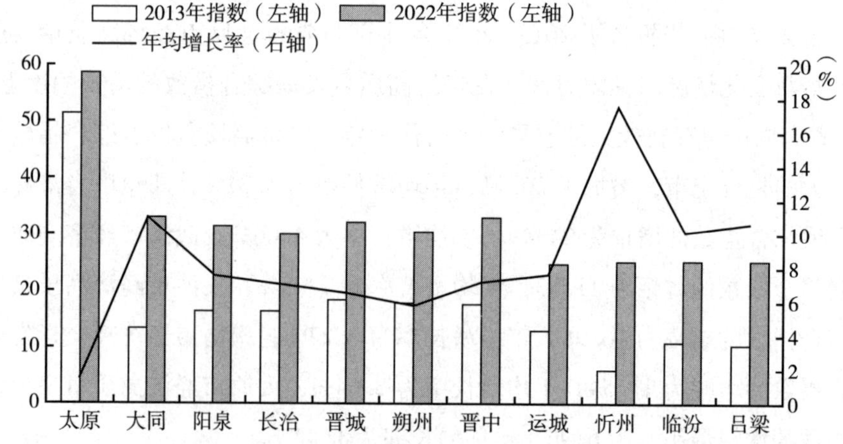

图 2-3　2013 年及 2022 年山西省各城市经济高质量发展综合指数及年均增长率

表 2-8 进一步展示了新时代以来山西省各城市经济高质量发展综合指数年均增长情况。对比中部地区整体情况来看，无论是 2013 年还是 2022 年，山西省各城市经济高质量发展水平均总体偏低。

表 2-8 2013~2022 年山西省各城市经济高质量发展综合指数年均增长情况

城市	2013 年指数	2022 年指数	年均增长率(%)
太原	51.48	58.44	1.42
大同	12.99	32.82	10.85
阳泉	16.21	31.24	7.56
长治	16.24	29.71	6.94
晋城	18.20	32.06	6.49
朔州	18.21	30.19	5.78
晋中	17.58	32.76	7.16
运城	12.81	24.58	7.51
忻州	5.83	24.78	17.44
临汾	10.63	25.13	10.03
吕梁	10.24	25.21	10.53

（2）安徽省。图 2-4 对比了 2013 年和 2022 年安徽省 16 个城市的经济高质量发展综合指数与年均增长率。2013~2022 年，安徽省各城市经济高质量发展综合指数都呈现不同幅度的上升趋势。2022 年合肥经济高质量发展综合指数达 70.16，处于绝对领跑的位置，且省内各城市经济高质量发展水平存在明显的差异。从经济高质量发展综合指数的增速来看，安徽省内各城市均实现了较快的增长，样本期内经济高质量发展综合指数增长幅度最大的是合肥，从 2013 年的 44.05 上升至 2022 年的 70.16，增加了 26.11，年均增长率达到 5.31%，这主要得益于近年来合肥市科技创新发展迅速。与此同时，安徽省内有 8 个城市经济高质量发展综合指数年均增长率低于安徽省（5.68%）整体，其中宣城年均增长率仅有 0.94%，说明宣城需要进一步充分发挥自身优势，激发经济高质量发展的潜能。

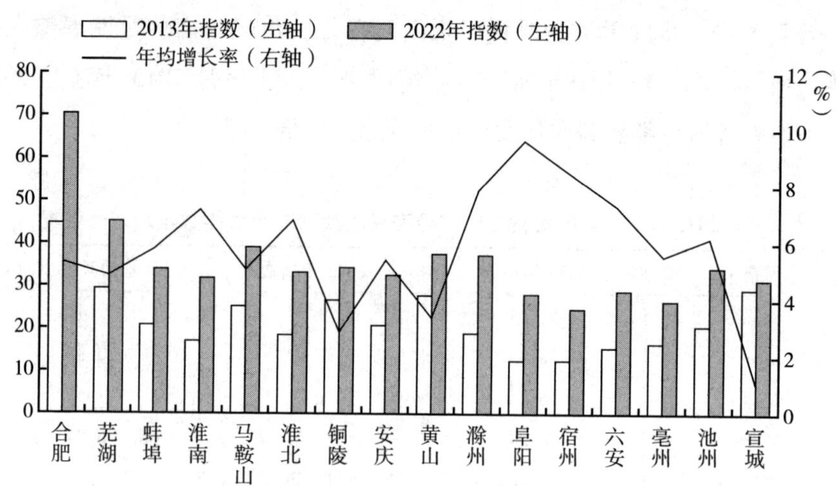

图 2-4　2013 年及 2022 年安徽省各城市经济高质量发展综合指数及年均增长率

表 2-9 进一步展示了新时代以来安徽省各城市经济高质量发展综合指数年均增长情况。对比中部地区整体情况来看，安徽省各城市指数相对靠前，说明安徽省各城市经济高质量发展水平总体较高。

表 2-9　2013~2022 年安徽省各城市经济高质量发展综合指数年均增长情况

城市	2013 年指数	2022 年指数	年均增长率(%)
合肥	44. 05	70. 16	5. 31
芜湖	29. 27	44. 83	4. 85
蚌埠	20. 30	33. 58	5. 75
淮南	16. 68	31. 29	7. 24
马鞍山	24. 97	38. 71	4. 99
淮北	18. 26	33. 03	6. 81
铜陵	26. 47	33. 91	2. 79
安庆	20. 50	32. 85	5. 38
黄山	27. 81	37. 28	3. 31
滁州	18. 65	37. 01	7. 91
阜阳	12. 18	27. 81	9. 61
宿州	11. 99	24. 61	8. 32
六安	15. 36	28. 84	7. 25
亳州	16. 43	26. 55	5. 48
池州	20. 17	34. 43	6. 12
宣城	29. 04	31. 59	0. 94

（3）江西省。图2-5对比了2013年和2022年江西省11个城市的经济高质量发展综合指数与年均增长率。2022年南昌经济高质量发展综合指数为55.21，处于明显领先的位置；新余、九江、景德镇、萍乡和鹰潭5个城市经济高质量发展综合指数介于35~40，经济高质量发展状况较优；宜春、赣州、上饶、吉安和抚州5个城市经济高质量发展综合指数低于35，整体发展水平偏低。从增速来看，2013~2022年赣州经济高质量发展综合指数的年均增长率为11.91%，是江西省内唯一年均增长率大于10%的城市；南昌经济高质量发展综合指数的年均增长率为2.64%，低于江西省（5.35%）总体水平；其余城市年均增长率均大于5%，经济高质量发展水平总体保持稳定上升的趋势。

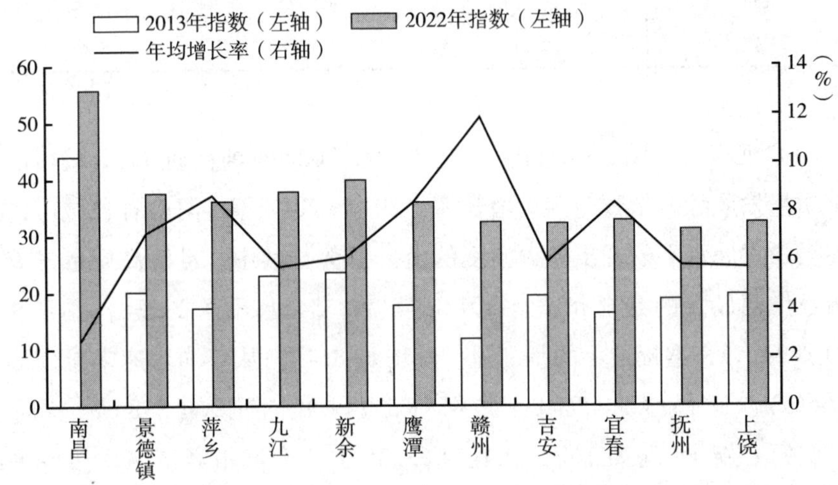

图2-5　2013年及2022年江西省各城市经济高质量发展综合指数及年均增长率

表2-10进一步展示了新时代以来江西省各城市经济高质量综合发展指数年均增长情况。对比中部地区整体情况来看，样本期内南昌经济高质量发展综合指数始终保持前列。

表 2-10 2013~2022 年江西省各城市经济高质量发展综合指数年均增长情况

城市	2013 年指数	2022 年指数	年均增长率(%)
南昌	43.67	55.21	2.64
景德镇	19.96	37.16	7.15
萍乡	16.98	35.84	8.66
九江	22.81	37.39	5.64
新余	23.22	39.44	6.06
鹰潭	17.10	35.33	8.40
赣州	11.65	32.07	11.91
吉安	19.02	31.70	5.84
宜春	15.73	32.25	8.30
抚州	18.58	30.57	5.69
上饶	19.41	31.77	5.63

（4）河南省。图 2-6 对比了 2013 年和 2022 年河南省 17 个城市的经济高质量发展综合指数与年均增长率。2013~2022 年，河南省各城市的经济高质量发展水平表现出较大幅度的上升态势，其中，经济高质量发展综合指数增幅最大的是郑州，从 2013 年的 48.34 上升至 2022 年的 72.83，增加了 24.49，增幅最小的是商丘，仅增加 8.19。从年均增速来看，郑州（4.66%）、许昌（5.45%）、漯河（5.74%）、洛阳（5.83%）、周口（5.96%）、新乡（6.00%）、商丘（6.23%）7 个城市经济高质量发展综合指数的年均增长率小于河南省（6.71%）总体水平，年均增长率大于 10%的城市有 3 个，分别是开封（13.92%）、南阳（12.86%）、安阳（10.27%）。

表 2-11 进一步展示了新时代以来河南省各城市经济高质量发展综合指数年均增长情况。河南省内各城市年均增长率普遍较高，各城市具备提高经济高质量发展水平的潜能，河南省在经济高质量发展上积极发挥“追赶效应”。

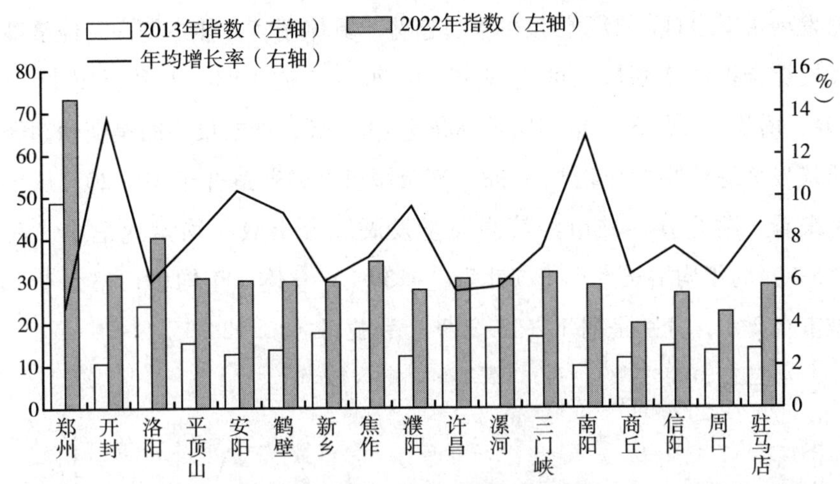

图 2-6　2013 年及 2022 年河南省各城市经济高质量发展综合指数及年均增长率

表 2-11　2013~2022 年河南省各城市经济高质量发展综合指数年均增长情况

城市	2013 年指数	2022 年指数	年均增长率(%)
郑州	48.34	72.83	4.66
开封	9.77	31.57	13.92
洛阳	24.06	40.08	5.83
平顶山	15.04	30.43	8.14
安阳	12.36	29.80	10.27
鹤壁	13.36	29.51	9.20
新乡	17.53	29.61	6.00
焦作	18.46	34.45	7.18
濮阳	12.26	27.75	9.50
许昌	19.04	30.70	5.45
漯河	18.26	30.17	5.74
三门峡	16.50	31.76	7.55
南阳	9.63	28.60	12.86
商丘	11.33	19.52	6.23
信阳	13.99	26.94	7.55
周口	13.05	21.97	5.96
驻马店	13.62	28.88	8.71

（5）湖北省。图 2-7 对比了 2013 年和 2022 年湖北省 12 个城市的经济高质量发展综合指数与年均增长率。2013~2022 年，湖北省各城市的经济高

质量发展水平表现出较大幅度的上升态势。具体而言，样本期内，经济高质量发展综合指数增幅最大的是荆州，从 2013 年的 10.06 上升至 2022 年的 30.94，增长了 2 倍多，年均增长率高达 13.30%；增幅最小的是随州，经济高质量发展综合指数仅增加 9.98，其余城市增幅普遍介于 10~20。从年均增速来看，湖北省各城市经济高质量发展综合指数年均增速适中，武汉（2.65%）的年均增长率小于湖北省（4.39%）总体；年均增长率大于 10% 的城市有 2 个，分别是荆州（13.30%）和黄冈（13.12%）。

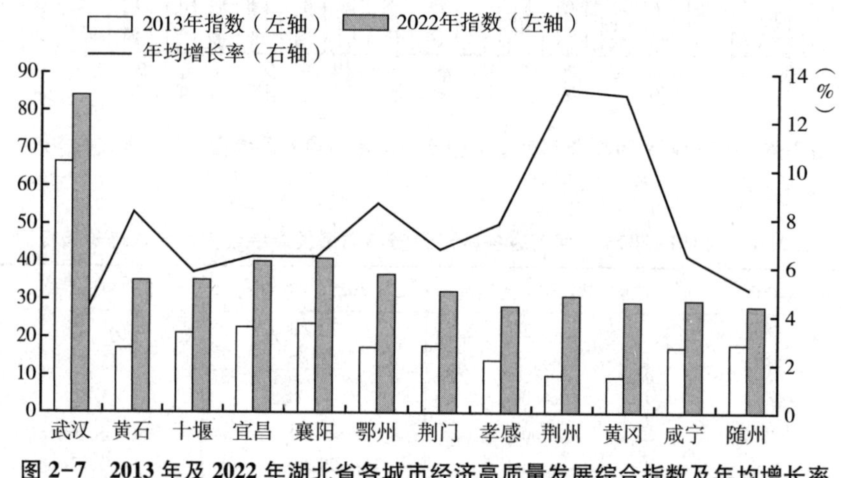

图 2-7　2013 年及 2022 年湖北省各城市经济高质量发展综合指数及年均增长率

表 2-12 进一步展示了新时代以来湖北省各城市经济高质量发展综合指数年均增长情况，可以看出湖北省各城市经济高质量发展水平普遍实现平稳提升。

表 2-12　2013~2022 年湖北省各城市经济高质量发展综合指数年均增长情况

城市	2013 年指数	2022 年指数	年均增长率(%)
武汉	65.95	83.48	2.65
黄石	17.16	34.92	8.21
十堰	20.75	34.36	5.76
宜昌	22.62	39.52	6.40
襄阳	23.52	40.80	6.31
鄂州	17.38	36.54	8.61
荆门	17.60	31.57	6.71
孝感	14.07	27.73	7.83

续表

城市	2013 年指数	2022 年指数	年均增长率(%)
荆州	10.06	30.94	13.30
黄冈	9.58	29.06	13.12
咸宁	17.10	29.99	6.44
随州	17.86	27.84	5.06

（6）湖南省。图 2-8 对比了 2013 年和 2022 年湖南省 13 个城市的经济高质量发展综合指数与年均增长率。2013~2022 年，湖南省各城市经济高质量发展水平均呈现总体稳步上升趋势。从具体发展水平来看，2022 年经济高质量发展综合指数最高的是长沙（67.53），说明省会城市在经济高质量发展方面占据绝对优势。从年均增速来看，除长沙（3.27%）和湘潭（4.69%）经济高质量发展综合指数的年均增长率小于湖南省（5.12%）总体外，其余城市年均增长速度普遍较高，有 4 个城市年均增长率超 10%，依次是张家界（12.74%）、娄底（11.97%）、邵阳（10.96%）、怀化（10.02%）。

表 2-13 进一步展示了新时代以来湖南省各城市经济高质量发展综合指数年均增长情况，可以看出湖南省各城市经济高质量发展水平虽平稳提升，但仍有进一步提升的空间。

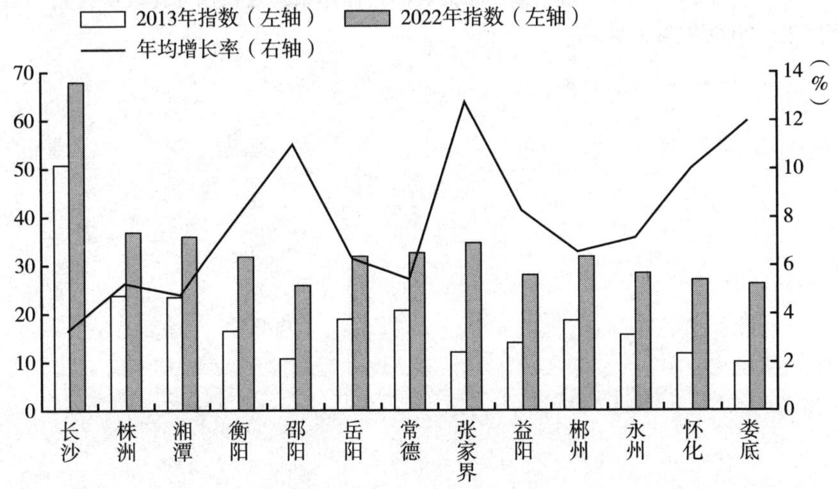

图 2-8 2013 年及 2022 年湖南省各城市经济高质量发展综合指数及年均增长率

表 2-13　2013~2022 年湖南省各城市经济高质量发展综合指数年均增长情况

城市	2013 年指数	2022 年指数	年均增长率(%)
长沙	50.57	67.53	3.27
株洲	23.28	36.66	5.17
湘潭	23.38	35.33	4.69
衡阳	15.74	31.32	7.94
邵阳	9.91	25.26	10.96
岳阳	18.32	31.49	6.20
常德	20.17	32.37	5.40
张家界	11.65	34.29	12.74
益阳	13.70	27.77	8.17
郴州	17.98	31.67	6.49
永州	15.11	27.84	7.03
怀化	11.33	26.75	10.02
娄底	9.39	25.97	11.97

参考文献

刘文革、何斐然：《中国经济高质量发展的指标体系构建及国际比较研究》，《经济问题探索》2023 年第 9 期。

分报告

Z.3

中国中部地区创新发展的综合评价与比较分析

高质量发展是依靠创新驱动的内涵型发展。创新是推动高质量发展的首要动力，也是构建现代化经济体系的重要战略支撑[①]。中部地区在国家发展战略中具有承东启西、连南接北的独特区位优势，丰富的自然资源、深厚的产业基础等为创新发展提供了坚实的基础和广阔的空间。然而，与东部发达地区相比，中部地区在传统产业转型升级、人才引进与培育、“卡脖子”技术攻克等方面仍存在一定差距。如何充分发挥中部地区的优势，补齐创新发展的短板，实现创新驱动的内涵型增长，成为中部地区亟待解决的重要问题。

首先，本报告从“创新基础、创新投入、创新产出”三个维度，经济增长、人员投入、经费投入、创新数量、创新质量五个层面，选取全员劳动生产率、资本生产率、全要素生产率、科学研究与技术服务从业人员

① 陈景华、刘展豪、毛开元：《中国式现代化进程中的高质量发展：历程、成就与展望》，《华东经济管理》2023 年第 11 期。

数、高等学校在校学生人数、财政科学技术支出占财政预算支出比重、财政教育支出占财政预算支出比重、每万人三类专利授权数、发明专利授权数占专利总授权数比重 9 个基础指标测度评价中部地区的创新发展水平；其次，本报告从总体层面到省级层面再到城市层面，从宏观到微观对中部地区创新发展指数进行横纵向比较，进而探索 2013~2022 年中部地区创新发展进程；最后，本报告对国务院、国家发展改革委等以及中部六省颁布出台的“创新发展”相关政策文件进行梳理，总结中部地区在创新发展方面的政策导向、目标以及具体措施，为更好优化“创新发展”政策环境提供参考。

第一节　中部地区创新发展指数测度结果与分析

一　中部地区创新发展指数的整体分析

区域创新能力是指一个地区在市场机制下，在创新投入、创新产出、政府服务及支撑环境协同作用下不断提高创新效益，实现创新驱动发展升级的能力①。如图 3-1 所示，2013~2022 年中部地区的创新发展指数稳步上升，从 14.22 增至 24.62，增长 73%，中部地区的创新发展能力逐年增强。

样本期内，中部地区创新发展指数的年均增长率为 6.29%。从同比增长率来看，2014~2022 年各年同比增长率分别为 7.59%、9.23%、8.27%、3.49%、4.11%、5.78%、5.52%、9.65%、3.25%。其中，有 5 个年份的同比增长率低于年均增长率（6.29%），分别为 2017 年、2018 年、2019 年、2020 年及 2022 年。总体来看，中部地区创新发展指数的同比增长率均为正数，但样本期内同比增长率的变化波动较大，且整体呈波动下滑趋势，这表明中部地区创新发展指数虽总体呈增长趋势，每年的增长幅度却呈波动下降趋势。从具体的年度变化情况来看，2014~2016 年中部地区创新发展指数的

---

① 王圣云、魏博通、向云波：《长江经济带创新发展报告（2020）》，经济科学出版社，2020。

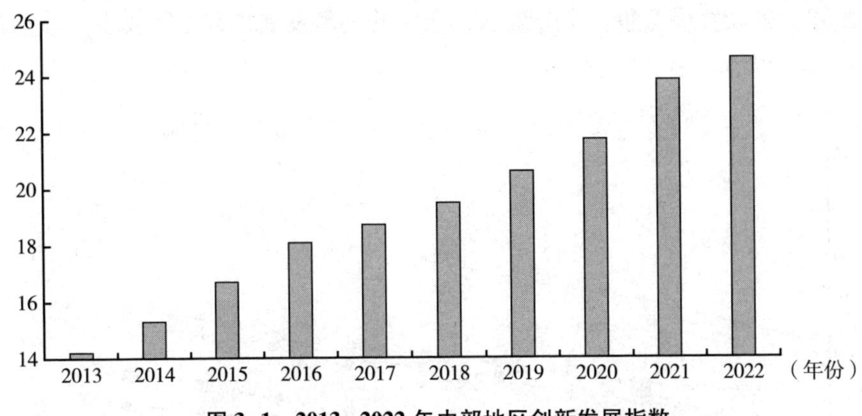

图 3-1　2013~2022 年中部地区创新发展指数

资料来源：根据测度结果整理。

同比增长率均高于年均增长率，表明在样本期初期，中部地区的创新发展速度较快，创新发展指数从 2013 年的 14.22 增至 2016 年的 18.09，共增长了 3.87。2017~2020 年中部地区创新发展指数的同比增长率均低于年均增长率，创新发展速度有所减慢，创新发展指数从 2016 年的 18.09 增至 2020 年的 21.75，共增长了 3.66。2021 年，中部地区创新发展指数的同比增长率提升至 9.65%，达到样本期内的最高值，但 2022 年同比增长率骤降至 3.25%，为样本期内最低值。

二　省级层面的创新发展指数比较分析

如图 3-2 所示，样本期内，湖北省创新发展指数介于 21.61~38.66。湖北省深入实施创新驱动发展战略，深入构建战略科技力量矩阵，科技强省建设成效显著。湖南省的创新发展指数介于 15.70~23.21；安徽省的创新发展指数介于 12.02~24.61。安徽着力实施创新驱动发展战略，大力推动国家综合性科学中心建设，不断完善创新生态体系[①]。河南省的创新发展指数介于 12.88~21.90，安徽、河南、湖南三省总体呈现竞争态势。此外，江西省与

① 王圣云等：《长江经济带创新发展报告（2021）》，经济科学出版社，2021。

山西省的创新发展竞争也十分激烈，两省的创新发展指数差距较小，分别介于9.30~17.94、9.47~14.82。

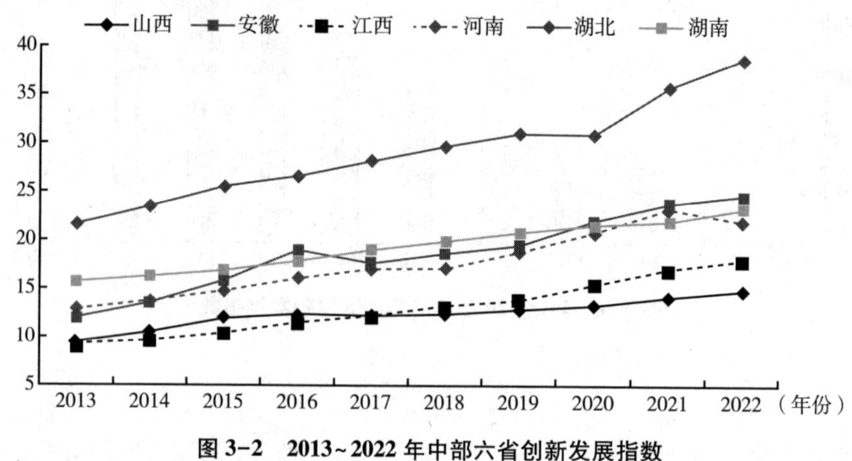

图 3-2 2013~2022 年中部六省创新发展指数

资料来源：根据测度结果整理。

从年均增长率来看，如图 3-3 所示，安徽省创新发展指数的年均增长率最高，为 8.29%，创新发展指数从 12.02 增至 24.61，增长幅度较大。江西省创新发展指数的年均增长率为 7.57%，指数从 9.30 增至 17.94，江西省虽然原始创新基础薄弱，但不断加大创新投入力度，积极打造创新平台，增长势头强劲①。湖北省创新发展指数从 21.61 增长至 38.66，年均增长率为 6.68%。河南省创新发展指数从 12.88 增至 21.90，年均增长率为 6.08%。山西省创新发展指数从 9.47 增至 14.82，年均增长率为 5.10%。湖南省创新发展指数从 15.70 增至 23.21，年均增长率为 4.44%，样本期内，湖南省创新发展指数保持较缓慢的增长态势，在创新发展水平上仍有较大的提升空间。

从同比增长率来看，如表 3-1 所示，样本期内，除 2017 年的山西省及安徽省、2020 年的湖北省、2022 年的河南省外，同比增长率均为正数。样本期内，山西省创新发展指数的同比增长率介于-1.10%~13.71%，

① 王圣云、林玉娟、罗玉婷：《长江经济带科技创新效率变化的指数分解及聚类分析》，《华东经济管理》2018 年第 9 期。

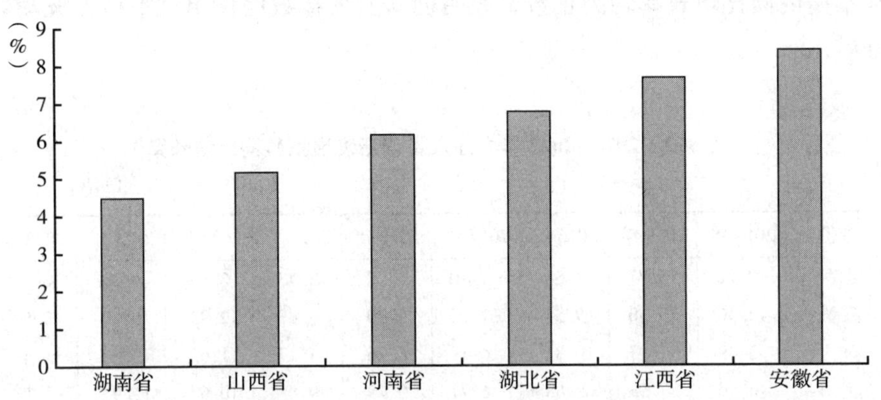

图 3-3　2013~2022 年中部六省创新发展指数年均增长率

资料来源：根据测度结果整理。

2014~2015 年山西省创新发展指数的同比增长率超过 10%，指数更是从 2013 年的 9.47 增至 2015 年的 11.92，但此后山西省创新发展指数的同比增长率均小于 7%，样本期内山西省创新发展指数的同比增长率波动较大，指数的增长趋势较不稳定。安徽省创新发展指数的同比增长率介于 -7.00%~19.54%，2014~2016 年指数的同比增长率超过 10%，2016 年更是达到了 19.54%。2017 年起安徽省创新发展指数的增长大幅放缓，除 2020 年同比增长率达 12.93%外，其余年份同比增长率均低于 10%。江西省创新发展指数的同比增长率介于 3.49%~11.62%，其中 2016 年、2020 年及 2021 年指数的同比增长率超过 10%，创新发展指数从 2013 年的 9.30 增至 2022 年的 17.94，增长趋势明显。河南省创新发展指数的同比增长率介于-5.73%~11.97%，2014~2021 年同比增长率均为正数，2020 年及 2021 年的同比增长率甚至超过 10%，但 2022 年同比增长率骤降至 -5.73%。湖北省创新发展指数的同比增长率介于-0.28%~15.82%，同比增长率表现出一定的波动性，但总体上 2014~2019 年创新发展指数保持正增长。2020 年湖北省创新发展指数同比增长率下降至-0.28%，而后在 2021 年上升至 15.82%，随后在 2022 年又有所回落，但仍保持在较高水平（8.13%）。湖南省创新发展指数的同比增长率介于 1.66%~6.40%，样本期内同比增长率均为正数，表明创新发展指数增长相对平稳，波动幅度较小。

表 3-1　2014~2022 年中部六省创新发展指数同比增长率

单位：%

省份	2014 年	2015 年	2016 年	2017 年	2018 年	2019 年	2020 年	2021 年	2022 年
山西	10. 72	13. 71	3. 68	-1. 10	1. 27	3. 73	3. 39	6. 29	4. 99
安徽	12. 36	17. 30	19. 54	-7. 00	5. 70	4. 49	12. 93	8. 20	3. 57
江西	3. 49	7. 93	10. 81	6. 18	8. 26	4. 27	11. 62	10. 50	5. 41
河南	6. 56	7. 53	8. 68	6. 27	0. 19	9. 83	10. 67	11. 97	-5. 73
湖北	8. 51	8. 83	4. 13	5. 93	5. 38	4. 38	-0. 28	15. 82	8. 13
湖南	3. 27	3. 89	5. 90	6. 40	4. 66	4. 42	3. 81	1. 66	5. 97

资料来源：根据测度结果整理。

从创新发展指数同比增长率与年均增长率比较来看，样本期内，2014 年、2015 年及 2021 年山西省的创新发展指数同比增长率分别为 10. 72%、13. 71%及 6. 29%，高于年均增长率（5. 10%）。安徽省的年均增长率为 8. 29%，样本期内仅有 4 年的创新发展指数同比增长率高于年均增长率，分别是 2014 年（12. 36%）、2015 年（17. 30%）、2016 年（19. 54%）及 2020 年（12. 93%）。江西省仅有 4 年的同比增长率低于年均增长率（7. 57%），分别为 2017 年（3. 49%）、2017 年（6. 18%）、2019 年（4. 27%）和 2022 年（5. 41%）。河南省创新发展指数的年均增长率为 6. 08%，样本期内，仅有 2018（0. 19%）年及 2022 年（-5. 73%）的同比增长率低于年均增长率，虽然其余年份的同比增长率均高于年均增长率，但河南省创新发展指数的增长幅度波动较大。湖北省创新发展指数的年均增长率为 6. 68%，样本期内有 4 年的同比增长率高于年均增长率，分别为 2014 年（8. 51%）、2015 年（8. 83%）、2021 年（15. 82%）及 2022 年（8. 13%）。湖南省创新发展指数的年均增长率为 4. 44%，2016 年、2017 年、2018 年及 2022 年该省创新发展指数的同比增长率分别为 5. 90%、6. 40%、4. 66%以及 5. 97%，高于年均增长率。

1. 山西省

由图 3-4 可知，2013~2022 年山西省创新发展指数整体呈现上升趋势。2013~2015 年增长幅度较大，2017 年创新发展指数小幅回落，此后 3 年呈小幅度上升趋势。2013~2022 年山西省创新发展指数仅从 9. 47 增至 14. 82。山西的科技创新和高质量发展还存在一些“短板”：一是创新主体偏少，企业创新活力不够；二是创新平台偏少，研发能力偏弱；三是研发投入不足，科研条件亟待改善；四是科技人才总量不足、结构不优，领军人才、高端人才奇缺；五是支持科技创新的金融服务、中介服务供给不足①。这些差距和不足，表面上看是山西科技创新存在的问题，本质上是山西的创新生态培育不足。

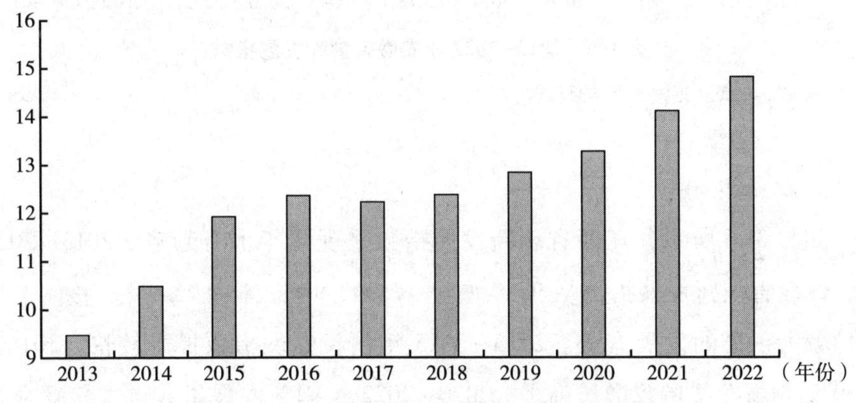

图 3-4　2013~2022 年山西省创新发展指数

资料来源：根据测度结果整理。

2. 安徽省

2013~2022 年，安徽省的创新发展水平平稳提升，创新发展指数从 12. 02 增至 24. 61。如图 3-5 所示，2016 年安徽省的创新发展指数涨幅较大，达到 18. 93，2017 年下降至 17. 61，之后增长趋缓。这可能是因为 2016

① 姜海宁等：《山西资源型城市创新环境与产业结构转型空间耦合》，《自然资源学报》2020 年第 2 期。

年国家正式批复安徽“全创改”方案，安徽省系统推进全面创新改革，积极建设合芜蚌国家自主创新示范区、合肥综合性国家科学中心，加快由科技大省向科技强省跨越。

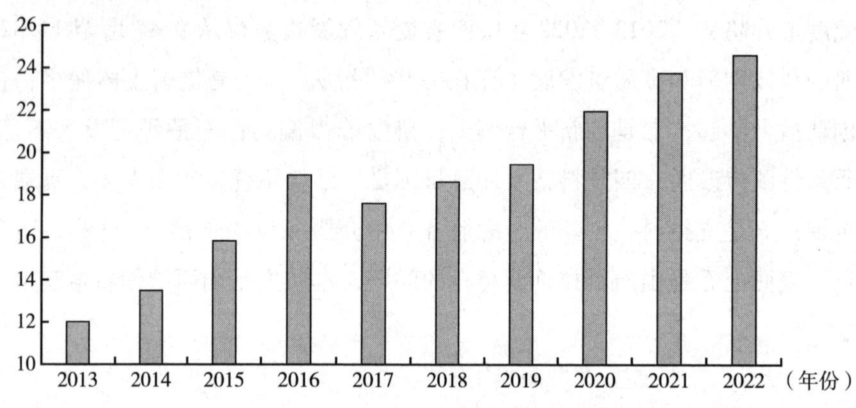

图 3-5　2013~2022 年安徽省创新发展指数

资料来源：根据测度结果整理。

3. 江西省

如图 3-6 所示，江西省创新发展指数呈现逐年上升趋势，2013~2022 年，江西省创新发展指数从 9.30 增至 17.94，增长率达 92.9%，整体上显示出较为积极的发展态势。2013~2015 年创新发展指数提升较快，2016~2019 年创新发展指数增长趋缓，2020~2022 年创新发展指数再次恢复强劲的增长态势。江西省把集聚高端创新资源要素作为重要路径，提高链接效能，加快科技平台和高端人才一体化布局，在创新发展方面取得了显著成果，尤其在政策支持、技术创新和产业升级等方面表现较为出色。

4. 河南省

如图 3-7 所示，从整体趋势来看，2013~2017 年河南省的创新发展指数呈现逐年上升的趋势，2018 年略有下降，2019~2021 年恢复增长态势，2021 年达到最高峰，2022 年又略有下降。从时序来看，河南省在创新方面的发展经历了几个不同的阶段。在早期阶段（2013~2017 年），创新发展指数增长较为缓慢；在中期阶段（2018~2020 年），增长速度明显加快；到后

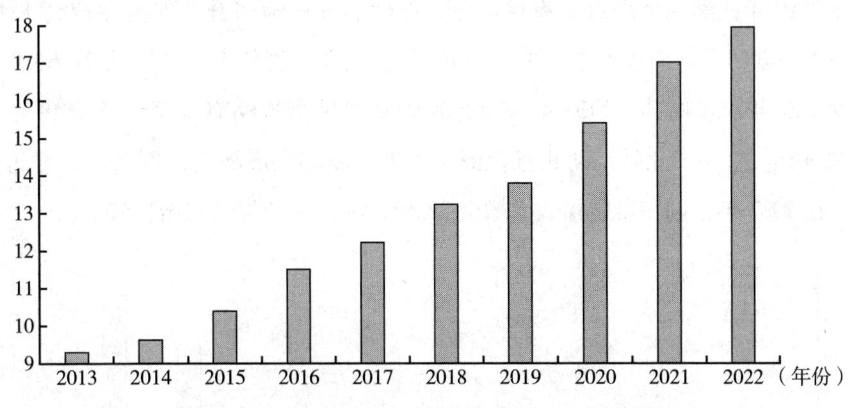

图 3-6　2013~2022 年江西省创新发展指数

资料来源：根据测度结果整理。

期阶段（2021~2022 年），虽然出现负增长，但仍然保持在较高水平。从具体的创新发展指数来看，2013 年河南省创新发展指数时仅为 12.88，到 2021 年达到最高点，指数为 23.24，2022 年则回落至 21.90。

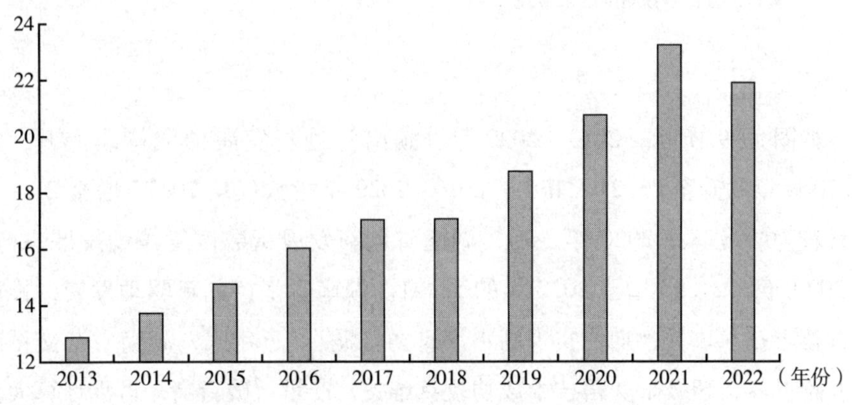

图 3-7　2013~2022 年河南省创新发展指数

资料来源：根据测度结果整理。

5. 湖北省

如图 3-8 所示，2013~2022 年湖北省创新发展指数总体呈现明显的增长态势，表明湖北省在创新发展方面取得了显著的进步和成就。湖北省创新发展指数在 2019 年达到一个高点后有所回落，但随后又逐渐回升并保持在较高水平。从具体的创新发展指数来看，2013~2019 年，湖北省创新发展指数从 21.61 增至 30.96，逐年稳步提升。2020 年，湖北省创新发展指数略有下降，从 2019 年的 30.96 降至 30.88。此后，湖北省积极推进创新驱动发展战略，创新能力显著提高，到 2022 年，创新发展指数已增至 38.66，继续保持强劲的增长势头。

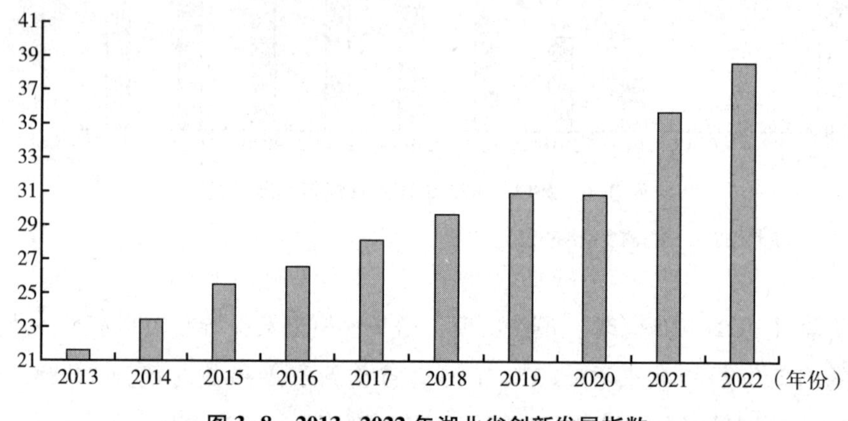

图 3-8　2013~2022 年湖北省创新发展指数

资料来源：根据测度结果整理。

6. 湖南省

如图 3-9 所示，2013~2022 年，湖南省创新发展指数持续上升，从 15.70 逐年攀升至 23.21。其中，2019~2020 年指数仅从 20.75 增至 21.90，增长较为缓慢。而 2020 年之后，湖南省创新发展指数恢复蓬勃发展态势，从 2020 年的 21.54 增至 2022 年的 23.21。湖南省坚持创新驱动发展，推进关键核心技术攻关，加快实现高水平自立自强①。近年来，湖南省杂交稻研究领跑世界，超级杂交稻技术成功攻克难关，产量再破新高；世界计算大会永久落户长沙，“天河”新一代超级计算机正式投入运行；湖南省科技创新水平持续攀升，为湖南打造具有核心竞争力的科技创新高地提供了有力支撑。

① 卢召艳等：《城市群核心区域科技创新潜力评价及影响因素——以长株潭城市群核心区为例》，《经济地理》2022 年第 4 期。

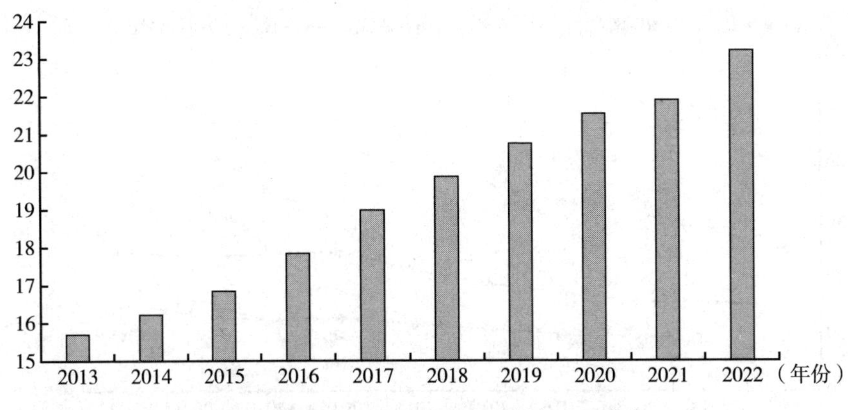

图 3-9　2013~2022 年湖南省创新发展指数

资料来源：根据测度结果整理。

三　城市层面的创新发展指数比较分析

1. 中部地区省会城市创新发展指数比较

如图 3-10 所示，从发展趋势来看，中部六省省会的创新发展指数总体上均呈增长态势。其中，湖北省会武汉的创新发展指数仅在 2020 年略微回落，其他年份均保持稳定的增长态势。郑州市与南昌市的发展趋势相似，2013~2021 年两市的创新发展指数持续提升，2021 年创新发展指数达到最大值，而 2022 年两市的创新发展指数均有所下降。2013~2022 年合肥市的创新发展指数经历了“两升一落”。2013~2016 年及 2017~2022 年，合肥市创新发展指数不断攀升，仅在 2016 年达到第一个上升阶段的峰值后有过短暂的回落。长沙市创新发展指数总体呈现增长态势，但该市指数在 2015 年及 2020 年均存在小幅下降。太原市创新发展水平总体向好，创新发展指数仅在 2020 年有所回落，其余年份均保持稳步增长态势。

样本期内，武汉市的创新发展指数介于 44.94~76.68，以绝对优势领先。长沙市的创新发展指数介于 35.00~44.92，初期创新发展指数较高，但 2015 年郑州市超越长沙市。郑州市的创新发展指数介于 32.94~61.44，郑州市积极部署创新战略，加快集聚科技创新要素，创新发展指数增长较快，

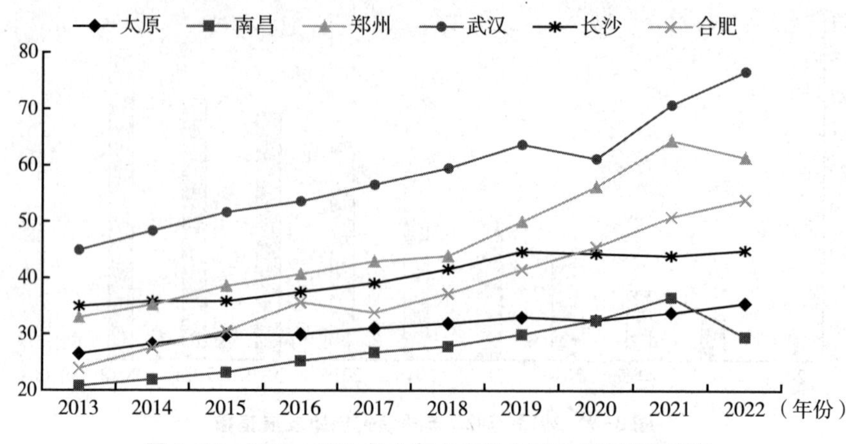

图 3-10　2013~2022 年中部六省省会城市创新发展指数

资料来源：根据测度结果整理。

成功超越长沙市且与武汉市的差距有所缩小。太原市的创新发展指数介于 26. 49~35. 54，增长幅度较小。随着太原市创新发展水平不断提升，2022 年太原市反超南昌市。南昌市的创新发展指数介于 20. 83~29. 54，2013~2021 年南昌市创新发展指数从 20. 83 增至 36. 60，但 2022 年创新发展指数有所回落。

从年均增长率来看，如图 3-11 所示，武汉市、郑州市和合肥市的年均增长率相对较高，分别为 6. 12%、7. 17%和 9. 47%，这三个省会城市在创新驱动发展方面具有较强的动力和潜力。特别是郑州市，其创新发展指数年均增长率最高，这与其近年来在科技创新和产业升级方面的重大突破有关。长沙市、太原市、南昌市的年均增长率相对较低，分别为 2. 81%、3. 32%和 3. 96%。这些城市虽然也在创新发展方面取得了一定的成绩，但与合肥市、郑州市、武汉市相比仍存在一定的差距。

从同比增长率来看，如表 3-2 所示，样本期内，长沙市创新发展指数的同比增长率介于-0. 79%~7. 46%，2015 年、2020 年、2021 年长沙市创新发展指数的同比增长率为负数，分别为-0. 01%、-0. 79%、-0. 86%，2015 年为长沙市创新发展指数的第一个下降期，指数从 35. 83 降至 35. 82。随后在 2020~2021 年，长沙市的创新发展指数连续下降，从 2019 年的 44. 68 下

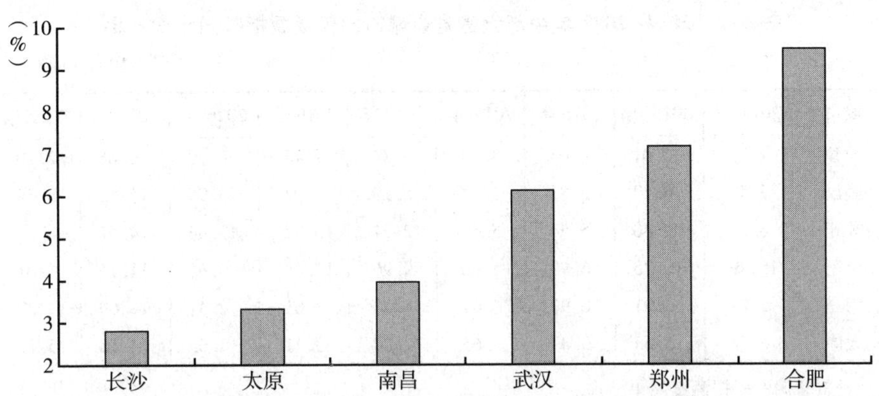

图 3-11　2013~2022 年中部六省省会城市创新发展指数年均增长率

资料来源：根据测度结果整理。

降至 2021 年的 43.95。武汉市创新发展指数的同比增长率介于-3.95%~15.63%，说明武汉市创新发展指数波动较大。2020 年武汉市创新发展指数的同比增长率为-3.95%，2020 年也是其指数唯一有所下降的年份，从 2019 年的 63.73 降至 61.21。2021 年武汉市创新发展指数回升，指数从 2020 年的 61.21 增至 2021 年的 70.78，增长率达 15.63%。郑州市创新发展指数的同比增长率介于-4.63%~14.67%，2014~2021 年郑州市创新发展指数的同比增长率均为正数，且 2019~2021 年的同比增长率超过 10%，但 2022 年的创新发展指数同比增长率小于零，为-4.63%。样本期内，合肥市除 2017 年的创新发展指数同比增长率为负数，其余年份的同比增长率均大于 5.00%。2014~2016 年，合肥市创新发展指数的同比增长率均超过 10%，增长速度较快。此后，2018~2022 年，合肥市创新发展指数的同比增长率均超过 5%，创新发展指数从 2017 年的 33.85 增至 2022 年的 53.88。南昌市创新发展指数的同比增长率介于-19.29%~12.69%，2014~2021 年同比增长率均为正数，但 2022 年同比增长率突降至-19.29%，为样本期内中部六省省会城市创新发展指数的最低同比增长率。太原市创新发展指数的同比增长率介于-1.65%~6.53%，除 2020 年外，样本期内太原市创新发展指数同比增长率均为正数，但均小于 7%。

表 3-2　2014~2022 年中部六省省会城市创新发展指数同比增长率

单位：%

城市	2014 年	2015 年	2016 年	2017 年	2018 年	2019 年	2020 年	2021 年	2022 年
长沙	2.36	-0.01	4.65	4.29	6.34	7.46	-0.79	-0.86	2.20
武汉	7.53	6.77	3.81	5.57	5.29	7.04	-3.95	15.63	8.34
郑州	6.92	9.40	5.54	5.62	2.21	13.92	12.34	14.67	-4.63
合肥	15.29	10.75	16.90	-5.00	9.96	11.48	9.65	11.71	6.01
南昌	5.24	5.71	8.92	6.07	4.00	7.61	8.41	12.69	-19.29
太原	6.53	5.63	0.47	3.65	2.80	3.41	-1.65	4.18	5.12

资料来源：根据测度结果整理。

从创新发展指数同比增长率与年均增长率的比较来看，样本期内，长沙市年均增长率为 2.81%，仅 2016~2019 年的同比增长率高于年均增长率。武汉市的年均增长率为 6.12%，样本期内，仅 2016 年、2018 年及 2020 年的同比增长率低于年均增长率。2015 年、2019 年、2020 年及 2021 年郑州市的同比增长率分别为 9.40%、13.92%、12.34%及 14.67%，均高于郑州市的年均增长率（7.17%）。合肥市创新发展指数总体增长幅度较大，但 2017 年及 2022 年的创新发展指数同比增长率分别为-5.00%及 6.01%，低于年均增长率（9.47%）。2014~2021 年，南昌市创新发展指数的同比增长率介于 4.00%~12.69%，2013~2022 年的年均增长率为 3.96%，同比增长率连续 8 年超过年均增长率，但 2022 年南昌的同比增长率为-19.29%，远远低于年均增长率。太原市同比增长率介于-1.65%~6.53%，虽然同比增长率整体偏低，但仅有 3 年的同比增长率低于年均增长率（3.32%），分别是 2016 年（0.47%）、2018 年（2.80%）、2020 年（-1.65%）。

（1）长沙市。如图 3-12 所示，2013~2022 年长沙市创新发展指数波动式上升，在经历“三升两落”后，创新发展指数总体从 35.00 增至 44.92。2013~2014 年为长沙市创新发展指数的第一个上升期，2015 年创新发展指数略有回落。2016~2019 年长沙市创新发展指数稳步提升，从 37.49 增至 44.68。2020~2021 年，长沙市创新发展指数连续下降，2022 年才再次回升，达到 44.92。

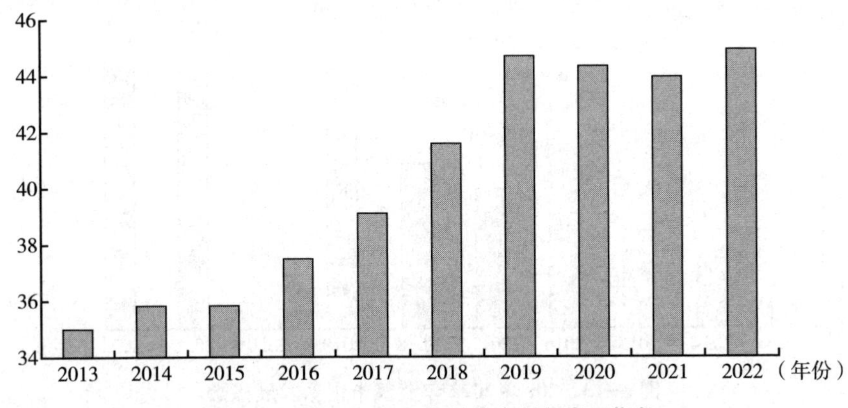

图 3-12　2013~2022 年长沙市创新发展指数

资料来源：根据测度结果整理。

（2）武汉市。2013~2022 年武汉市创新发展水平较高，创新基础较好。如图 3-13 所示，武汉市的创新发展指数处于一个相对较高的水平，创新发展指数介于 44.94~76.68，武汉市创新发展指数起步较高，2013 年为 44.94，截至 2019 年已增至 63.73，但 2020 年武汉市创新发展指数下降至 61.21，2021 年开始回升，截至 2022 年武汉市创新发展指数已增至 76.68。

（3）郑州市。如图 3-14 所示，郑州市创新发展指数从 2013 年的 32.94 逐年上升至 2021 年的 64.42，呈现明显的上升趋势，但受全球智能消费电子产品需求下滑及政府对房地产市场调控政策的影响，郑州市的支柱产业电子信息产业及房地产业遭受挫折，导致 2022 年郑州市创新发展指数有所下滑，下降至 61.44。但郑州市创新发展指数总体呈上升趋势，在创新发展方面具有强劲动力和巨大潜力。通过优化产业结构、提升包容性、降低生活成本等措施，郑州实现城市可持续和全面发展，从而加快推动产业创新，培育新兴产业，进一步推动高质量发展①。

① 郭娜、陈东晖、胡丽宁：《企业数实技术融合与新质生产力发展——来自企业专利信息的经验证据》，《华东经济管理》2025 年第 1 期。

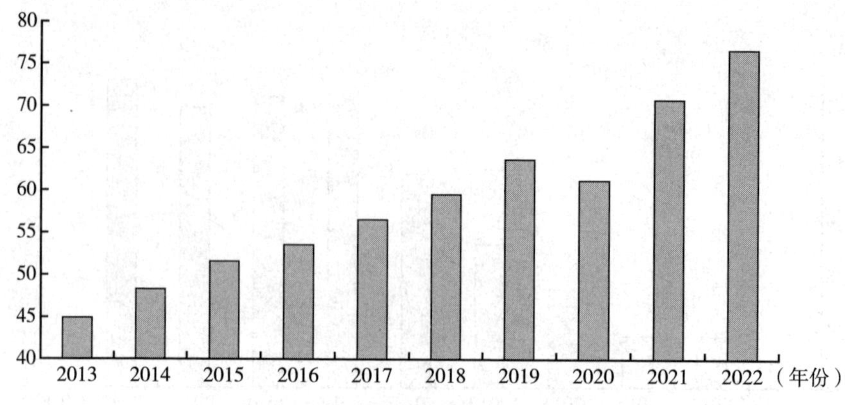

图 3-13　2013~2022 年武汉市创新发展指数

资料来源：根据测度结果整理。

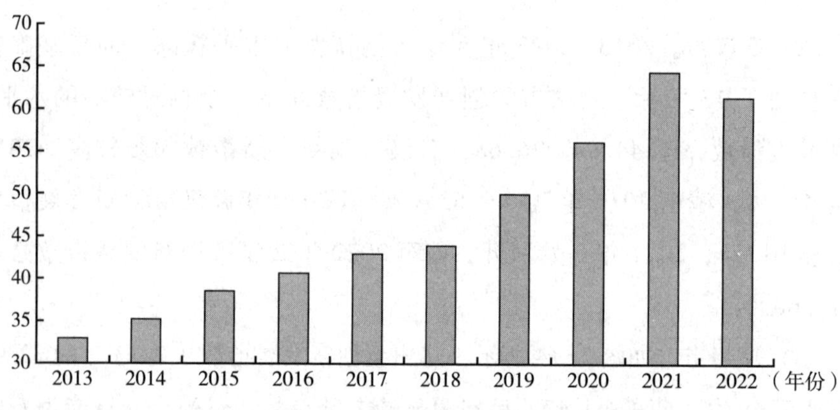

图 3-14　2013~2022 年郑州市创新发展指数

资料来源：根据测度结果整理。

（4）合肥市。如图 3-15 所示，2013~2022 年合肥市创新发展指数总体保持较好的增长态势，且增长幅度较大，2022 年创新发展指数是 2013 的 2.26 倍。2016 年，作为全国重要的科教基地、国家科技创新型试点市，合肥市积极出台《合肥市扶持产业发展政策的若干规定（试行）》等政策，大力支持企业自主创新，广泛招才引智，2016 年创新发展指数增至 35.63。创新发展指数虽在 2017 年回落至 33.85，但合肥市坚持高位谋划推动，加快建设综合性国家科学中心，持续实施人才优先战略，打造创新发展新高地，此后合肥市创新发展指数持续攀升，2022 年已达 53. 88。

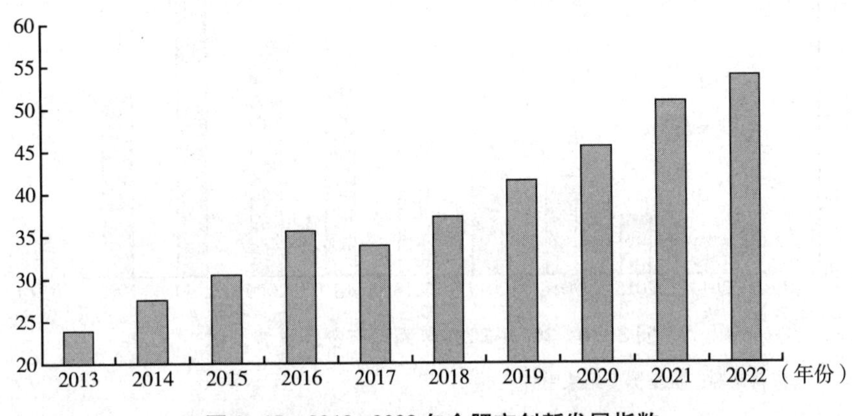

图 3-15　2013~2022 年合肥市创新发展指数

资料来源：根据测度结果整理。

（5）南昌市。如图 3-16 所示，2013~2021 年，南昌市创新发展指数逐年增长，从 20. 83 增至 36. 60，增长速度较快。但 2022 年南昌市创新发展指数骤降至 29. 54，甚至低于 2019 年的创新发展指数。究其原因，主要是企业与高等学校、研究机构开展创新合作的比例有所下降，这不仅限制了新技术、新知识的快速转化与应用，也削弱了企业自主创新能力，使得南昌市在创新生态系统构建上遭遇了瓶颈。

（6）太原市。如图 3-17 所示，2013~2022 年太原市创新发展指数呈现波动上升趋势。特别是在 2020 年之后，太原市的创新发展指数呈现较为显著的连续增长态势，从 2020 年的 32. 45 跃升至 2021 年的 33. 81，又增至 2022 年的 35. 54，这一变化不仅体现了太原市在实施创新驱动发展战略上的持续努力，也反映了该市在提升创新能力、优化创新环境方面所取得的显著成效。

2. 城市创新发展指数的比较分析

如表 3-3 所示，2013 年，南阳市、新乡市、张家界市的创新发展指数分别为 9. 63、8. 96、8. 58。2014 年张家界市创新发展指数为 8. 04，退出 20

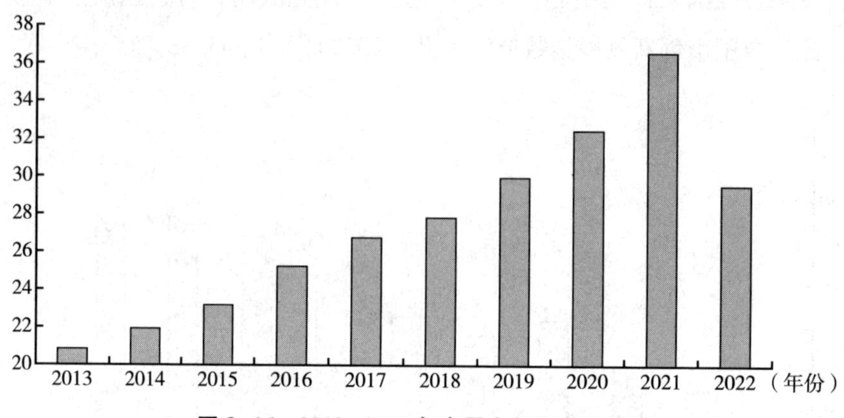

图 3-16　2013~2022 年南昌市创新发展指数

资料来源：根据测度结果整理。

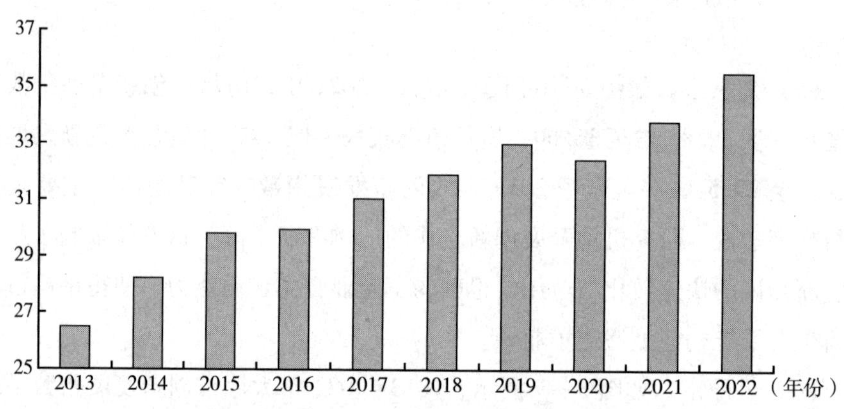

图 3-17　2013~2022 年太原市创新发展指数

资料来源：根据测度结果整理。

强。同年，衡阳市以 8.91 的创新发展指数超越张家界市。2015 年滁州市创新发展指数为 10.48，同年衡阳市创新发展指数为 9.54，退出 20 强。2016 年，南阳市、新乡市创新发展指数分别为 10.83、10.65，退出 20 强；而淮北市、宣城市创新发展指数分别为 12.14、11.67，进入 20 强。

表 3-3　2013~2016 年中部六省创新发展指数 20 强城市

城市	2013 年	城市	2014 年	城市	2015 年	城市	2016 年
武汉	44.94	武汉	48.32	武汉	51.60	武汉	53.56
长沙	35.00	长沙	35.83	郑州	38.53	郑州	40.66
郑州	32.94	郑州	35.22	长沙	35.82	长沙	37.49
太原	26.49	太原	28.22	合肥	30.48	合肥	35.63
合肥	23.87	合肥	27.52	太原	29.81	太原	29.95
南昌	20.83	南昌	21.92	南昌	23.17	南昌	25.24
芜湖	16.00	洛阳	17.58	芜湖	18.69	芜湖	23.20
洛阳	15.53	芜湖	16.67	洛阳	18.37	洛阳	21.10
宜昌	11.58	襄阳	12.60	宜昌	14.89	马鞍山	15.91
铜陵	11.13	宜昌	12.40	襄阳	14.33	蚌埠	15.31
襄阳	10.51	铜陵	11.64	蚌埠	13.20	铜陵	15.19
岳阳	10.15	蚌埠	10.98	马鞍山	12.94	宜昌	15.06
蚌埠	10.02	株洲	10.80	株洲	12.77	襄阳	14.35
常德	9.85	常德	10.78	铜陵	12.69	滁州	13.84
马鞍山	9.80	岳阳	10.59	常德	12.02	株洲	13.21
南阳	9.63	马鞍山	10.53	岳阳	11.75	常德	12.74
株洲	9.52	南阳	9.98	湘潭	11.53	岳阳	12.63
新乡	8.96	湘潭	9.59	滁州	10.48	湘潭	12.18
湘潭	8.86	新乡	9.35	南阳	10.24	淮北	12.14
张家界	8.58	衡阳	8.91	新乡	9.92	宣城	11.67

资料来源：根据测度结果整理。

如表 3-4 所示，2017~2019 年，中部六省的省会城市仍位列创新发展指数 6 强。2017~2018 年创新发展指数 20 强城市没有变化，仅位次有所改变。2018~2019 年，宣城市的创新发展指数从 11.39 降至 10.85，南阳市的创新发展指数从 10.68 降至 10.29，衡阳市的创新发展指数从 11.68 降至 11.02，均退出 20 强。

从创新发展指数 20 强城市分布来看，2017 年及 2018 年，分布格局为湖南省 6 个、安徽省 5 个、河南省 4 个、湖北省 3 个、江西省 1 个、山西省 1 个。2019 年，分布格局调整为湖南省 5 个、安徽省 5 个、河南省 4 个、湖北省 3 个、江西省 2 个、山西省 1 个。

表 3-4　2017~2019 年中部六省创新发展指数 20 强城市

城市	2017 年	城市	2018 年	城市	2019 年
武汉	56.54	武汉	59.54	武汉	63.73
郑州	42.95	郑州	43.90	郑州	50.01
长沙	39.10	长沙	41.58	长沙	44.68
合肥	33.85	合肥	37.23	合肥	41.50
太原	31.04	太原	31.91	太原	33.00
南昌	26.77	南昌	27.84	南昌	29.96
芜湖	22.75	芜湖	22.84	芜湖	22.18
洛阳	20.42	洛阳	18.30	洛阳	18.18
襄阳	15.47	株洲	15.46	株洲	16.83
马鞍山	15.39	襄阳	15.45	宜昌	16.30
宜昌	14.60	马鞍山	15.32	马鞍山	15.98
株洲	14.14	宜昌	14.67	襄阳	15.89
湘潭	13.70	湘潭	14.40	湘潭	14.43
蚌埠	13.04	蚌埠	12.25	常德	12.69
岳阳	12.46	岳阳	12.24	岳阳	12.67
常德	12.44	常德	11.90	蚌埠	11.66
新乡	11.81	衡阳	11.68	许昌	11.39
宣城	11.57	新乡	11.39	鹰潭	11.33
南阳	11.51	宣城	11.39	滁州	11.30
衡阳	11.22	南阳	10.68	新乡	11.17

资料来源：根据测度结果整理。

从表 3-5 可以看出，2020~2022 年，中部六省创新发展指数 6 强依旧为省会城市。2020 年，创新发展指数 20 强城市分布格局调整为：湖南省 6 个、安徽省 5 个、河南省 3 个、湖北省 3 个、江西省 2 个、山西省 1 个。2021 年，创新发展指数 20 强城市分布格局调整为：湖南省 5 个、安徽省 4 个、河南省 3 个、湖北省 4 个、江西省 3 个、山西省 1 个。2022 年，创新发展指数 20 强城市分布格局调整为：湖南省 5 个、安徽省 5 个、湖北省 4 个、江西省 3 个、河南省 2 个、山西省 1 个。

表 3-5　2020~2022 年中部六省创新发展指数 20 强城市

城市	2020 年	城市	2021 年	城市	2022 年
武汉	61.21	武汉	70.78	武汉	76.68
郑州	56.18	郑州	64.42	郑州	61.44
合肥	45.50	合肥	50.83	合肥	53.88
长沙	44.33	长沙	43.95	长沙	44.92
南昌	32.48	南昌	36.60	太原	35.54
太原	32.45	太原	33.81	南昌	29.54
芜湖	24.52	芜湖	26.21	宜昌	25.94
襄阳	18.66	宜昌	23.15	淮北	22.61
株洲	18.55	马鞍山	19.35	芜湖	22.28
马鞍山	18.46	洛阳	19.20	株洲	21.44
洛阳	17.30	株洲	19.17	襄阳	19.19
湘潭	16.38	襄阳	18.22	马鞍山	18.28
宜昌	16.13	湘潭	16.62	洛阳	17.98
常德	14.21	常德	15.05	湘潭	17.49
岳阳	13.37	岳阳	14.43	宜春	16.61
滁州	12.88	新乡	14.18	上饶	16.24
新乡	12.72	荆门	14.11	常德	16.15
赣州	12.59	赣州	13.40	岳阳	15.76
衡阳	12.54	九江	13.37	阜阳	15.73
蚌埠	12.50	滁州	13.09	荆门	15.54

资料来源：根据测度结果整理。

通过对创新发展指数的计算可知，样本期内，中部六省城市的创新发展指数介于 3.59~76.68。根据数据特征将创新发展指数划分为 0~5.00、5.00~10.00、10.00~20.00、20.00~30.00、30.00~80.00 五个区间（均为含左不含右）。由表 3-6 可知，初始阶段（2013~2016 年）五个区间所含城市的数量呈现“中间多、两头少”的分布特征。随着时间的推移，0~5.00 及 5.00~10.00 两个区间所含城市的数量有所减少，而 10.00~20.00 及 30.00~80.00 区间所含城市的数量有所增多，中部六省城市的创新发展水平整体有所提升，低数值区间的城市数量减少至 0 个，而处于较高数值区间的城市数量有所增加，中部六省城市在创新发展方面取得了显著进步，越来越多的城市达到了更高的创新发展水平。

表 3-6　2013~2022 年中部六省城市创新发展指数区间分布情况

单位：个

年份	0~5.00	5.00~10.00	10.00~20.00	20.00~30.00	30.00~80.00
2013	10	57	7	3	3
2014	7	57	10	3	3
2015	5	56	13	2	4
2016	2	54	16	4	4
2017	0	54	18	3	5
2018	1	52	20	2	5
2019	1	50	22	2	5
2020	0	41	32	1	6
2021	0	29	43	2	6
2022	0	22	48	5	5

资料来源：根据测度结果整理。

从增长倍数来看，相较于 2013 年，2022 年中部六省 80 个城市创新发展指数的增长倍数介于 1.06~4.31。如表 3-7 所示，增长倍数排名前十的城市分别是上饶市（4.31）、淮北市（4.26）、鄂州市（3.15）、荆门市（2.91）、吉安市（2.85）、宜春市（2.70）、抚州市（2.59）、阜阳市（2.55）、鹰潭市（2.41）、合肥市（2.26）。其中，上饶市、淮北市创新发展指数的增长倍数超过 4。增长倍数大于 3 小于 4 的城市仅 1 个，即鄂州市，其创新发展指数从 4.89 增至 15.39，增长倍数达 3.15。创新发展指数的增长倍数介于 2~3 的城市共 20 个，占中部六省 80 个城市的 1/4。其中，荆门市的创新发展指数从 5.34 增至 15.54，增长倍数为 2.91；合肥市的创新发展指数从 23.87 增至 53.88，增长倍数为 2.26。此外，创新发展指数增长倍数介于 1~2 的城市共有 57 个，占中部六省 80 个城市的 71.25%。

表 3-7　2013~2022 年中部六省创新发展指数增长倍数前十城市

城市	2013 年指数	2022 年指数	增长倍数
上饶	3. 77	16. 24	4. 31
淮北	5. 31	22. 61	4. 26
鄂州	4. 89	15. 39	3. 15
荆门	5. 34	15. 54	2. 91
吉安	5. 28	15. 04	2. 85
宜春	6. 15	16. 61	2. 70
抚州	5. 23	13. 53	2. 59
阜阳	6. 17	15. 73	2. 55
鹰潭	5. 63	13. 57	2. 41
合肥	23. 87	53. 88	2. 26

注：创新发展指数增长倍数=现期创新发展指数/基期创新发展指数。
资料来源：根据测度结果整理。

第二节　政策梳理

中部地区在国家发展战略中具有重要地位，创新发展政策对于推动中部地区经济社会高质量发展、提升区域竞争力具有重要意义①。因此，厘清中部地区创新发展的政策环境与政策演进趋势是十分必要的。为保证研究的全面性与可靠性，本节重点对与中部地区相关的中央文件及政策、中部六省的地方性法规以及地方规范性文件进行归纳总结，并按照如下流程进行研究。首先，利用“北大法宝”中央法律法规数据库对 2013~2022 年印发并实施的关于“创新发展”的政策进行搜索和下载，将效力位阶限制为“行政法规”及“部门规章”，检索以国务院各机构等为主体发布的文件。其次，通过“北大法宝”地方法律法规数据库对 2013~2022 年公布并实施的有关“创新”的政策进行查找并下载，将制定机关分别限定为“安徽”“河南”

① 曾鹏、尚玲杰：《中国市域科技创新与实体经济融合水平分析及其时空特征》，《经济地理》2024 年第 4 期。

"湖北""湖南""江西""山西"，检索规范性文件及地方性法规。最后，对检索并下载的文件进行归纳整理。由于检索的范围相对较大，文件类型包括"通知""意见""试行办法""办法""纲要"等，因此需要人为地归纳整理以及排除无关、失效或重复的政策文件。此外，为保证全面性及避免"北大法宝"数据库遗漏某些政策文件，本节还通过政府相关部门网站检索有关"创新"的政策文件作为补充。

一　创新发展相关政策

当前我国对于创新的重视程度不断提高，创新政策文件涵盖科技创新、产业创新、人才激励和金融创新等多个领域，包括强化企业技术创新主体地位、促进开发区改革和创新发展、推动县域创新驱动发展、推进供应链创新与应用等多个方面，受篇幅限制，表 3-8 仅列出部分重点创新政策文件。每年国家均会出台创新发展相关政策，国家为创新发展提供了全周期、多方面的政策保障①。

表 3-8　2013~2022 年部分重点创新政策文件

成文时间	政策文件	主要内容
2013 年 1 月 28 日	《国务院办公厅关于强化企业技术创新主体地位全面提升企业创新能力的意见》	推动企业成为技术创新主体，到 2015 年形成相关技术创新体系，提高企业研发投入和创新能力，到 2020 年进一步完善体制机制和提升企业创新能力
2017 年 1 月 19 日	《国务院办公厅关于促进开发区改革和创新发展的若干意见》	推进开发区创新驱动发展，支持企业技术中心建设，发展创业服务平台，设立创新基金，营造创新创业氛围，支持创建国家自主创新示范区
2017 年 5 月 11 日	《国务院办公厅关于县域创新驱动发展的若干意见》	到 2020 年，县域创新驱动发展环境显著改善，创新驱动发展能力明显增强，全社会科技投入进一步提高，形成经济社会协调发展的新格局，为我国建成创新型国家奠定基础。到 2030 年，县域创新驱动发展环境进一步优化，创新驱动发展能力大幅提升，为跻身创新型国家前列提供有力支撑

① 贺德方等：《科技创新政策分析体系研究》，《中国软科学》2025 年第 1 期。

续表

成文时间	政策文件	主要内容
2017 年 10 月 5 日	《国务院办公厅关于积极推进供应链创新与应用的指导意见》	推动流通创新转型。应用供应链理念和技术,大力发展智慧商店、智慧商圈、智慧物流,提升流通供应链智能化水平。鼓励批发、零售、物流企业整合供应链资源,构建采购、分销、仓储、配送供应链协同平台
2018 年 8 月 8 日	《关于支持打造特色载体 推动中小企业创新创业升级的实施方案》	支持优质实体经济开发区打造不同类型的创新创业特色载体,着力提升各类载体市场化专业化服务水平,提高创新创业资源融通效率与质量,促进中小企业专业化高质量发展,推动地方构建各具特色的区域创新创业生态环境
2020 年 1 月 23 日	《国务院办公厅关于推广第三批支持创新相关改革举措的通知》	为深入实施创新驱动发展战略,党中央、国务院在安徽(合芜蚌)、湖北武汉等 8 个区域部署开展全面创新改革试验,着力破除制约创新发展的体制机制障碍,推进相关改革举措先行先试。为进一步发挥改革试验的示范带动作用,经国务院批准,决定在全国或 8 个改革试验区域内推广第三批 20 项改革举措
2021 年 4 月 15 日	《财政部 海关总署 税务总局关于"十四五"期间支持科技创新进口税收政策的通知》	为深入实施科教兴国战略、创新驱动发展战略,支持科技创新,对有关进口税收政策进行调整:对科学研究机构、技术开发机构、学校、党校(行政学院)、图书馆进口国内不能生产或性能不能满足需求的科学研究、科技开发和教学用品,免征进口关税和进口环节增值税、消费税;对出版物进口单位为科研院所、学校、党校(行政学院)、图书馆进口用于科研、教学的图书、资料等,免征进口环节增值税

资料来源:根据"北大法宝"等数据库资料整理。

二 中部六省创新发展政策的主要内容

1. 产业创新政策

根据《"十四五"国家战略性新兴产业发展规划》及《"十四五"国家科技创新规划》,中部六省陆续出台了相关政策。其中,山西省为推动战略性新兴产业发展,出台了《山西省"十四五"14 个战略性新兴产业规划》,聚焦信息技术应用创新产业、半导体产业、大数据融合创新产业、光电产业、光伏产业、碳基新材料产业、特种金属材料产业、生物基新材料产业、先进轨道交通装备产业、煤机智能制造装备产业、智能网联新能源汽车产业、通用航空产业、现代生物医药和大健康产业、节能环保产业 14 个战略性新兴产业，提出了创新驱动引领、企业主体培育、产业链现代化、产业集群壮大、产业数字化、品牌市场开拓、人才引进培育、开放合作深化 8 项主要任务，并从加强宏观统筹协调、深化要素市场化改革、加大投融资政策支持、强化项目落地支撑、持续优化营商环境五个方面提供了保障措施。湖北省在《湖北省科技创新“十四五”规划》中明确提出“支持科技领军企业牵头组建体系化、任务型创新联合体，打造专业化众创空间，带动形成大中小型企业融通创新生态圈”，并在此基础上提出了《关于推进湖北省产业技术创新联合体建设的指导意见（试行）》，从指导思想、基本原则、主体功能、体制机制、备案条件和程序五个方面提出了针对性的政策措施。河南省为打造国家创新高地，出台了《河南省“十四五”科技创新和一流创新生态建设规划》。此外，江西省出台了《江西省“十四五”科技创新规划》，旨在到 2025 年，科技创新引领发展能力明显增强，综合科技创新水平达到全国中上游，优势特色产业创新能力和国内影响力显著提升，区域创新格局趋于完善，创新创业生态更加优化，加快迈入创新型省份行列并向更高水平迈进。安徽省制定了《安徽省“十四五”科技创新规划》，目标为到 2025 年，全省科技创新攻坚力量体系和科技成果转化应用体系基本形成，全社会研发经费投入、每万人高价值发明专利拥有量等主要创新指标明显提升，区域创新能力保持全国第一方阵并争先进位，初步建成全国具有重要影响力的科技创新策源地和创新型省份。湖南省也提出了《湖南省“十四五”战略性新兴产业发展规划》，明确了湖南省战略性新兴产业的发展基础与形势、总体要求、产业发展重点方向等内容。

为加快传统产业转型升级，做大做强做优传统产业，多个省份出台了相关政策文件。其中，江西省制定了《江西省打造全国传统产业转型升级高地实施方案（2022—2025 年）》，旨在通过实施产业链协同创新工程、数字化转型工程、服务型制造工程、绿色低碳发展工程、重大项目引领工程、产业集群提升工程、优质企业培育工程、质量品牌塑造工程 8 项重点任务及加强组织领导、强化政策扶持、推进标杆示范、优化服务环境 4 项保障措施，实现到2025年，有色金属、石化、建材、纺织、钢铁、食品、家具、船舶等传统产业进一步做强、做精、做优、做特，产业整体素质和综合竞争力大幅提升，打造成为全国传统产业转型升级高地和世界级有色金属产业基地。河南省同时出台了《河南省加快传统产业提质发展行动方案》《河南省加快新兴产业重点培育行动方案》《河南省加快未来产业谋篇布局行动方案》3个文件，旨在到2025年，围绕加快传统产业提质发展，推动传统产业迈入新兴产业与未来产业发展“新赛道”，实现质量效益显著改善、发展模式深度变革、新型化率大幅提升、转型生态加速形成4个重点目标。

2. 科技创新政策

中部六省积极推进科技企业孵化器、众创空间等科技创新平台建设，加强“高能级”科技创新平台建设①。2019年，山西省发布了《山西省推动创新创业高质量发展20条措施》，从推动创新创业发展动力升级、促进创新创业平台服务升级、增强金融支持作用升级、加强人才智力支撑、营造良好双创生态环境五个方面提出了20条措施，在“促进创新创业平台服务升级”章节中，该文件指出要提高双创孵化平台孵化能力、进一步发挥示范引领带动作用、提升创新能力水平、提高科研资源使用效率、大力培育创新创业集聚区；2022年，河南省公布《河南省创新驱动高质量发展条例》，该条例在创新平台方面指出县级以上人民政府应统筹规划创新平台建设，包括实验室、技术创新平台、重大科技基础设施、创新孵化平台等，推进郑洛新国家自主创新示范区、郑州航空港经济综合实验区高质量发展，争创国家实验室、全国重点实验室。

为了促进科学技术成果转化为现实生产力，规范科技成果转化活动，江西省三次修改《江西省促进科技成果转化条例》；安徽省出台《安徽省深化科技创新体制机制改革加快科技成果转化应用体系建设行动方案》，提出到2025年，市场导向、利益共享、体制健全、运行高效的科技成果转化应用

① 孙艺璇、程钰、刘娜：《中国经济高质量发展时空演变及其科技创新驱动机制》，《资源科学》2021年第1期。

体系基本形成，敢于转化、乐于转化、便于转化、善于转化的科技成果转化环境更加优化，赋权放权、宽容失败、尽职免责的科技成果转化政策更加完善，努力成为全国科技成果转移转化示范样板省份，当年吸纳技术合同成交额超过3500亿元，累计转化省内外科技成果超过10万项，累计新培育科技型中小企业超过1万家。

中部各省不断加大财政科技投入，同时引导企业和社会资本增加研发投入，确保为科技创新提供充足的资金保障。近年来，湖南省出台了《湖南省财政支持企业科技创新若干政策措施》，从引导企业加大研发投入、支持科技成果有效转化、鼓励企业引进培养科技人才、推动科技金融深度融合、支持落实企业科技创新税收优惠政策等五个方面出台了21条举措，还印发了《湖南省"十四五"加大全社会研发经费投入行动计划》，旨在到2025年，力争全社会研发经费投入占地区生产总值比重达到全国平均水平以上，全社会研发经费投入年均增长12%以上，科技创新综合实力明显提升，研发经费支出结构不断优化，高校和科研院所研发经费占比逐步提升至20%以上，基础研究经费占比达到8%。此外，湖北省在《关于加强科技创新引领高质量发展的若干意见》中计划，2018~2022年每年筹集100亿元用于支持科技创新，并提出要完善信任导向的科研经费管理机制。

3. 人才引进政策

中部六省纷纷出台人才引进政策，通过提供住房补贴、生活补贴、科研启动经费等优惠条件，吸引高层次人才和创新创业团队。例如，湖南省出台了《"三尖"创新人才工程实施方案（2022—2025）》，重点针对战略科学家（顶尖）、科技领军人才（拔尖）、青年科技人才（荷尖）"三尖"人才精准培养引进，并大力推进实施了"芙蓉人才行动计划"，加强高层次人才队伍建设；河南省自2017年开始实施"中原英才计划"，针对高层次人才给予特殊支持，遴选中原学者、中原领军人才、中原青年拔尖人才，分别给予200万元、100万元和50万元的科研经费支持，并对高层次人才开展"一站式服务"；湖北省出台了《关于加强人才发展激励促进科技创新的若干措施》，从人才引进、人才培育、人才评价、人才流动、人才激励、人才生态环境六个方面提出了 16 条激励措施；江西省不断完善人才激励政策，重新修订了《江西省高层次人才引进实施办法》，优化升级了引进高层次人才的 13 项优惠政策，新修订的《江西省科技创新促进条例》单设“科技创新人才队伍建设”专章，推出了人才激励、引进及培育 10 条举措；安徽省发布了“双招双引”支持实体经济发展政策清单，包含 34 条人才优先政策，涵盖人才引培、创新创业、待遇保障等多个方面；近年来，山西省出台了《科技创新人才团队专项实施办法》《山西省推动创新创业高质量发展 20 条措施》《山西省建设人才强省优化创新生态的若干举措》等多个政策文件，着力强化全省人才队伍建设，致力于打造引才育才新高地。

Z.4
中国中部地区协调发展的综合评价与比较分析

2015 年 10 月，习近平总书记在党的十八届五中全会上提出了创新、协调、绿色、开放、共享的新发展理念。创新发展注重的是解决发展动力问题，协调发展注重的是解决发展不平衡问题，绿色发展注重的是解决人与自然和谐共生问题，开放发展注重的是解决发展内外联动问题，共享发展注重的是解决社会公平正义问题，坚持新发展理念是关系我国发展全局的一场深刻变革。通过各种丰富的比喻，习近平总书记对新发展理念进行阐述，生动回答了我国发展的目的、动力、方式、路径等一系列理论和实践问题，阐明了我们党关于发展的政治立场、价值导向、发展模式、发展道路等重大政治问题，为未来较长一段时期我国经济社会发展的方向、原则、路径和目标等做出清晰坚定的规划。协调既是发展手段又是发展目标，还是评价发展的标准和尺度；是发展两点论和重点论的统一，是发展平衡和不平衡的统一，是发展短板和潜力的统一。协调发展要求统筹城乡发展、统筹区域发展、统筹经济社会发展、统筹人与自然和谐发展、统筹国内发展和对外开放，要求推进生产力和生产关系、经济基础和上层建筑相协调，推进经济、政治、文化建设的各个环节、各个方面相协调。多年来，我国坚持统筹兼顾，推动区域协调发展、城乡协调发展、物质文明和精神文明协调发展、经济建设和国防建设融合发展，取得一系列重大成果。

从社会发展的客观规律来看，社会经济发展需要内部的有机协调。从空间区域视角看，国家内部的各个区域需要协调发展。一个经济体内的各个部分彼此相互联系影响，需要在协调机制下协作。国内和国际是动态演化的有机体，彼此发展融合需要协调；我国国民经济和整个社会是一个相互联系的统一整体，需要探究彼此真实联系，把握内在逻辑并改善运行和发展状态，在尊重客观规律基础上拓展和建立新的最佳联系，从而实现有利于发展目标的协调发展路径。从发展的眼光看，协调发展就是牢牢把握中国特色社会主义事业总体布局，正确处理发展中的重大关系，促进全社会的整体良性发展。

聚焦国内的区域经济协调发展层面，我国大经济区域如长三角、珠三角、京津冀、中西部、长江经济带、东北地区等，本质上存在广泛交互共生和各种联系，需要在内部不断推进技术发展和经济增长，推进区域间的协调与融合发展。本书设定的中部地区高质量发展分析框架，选择创新、协调、绿色、开放、共享的新发展理念作为五个研究维度。本报告聚焦协调维度，选择2013~2022年中部六省80个城市的相关统计资料，全面监测时间、空间、水平、增速等的变化，逐步开展综合分析研究。

第一节　中部地区协调发展指标特征分析

在本书的分析框架中，针对协调维度的测度评价，分解为5个二级指标，分别为“城乡协调”“产业结构”“消费结构”“金融结构”“财政收支结构”，并设立6个三级指标具体表征并实施量化分析，分别为城镇化水平、城乡居民收入差距、产业结构高级化、消费率、金融深化指数以及财政自给率。基于2013~2022年累计10年的时间跨度，选择中部地区80个城市为研究对象，根据测度结果对相应数据进行说明。

一　城乡协调

党中央部署并着力推进城乡融合和区域协调发展，深入实施区域协调发展战略、区域重大战略、主体功能区战略、新型城镇化战略。具体而言，国务院研究出台政策举措，深入推进以人为本的新型城镇化，构建优势互补、高质量发展的区域经济布局，提高城市规划、建设、治理水平，发展海洋经济，着力促进区域、城乡协调发展。

习近平总书记强调：“只有实现了城乡、区域协调发展，国内大循环的空间才能更广阔、成色才能更足。”① 2024 年的国务院《政府工作报告》提出，推动城乡融合和区域协调发展，大力优化经济布局。并且进一步指明充分发挥各地区比较优势，按照主体功能定位，积极融入和服务构建新发展格局。各地区各部门深入贯彻落实习近平总书记重要讲话精神和全国两会精神，坚定信心、奋发有为，深入实施区域协调发展战略、区域重大战略、主体功能区战略，把推进新型城镇化和乡村全面振兴有机结合起来，加快构建优势互补、高质量发展的区域经济格局。各地区各部门需要协同发力、多措并举，促进各类要素合理流动和高效集聚，增强发展的平衡性协调性，为推动高质量发展注入强劲动能。

我国发展最大的不平衡是城乡发展不平衡，最大的不充分是农村发展不充分。习近平总书记强调：“要坚持城乡融合发展，扎实推进乡村全面振兴。推进以县城为重要载体的新型城镇化建设，推动城乡之间公共资源均衡配置和生产要素自由流动，推动城市基础设施和公共服务向农村延伸。”② 2024 年国务院《政府工作报告》提出，统筹新型城镇化和乡村全面振兴。各地区各部门抓紧以城带乡、以工促农，促进城乡融合发展。城市与乡村是一个有机体，二者相互依存、相互融合、互促共荣。增强城乡发展协调性，要从乡村和城镇两方面着力，健全城乡融合发展体制机制。在这个思路下，城乡协调发展涵盖了丰富的内容。总体说来，必然包含全面实施乡村振兴战略、完善新型城镇化战略、健全城乡融合发展体制机制三大方面。基于以上分析思路，在对二级指标“城乡协调”的量化分析中，根据数据可得性、现有研究成果和研究目标，本报告选择了“城镇化水平”和“城乡居民收入差距”2 个三级指标。

1. 城镇化水平

城镇化是一个具有典型汉语语境的现代词，并不能和英文单词“urbanization”或“urbanisation”完整对应。西方伴随工业化而来的城市化，

① 习近平：《加快构建新发展格局　把握未来发展主动权》，《求是》2023 年第 8 期。
② 《在更高起点上扎实推动中部地区崛起》，《人民日报》2024 年 3 月 21 日。

与我国的城镇化有着显而易见的区别。工业化是人类发展历史中的重要节点，也是空间演化的重要契机，既内含生产力演进特征，也描述人口空间分布特点。城镇化通常指某个区域或地理空间的农业人口转化为非农业人口、农业地域转化为非农业地域、农业活动转化为非农业活动的过程。它包含三层意思：一是反映一个地区、一个国家或全世界居住在大、中、小城镇中的人口占城乡总人口的比例；二是集聚程度达到“城镇”的居民点的数量；三是单个城市的人口和用地规模。城镇化水平是衡量现代区域经济发展程度的重要指标。

沿用学术界的常规做法，本书选择样本城市的常住人口城镇化率对城镇化水平指标进行表征。对于城镇化水平，当前我国具有两个不同维度：一是户籍人口城镇化率，二是常住人口城镇化率。我国户籍制度捆绑着大量的附生权利，其中包括大量的社会福利，因此“户籍”一度成为中国人极其重要的身份属性。当前我国户籍制度改革仍在推进，户籍人口在当前社会经济发展背景下，不能准确反映人口流动的真实情况。鉴于城乡人口流动主要以常住人口形式体现，因此本报告采取常住人口城镇化率表征不同城市城镇化水平。

表 4-1 是对 2013~2022 年中部六省常住人口城镇化率的一个归集整理。显然，工业化推进较早的省份如山西和湖北，2013 年的常住人口城镇化率就超过 50%；2022 年，中部六省的常住人口城镇化率都超过 50%，山西和湖北仍处于领先位置，常住人口城镇化率在 65%左右。

表 4-1　2013~2022 年中部六省常住人口城镇化率

单位：%

省份	2013 年	2014 年	2015 年	2016 年	2017 年	2018 年	2019 年	2020 年	2021 年	2022 年
山西	52.87	54.31	55.87	57.26	58.60	59.85	61.28	62.52	63.42	65.22
安徽	47.86	49.31	50.97	52.63	54.28	55.65	57.03	58.33	59.39	60.15
江西	49.04	50.56	52.31	53.98	55.71	57.35	59.08	60.43	61.46	62.07
河南	45.39	47.29	49.17	50.83	52.43	54.22	55.65	56.12	56.45	57.07

续表

省份	2013 年	2014 年	2015 年	2016 年	2017 年	2018 年	2019 年	2020 年	2021 年	2022 年
湖北	54.50	55.73	57.18	58.57	59.87	60.99	61.84	62.89	64.09	64.67
湖南	47.64	48.98	50.79	52.69	54.62	56.10	57.45	58.77	59.71	60.31

资料来源：各省份相应年份统计年鉴。

相比山西和湖北，中部其他 4 个省份江西、河南、湖南和安徽的常住人口城镇化率相对较低。表 4-1 的常住人口城镇化率绝对值并未体现相应年份的城镇化率增长速度。基于表 4-1 数据，以增长率形式反映中部六省的城镇化率增长速度，详见表 4-2。

表 4-2　2014~2022 年中部六省常住人口城镇化率增长率

单位：%

省份	2014 年	2015 年	2016 年	2017 年	2018 年	2019 年	2020 年	2021 年	2022 年
山西	2.72	2.87	2.49	2.34	2.13	2.39	2.02	1.44	2.84
安徽	3.02	3.37	3.26	3.14	2.52	2.48	2.28	1.82	1.28
江西	3.10	3.46	3.19	3.20	2.94	3.02	2.29	1.70	0.99
河南	4.19	3.98	3.38	3.15	3.41	2.64	0.84	0.59	1.10
湖北	2.26	2.60	2.43	2.22	1.87	1.39	1.70	1.91	0.90
湖南	2.81	3.70	3.74	3.66	2.71	2.41	2.30	1.60	1.00

观察中部六省的常住人口城镇化率变化情况，能够发现一个基本事实，即各省常住人口城镇化率在接近 60%时候，增速均有所趋缓。中部地区城镇化绝对水平较低的省份，如河南和安徽等，总体而言常住人口城镇化率增长率略高于其他省份。2014 年河南的常住人口城镇化率增长率达到 4.19%，随后的若干年增长率均超过 3%。安徽的情况也类似，基本具有较快的常住人口城镇化率增速。近年来，除了山西仍有较高增速之外，其他省份常住人口城镇化率以 1%左右的增速平稳提升。

从省级层面转为各省具体城市层面考察历年的常住人口城镇化率变化情

况，可以发现各省省会和其他城市之间存在显著的差异。聚焦中部六省具有一定规模的 80 个城市，并对其中历年常住人口城镇化率最高的 10 个城市进行分析。限于篇幅，选取 2018~2022 年中部六省常住人口城镇化率最高的 10 个城市，具体见表 4-3。

表 4-3 2018~2022 年中部六省主要城市常住人口城镇化率

单位：%

2018 年		2019 年		2020 年		2021 年		2022 年	
城市	常住人口城镇化率	城市	常住人口城镇化率	城市	常住人口城镇化率	城市	常住人口城镇化率	城市	常住人口城镇化率
太原	87.73	太原	88.50	太原	89.06	太原	89.23	太原	89.34
武汉	83.29	武汉	83.84	武汉	84.31	武汉	84.56	武汉	84.66
长沙	79.12	长沙	79.56	长沙	82.60	合肥	84.04	合肥	84.64
南昌	76.09	南昌	77.52	合肥	82.28	长沙	83.16	长沙	83.27
合肥	74.97	合肥	76.33	郑州	78.40	郑州	79.10	郑州	79.40
郑州	73.38	郑州	74.58	南昌	78.08	南昌	78.64	南昌	78.92
新余	72.47	新余	72.67	新余	73.59	新余	74.14	新余	74.43
马鞍山	69.70	大同	71.05	大同	72.69	大同	73.36	大同	73.72
株洲	69.38	马鞍山	70.70	芜湖	72.31	芜湖	72.99	芜湖	73.55
大同	69.15	株洲	70.62	马鞍山	71.69	马鞍山	72.39	马鞍山	72.90

2018~2022 年太原、武汉和长沙的常住人口城镇化率始终较高。2021 年之后，中部地区六个省会城市的常住人口城镇化率格局已基本确立，其中，太原市已经接近 90%，南昌市也接近 80%。表 4-3 中主要城市在不同年份的复现率很高，清晰反映出各城市未来常住人口城镇化率的渐进增长趋势。

2. 城乡居民收入差距

随着经济社会发展，尤其是在区域协调发展背景下，城乡融合的深入推进使城乡的经济差距逐渐缩小。我国经济实力持续跃升过程中，分配制度也在不断演化，人民生活水平全面提高，居民收入分配格局逐步改善。虽然存在贫富差距，但城乡、地区和不同群体居民收入差距总体缩小。

基尼系数是衡量居民收入差距的常用指标。基尼系数通常用居民收入来计算，也用消费支出来计算。按居民收入计算，近十几年我国基尼系数总体呈波动下降态势。全国居民人均可支配收入基尼系数在 2008 年达到最高点 0.491 后，2009 年至今呈现波动下降态势，2020 年降至 0.468，累计下降 0.023，其后几年一直保持在 0.47。《中国农村发展报告（2022）——促进农民农村共同富裕》提出，未来城乡居民收入差距将呈现明显下降趋势，2035 年城乡收入比降至 1.8，2050 年进一步下降到 1.2，而城乡消费差距将在 2035 年下降至 1.3，2050 年城乡消费水平将无明显差距。

中国城乡居民收入差距主要源于工资性收入差距，目前占全部城乡居民收入差距的比例达到 70%以上①，而城乡居民人力资本差异与非农就业率差异是导致城乡居民工资性收入差距的主要原因。本报告选择“城市居民人均可支配收入/农村居民人均可支配收入”表征中部六省城乡居民收入差距，以该比值作为城乡协调维度的重要参考指标，具体见表 4-4。

表 4-4　2013~2022 年中部六省城乡居民收入比

年份	山西	江西	湖南	湖北	河南	安徽
2013	2.800	2.434	2.697	2.339	2.424	2.575
2014	2.732	2.403	2.641	2.291	2.375	2.505
2015	2.732	2.379	2.623	2.284	2.357	2.489
2016	2.713	2.362	2.622	2.309	2.328	2.488
2017	2.701	2.356	2.624	2.309	2.324	2.480
2018	2.641	2.339	2.604	2.300	2.305	2.457
2019	2.578	2.314	2.588	2.294	2.255	2.435
2020	2.507	2.271	2.514	2.251	2.157	2.373
2021	2.444	2.206	2.455	2.202	2.116	2.341
2022	2.423	2.193	2.419	2.162	2.059	2.301

资料来源：各省相应年份统计年鉴。

① 魏后凯、杜志雄主编《中国农村发展报告（2022）——促进农民农村共同富裕》，中国社会科学出版社，2022。

总体来看，各省之间相同年份的城乡居民收入比具有显著差距；时间序列下各省的城乡居民收入比总体均呈缩小趋势，与城乡区域协调发展目标具有一致性。2013 年，山西的城乡居民收入比达到 2.800，2022 年降至 2.423。2022 年城乡居民收入比最小的是河南，为 2.059。纵向来看，各省的城乡居民收入比总体均呈下降趋势，下降幅度最大的是山西，初始数值较大是重要原因。

聚焦中部六省的各个城市，城乡居民收入比呈现更大的差异。逻辑上也容易理解，相比市级层面，省级层面包容性和平衡性更强；市级层面容量较小，区域差异则更加显著（见表 4-5）。

表 4-5　2018~2022 年中部六省主要城市城乡居民收入比

2018 年		2019 年		2020 年		2021 年		2022 年	
城市	比值	城市	比值	城市	比值	城市	比值	城市	比值
忻州	3.414	忻州	3.308	忻州	3.216	忻州	3.126	忻州	3.088
大同	3.080	大同	3.007	大同	2.924	大同	2.842	大同	2.813
吕梁	3.025	十堰	2.951	吕梁	2.851	吕梁	2.769	吕梁	2.736
十堰	2.989	吕梁	2.929	赣州	2.841	赣州	2.737	十堰	2.666
赣州	2.983	赣州	2.917	十堰	2.794	十堰	2.726	赣州	2.656
怀化	2.722	怀化	2.678	怀化	2.529	淮南	2.477	运城	2.455
运城	2.666	运城	2.604	运城	2.528	运城	2.471	淮南	2.446
临汾	2.639	洛阳	2.580	临汾	2.497	怀化	2.450	上饶	2.404
洛阳	2.635	临汾	2.568	上饶	2.495	上饶	2.450	怀化	2.395
商丘	2.607	张家界	2.558	洛阳	2.471	洛阳	2.439	临汾	2.392

资料来源：原始数据均来源于各市相应年份的统计年鉴及统计公报。

2018 年，忻州市的城乡居民收入比达到 3.414，同年份山西城乡居民收入比为 2.641。中部六省主要城市的城乡居民收入比发展趋势与省级层面发展趋势趋同，即比值总体缩小，这也是协调发展、可持续发展的应有之义。无论是每年的城乡居民收入比极值，还是具体城市在时间序列下的变化趋势，都呈现总体收敛的态势。

二 产业结构

产业结构通常是指农业、工业和服务业在一国经济结构中所占的比重。社会生产的产业结构以一般分工和特殊分工为基础形成与发展。从部门来看，产业结构主要反映农业、轻工业、重工业、建筑业、商业、服务业等部门之间的关系，以及各产业部门的内部关系。本报告选择产业结构高级化作为二级指标对产业结构协调情况进行测度与评价。

产业结构高级化也称为产业结构高度化，通常指一国经济发展重点或产业结构重心由第一产业向第二产业和第三产业逐次转移的过程，标志着一国经济发展水平、发展阶段和发展方向。产业结构高级化体现为各产业部门产值、就业人员、国民收入比例变动过程。产业结构高级化以产业结构合理化为基础，整体应该具有合理性、协调性和前瞻性。脱离合理化的高级化只能是一种“虚高度化”的空中楼阁。推进产业结构演化，尤其是在从农业化到工业化，从工业化初级阶段到后工业化，这个产业结构高级化和合理化的过程中，使结构效益不断提高，进而推动产业结构高级化。合理化和高级化是产业结构优化的两个基点。现实中，通常是以工业化程度、服务业发达程度等来表述产业结构的部分特征，本报告选择“第三产业产值/第二产业产值”作为表征产业结构高级化的指标。

根据表 4-6 的数据，中部六省产业结构高级化指数存在较大差异。2013 年山西的产业结构高级化指数为 0.688977，湖南则达到 0.920143，二者相差 0.231166。2020~2022 年，山西的产业结构还出现了逆向调整，指数从 1.163906 降至 0.750984。2020 年，湖北产业结构高级化指数达到 1.439556，为样本期内中部六省最大值。比较纵向数据可以发现，2013 年湖北的产业结构高级化指数仅 0.898844，表明近年来湖北的第三产业发展速度极快。客观上，整个中部地区在过去几年都实现了第三产业产值的快速增长，这也是表 4-6 反映的整体情况，即在时间序列下中部六省总体均呈现产业结构高级化水平提高趋势。

表 4-6　2013~2022 年中部六省产业结构高级化指数

年份	山西	安徽	江西	河南	湖北	湖南
2013	0. 688977	0. 799091	0. 665331	0. 738334	0. 898844	0. 920143
2014	0. 780834	0. 841524	0. 704273	0. 784553	0. 940399	0. 962794
2015	1. 128530	0. 979558	0. 800556	0. 842478	1. 007008	1. 036259
2016	1. 194555	1. 067982	0. 900307	0. 905826	1. 061439	1. 158700
2017	1. 074518	1. 136538	0. 945611	0. 942932	1. 144988	1. 290499
2018	1. 151031	1. 225907	1. 067141	1. 070225	1. 189261	1. 391056
2019	1. 161218	1. 266501	1. 089554	1. 130706	1. 222901	1. 353435
2020	1. 163906	1. 292025	1. 119041	1. 200874	1. 439556	1. 338794
2021	0. 864166	1. 273838	1. 078023	1. 225397	1. 351322	1. 318465
2022	0. 750984	1. 289612	1. 132122	1. 370704	1. 412864	1. 399870

由表 4-7 可知，2018~2022 年，产业结构高级化指数最高的城市均为张家界。可以发现，产业结构高级化指数靠前城市中旅游风景型城市不少，如张家界、怀化、黄山等，这些城市旅游业发达，而工业产值不高。此外，太原、武汉、合肥等省会城市具有较大的经济体量，但依然有较高的产业结构高级化指数，这表明这些城市在产业结构动态演进方面取得显著成效。需要强调的是，产业结构高级化指数只是一个参考指标，尤其在对“产业空心化”等认识不断更新的背景下，第二产业对于实体经济发展的重要性得到关注和重视，2022 年产业结构高级化指数的总体逆向调整正是这一趋势的重要体现。

表 4-7　2018~2022 年中部六省主要城市产业结构高级化指数

2018 年		2019 年		2020 年		2021 年		2022 年	
城市	指数	城市	指数	城市	指数	城市	指数	城市	指数
张家界	4. 0705	张家界	4. 9322	张家界	4. 4473	张家界	5. 0920	张家界	5. 6521
怀化	1. 8720	怀化	2. 1057	怀化	1. 9538	怀化	1. 8189	怀化	1. 8143
太原	1. 6707	邵阳	2. 0238	太原	1. 7401	武汉	1. 7822	武汉	1. 7381
衡阳	1. 6467	衡阳	1. 7417	武汉	1. 7373	南阳	1. 6313	南阳	1. 6800
黄山	1. 6249	合肥	1. 6694	合肥	1. 7132	邵阳	1. 6295	衡阳	1. 6045

续表

2018 年		2019 年		2020 年		2021 年		2022 年	
城市	指数	城市	指数	城市	指数	城市	指数	城市	指数
大同	1.5991	黄山	1.6692	黄山	1.6540	衡阳	1.6086	邵阳	1.5981
永州	1.4820	永州	1.6626	邵阳	1.6483	黄冈	1.5240	郑州	1.5154
朔州	1.4727	武汉	1.6454	衡阳	1.6461	永州	1.5046	永州	1.5067
邵阳	1.3720	太原	1.6248	南阳	1.5962	荆州	1.4886	长沙	1.4179
常德	1.3694	南阳	1.5600	大同	1.5639	郑州	1.4824	濮阳	1.4154

三　消费结构

消费结构是指各类消费支出在总费用支出中所占的比重，是宏观经济发展的一个重要维度，能够反映一国文化、经济和社会习俗。发达国家消费结构中，基本生活必需品支出在家庭总费用支出中所占比重较小，服装、交通、娱乐、卫生保健、旅游、教育等方面的支出在家庭总费用支出中占很大比重。发展中国家消费结构有所不同，基本生活必需品支出在家庭总费用支出中占很大比重。这是本报告将消费结构纳入协调发展评价指标的一个重要原因。

我国总体消费结构在具有发展中国家一般特征的同时，市场消费已呈现多层次多形态，少数家庭的消费已达到富裕型，此外也有小康型、温饱型等。

合理的消费结构是一定的需求结构和供给结构相互作用的产物，也离不开所处经济发展阶段和社会文化形态的影响。合理的消费结构是经济良性运行和国民经济发展的需要。我们国家的合理消费结构需要具备以下特点：消费构成要同社会的人口构成和需求构成相适应；消费对生产的信息反馈及时，能够促使供给结构同需求结构契合；消费结构与环境保护、自然资源的合理开发、能源的合理利用以及保持生态系统平衡相适应；等等。

基于研究目标和相关数据的统一性与可得性，本报告选择人均全社会消费品零售总额表征消费率指标。

根据表 4-8，从消费规模看，中部地区人均全社会消费品零售总额不高，2013~2022 年数值介于 1.1765 万~3.8337 万元。从省际差异看，2013 年安徽人均全社会消费品零售总额为 1.1765 万元，但近年增长迅速，2022 年已达 3.5121 万元。山西人均全社会消费品零售总额则体现出增速较慢的特征，2020 年甚至为负增长。2022 年除山西人均全社会消费品零售总额明显下降外，其他省份延续基本持平或上升趋势。2013~2022 年，各省的人均全社会消费品零售总额总体增加，其中增长较快的是安徽和湖北。

表 4-8　2013~2022 年中部六省人均全社会消费品零售总额

单位：万元

年份	山西	安徽	江西	河南	湖北	湖南
2013	1.3024	1.1765	1.2120	1.2790	2.0092	1.3558
2014	1.4431	1.3268	1.3741	1.4285	2.2635	1.5207
2015	1.5189	1.8617	1.4314	1.5953	2.5381	1.6994
2016	1.6219	2.0989	1.6011	1.7667	2.8211	1.8868
2017	1.7261	2.3657	1.7996	1.9625	3.1368	2.0796
2018	1.8627	2.6590	2.0044	2.1561	3.4812	2.2810
2019	2.0104	2.9321	2.2294	2.3711	3.8337	2.5126
2020	1.9328	3.0032	2.2949	2.2636	3.1306	2.4466
2021	2.2262	3.5124	2.7024	2.4670	3.6984	2.8084
2022	2.1726	3.5121	2.8387	2.4724	3.7927	2.8847

资料来源：各省相应年份统计年鉴。

对比表 4-8 和表 4-9，省级和市级的人均全社会消费品零售总额相差极大。表 4-9 中极值出现在 2017 年的武汉，达到 14.028 万元，远超太原的 4.419 万元，是黄石的 4.3 倍。

表 4-9　2016~2022 年中部六省主要城市人均全社会消费品零售总额

单位：万元

2016 年		2017 年		2018 年		2019 年		2020 年		2021 年		2022 年	
城市	零售总额	城市	零售总额	城市	零售总额	城市	零售总额	城市	零售总额	城市	零售总额	城市	零售总额
武汉	12.936	武汉	14.028	武汉	7.742	武汉	8.581	武汉	4.988	合肥	5.401	芜湖	5.347
太原	10.566	太原	9.609	长沙	6.537	长沙	7.110	合肥	4.817	芜湖	5.373	合肥	5.212
郑州	7.568	阳泉	7.435	郑州	4.940	郑州	6.036	长沙	4.443	长沙	4.992	武汉	5.049
长沙	6.237	长沙	6.782	太原	4.806	合肥	5.686	芜湖	4.341	武汉	4.979	长沙	5.024
阳泉	6.206	郑州	6.712	南昌	4.007	太原	5.085	郑州	4.022	宜昌	4.606	宜昌	4.762
合肥	5.755	合肥	6.460	合肥	3.927	南昌	4.420	南昌	3.918	南昌	4.472	南昌	4.607
大同	5.342	株洲	5.705	宜昌	3.786	宜昌	4.258	马鞍山	3.684	马鞍山	4.348	马鞍山	4.383
南昌	3.895	大同	5.252	鄂州	3.415	芜湖	3.972	蚌埠	3.644	郑州	4.230	十堰	4.089
宜昌	2.966	南昌	4.352	黄石	2.942	鄂州	3.767	宜昌	3.487	黄山	4.010	郑州	4.072
黄石	2.940	黄石	3.230	洛阳	2.912	十堰	3.448	黄山	3.476	十堰	3.977	黄石	4.029

资料来源：各市相应年份统计年鉴。

与课题组设定的高质量发展评价指标体系其他维度的测度指标不同，表4-9呈现的中部六省主要城市人均全社会消费品零售总额，并未因时间序列推进呈现总体增长趋势，反而出现显著的下降，最终呈现各城市间数值的趋同。

四　金融结构

金融结构通常是指构成金融产业的各个组成部分的分布、存在、相对规模、相互关系与配合的状态，具体形态包含金融各业（银行、证券、保险、信托、租赁等）、金融市场、各种信用方式下的融资活动及各种金融活动所形成的金融资产。金融结构本质是经济结构的一部分，是嵌入产业结构的高级部分，是具有整合、提升和放大产业资本、经济效能和运行效率功能的一系列经济与财务安排。

协调发展必然包括社会、经济、文化等各个方面，因此，作为经济结构重要内容的金融结构亦不例外。通常认为，形成一个国家或地区金融结构的基础性条件主要是经济发展的商品化和货币化程度、商品经济的发展程度、信用关系的发展程度、经济主体行为的理性化程度，以及文化、传统、习俗与偏好等。

本书测度和评价的是中部地区高质量发展水平，聚焦中部地区的社会经济发展，因此评价金融结构维度时，不关注金融组织、金融工具、金融商品价格、金融业务活动等。由于金融结构属于经济结构的范畴，资金价值和信用更适于衡量所在区域经济和社会的结构，因此选择以金融机构存贷款余额与 GDP 之比计算出金融深化指数，表征金融结构。

基于表 4-10 数据可以发现，2013~2022 年中部六省金融深化指数总体均呈增长态势，即金融机构存贷款余额与 GDP 之比总体上升，市场的金融化程度不断提高。山西的金融深化指数显著高于其他省份，无论是 2013 年还是 2022 年。2016 年，山西金融深化指数达 4.28795，为样本期内中部六省最大值。从 2019 年开始，江西金融深化指数突破 3，从时间序列看也呈现显著增长趋势。结合经济体量看，中部地区经济体量最小的省份正是山西和江西。

表 4-10　2013~2022 年中部六省金融深化指数

年份	山西	安徽	江西	河南	湖北	湖南
2013	3.44487	2.18699	2.26488	1.93166	2.10548	1.91194
2014	3.59681	2.26641	2.36178	1.98420	2.13842	1.97203
2015	3.98908	2.53628	2.57037	2.13198	2.28168	2.11792
2016	4.28795	2.64292	2.75252	2.24796	2.45302	2.25353
2017	3.82613	2.64789	2.87161	2.24902	2.45144	2.32290
2018	3.79721	2.51258	2.88019	2.23692	2.37285	2.35221
2019	3.92067	2.58039	3.01802	2.33010	2.43042	2.38320
2020	4.10067	2.81951	3.29755	2.56753	2.95391	2.58325
2021	3.54295	2.94932	3.18258	2.65185	2.78521	2.59740
2022	3.56738	3.19815	3.39395	2.90705	2.91280	2.78590

资料来源：原始信息来源于各省相应年份统计年鉴。

理论上，省级层面的金融深化指数要小于城市层面，因为城市的商业活动和市场行为更加频繁，客观上需要更强的金融深化与广化放大资本的杠杆效应，从而推动区域经济发展。

由表 4-11 可知，城市金融深化指数普遍大于省级金融深化指数。其中，2016~2022 年太原市的金融深化指数始终稳居前列，这与省级指数中山西始终居前列的逻辑一致。与省级金融深化指数类似，总体上 2016~2022 年大部分城市金融深化指数也有所提高，但增幅相对有限。太原与中部众多城市金融深化指数的总体变化趋势有所不同，最近几年呈现相对稳定的变化趋势。可能的原因是，太原经济增速相对稳定，前期金融深化的程度较高，在多种因素的作用下，现已进入优化调整阶段。

表 4-11　2016~2022 年中部六省主要城市金融深化指数

2016 年		2017 年		2018 年		2019 年		2020 年		2021 年		2022 年	
城市	指数	城市	指数	城市	指数	城市	指数	城市	指数	城市	指数	城市	指数
太原	7.1638	太原	6.7890	太原	6.3100	太原	6.5450	太原	6.9915	太原	6.3482	太原	6.5426
郑州	4.2425	郑州	4.1704	南昌	4.2763	南昌	4.6176	南昌	5.1064	南昌	4.8150	郑州	5.0849
南昌	4.1579	南昌	4.0416	郑州	4.2362	郑州	4.2036	郑州	4.4513	郑州	4.5424	南昌	4.8670
合肥	3.9369	合肥	3.8194	阜阳	3.8059	阳泉	3.9887	武汉	4.2150	武汉	4.0891	武汉	4.1539
大同	3.7579	阜阳	3.5368	合肥	3.7052	长沙	3.6185	阳泉	4.1090	长沙	3.9108	长沙	4.0993
忻州	3.5468	阳泉	3.5173	阳泉	3.5548	武汉	3.6091	大同	3.8847	阳泉	3.5182	合肥	3.8843
武汉	3.4568	大同	3.5138	武汉	3.5400	大同	3.5871	长沙	3.8794	合肥	3.5172	张家界	3.7868
晋中	3.4289	武汉	3.4694	六安	3.5151	晋中	3.4335	晋中	3.7056	张家界	3.4794	六安	3.6213
阳泉	3.3777	六安	3.3955	长沙	3.3621	忻州	3.3974	忻州	3.6058	大同	3.4774	大同	3.5918
阜阳	3.2591	长沙	3.2406	大同	3.3473	合肥	3.3436	合肥	3.5811	六安	3.3329	阳泉	3.5021

资料来源：原始信息来源于各城市相应年份统计年鉴。

五　财政收支结构

财政收支结构一般指政府预算收支结构，反映财政收入和支出的相互联系及数量关系。根据政府规模和层级不同，财政收支结构的评价和测度也有所区别。从平衡财政的观点出发，一个家庭、企业、政府或其他经济组织，财务收支平衡是基本目标。在现代金融体系下，平衡财政有时会被认为过于保守。

以政府为单位，财政收入取自国民经济各部门、各地区、各企事业单位。财政收支对国民收入分配起着重要的激励和制约作用。我国的社会主义公有制性质决定了我们的财政收支风格，通常是对发达部门、地区和企业实行高税、高利政策，对制约整个国民经济发展的瓶颈环节和老、少、边、穷地区实行减税让利政策，并配合亏损补贴、调剂补助等方法，调整国民经济部门结构和地区生产力布局。这种情况下，经济发达地区财政实力较强，就会通过国家财政体系适度地补贴经济欠发达地区。现代的财政收支结构，是一个由多侧面、多层次构成的统一有机整体。财政支出结构的主要测度指标，应该重视维持性支出和发展性支出与积累性支出和消费性支出的比例关系，以及部门、地区、产业等支出结构比例关系。

从可持续发展的角度看，财政收支结构的协调发展，首先应该做到财政收支平衡。但在我国国民经济发展的宏观背景下，发达地区与欠发达地区都需要通过国家财政体系进行调节，因此长期发展视野下，短期的财政盈余或赤字也可接受。

本报告选择“地方一般公共预算收入/地方一般公共预算支出”衡量区域财政自给率，即衡量不依靠外在力量情况下，某区域在可持续发展语境下的财政发展情况。

由表 4-12 可知，中部六省的财政自给率并不乐观，2013~2022 年中部地区省级财政自给率最大值低于 0.6，最小值跌破 0.3。从时间序列看，大部分省份的财政自给率总体呈现下降趋势。2013 年财政自给率最高的省份是山西，达到 0.5616，2020 年却下降到 0.4494，下降幅度较大，2022 年再创新高达到 0.5878。下降情况也出现在其他省份，如 2013 年江西财政自给率达到 0.4672，2022 年却下降到 0.4045。

表 4-12　2013~2022 年中部六省财政自给率

年份	山西	安徽	江西	河南	湖北	湖南
2013	0.5616	0.4771	0.4672	0.4327	0.5012	0.4329
2014	0.5901	0.4756	0.4847	0.4544	0.5202	0.4510

续表

年份	山西	安徽	江西	河南	湖北	湖南
2015	0. 4798	0. 4685	0. 4908	0. 4436	0. 4901	0. 4391
2016	0. 4541	0. 4839	0. 4659	0. 4231	0. 4830	0. 4256
2017	0. 4970	0. 4533	0. 4396	0. 4147	0. 4776	0. 4015
2018	0. 5352	0. 4639	0. 4187	0. 4086	0. 4556	0. 3825
2019	0. 4984	0. 4305	0. 3895	0. 3977	0. 4252	0. 3743
2020	0. 4494	0. 4303	0. 3757	0. 4019	0. 2975	0. 3580
2021	0. 5617	0. 4608	0. 4149	0. 4450	0. 4138	0. 3904
2022	0. 5878	0. 4283	0. 4045	0. 3992	0. 3805	0. 3450

资料来源：各省相应年份统计年鉴。

区域空间、行政层级和发展程度不同，财政收支体系所承担的社会功能也不一样，用单纯的财政自给率判断财政收支结构过于狭隘和局限。由表 4-13 可知，虽然城市财政自给率高于省级，但时间序列下各城市财政自给率也总体呈下降趋势。其中，2016 年武汉财政自给率达到 0. 8671，2019 年跌破 0. 7，2022 年已降至 0. 6756。从中部地区近年来财政自给率较高的城市构成来看，与之前诸多单指标数据类似，表现较好城市为“省会+其他城市”。原因主要为省会城市经济实力显著，在财政收支上构筑了较强的“护城河”。中部六省都侧重于省会发展，具有“省会独大”的发展特征，目前暂未形成类似广东、福建、江苏等省的“双子星”式区域发展模式。

表 4-13　2016~2022 年中部六省主要城市财政自给率

2016 年		2017 年		2018 年		2019 年		2020 年		2021 年		2022 年	
城市	财政自给率	城市	财政自给率	城市	财政自给率	城市	财政自给率	城市	财政自给率	城市	财政自给率	城市	财政自给率
武汉	0. 8671	武汉	0. 8117	武汉	0. 7924	武汉	0. 6992	长沙	0. 7328	长沙	0. 7708	郑州	0. 7764
株洲	0. 7719	湘潭	0. 7167	合肥	0. 7090	长沙	0. 6664	郑州	0. 7320	郑州	0. 7533	长沙	0. 7673
岳阳	0. 7674	郑州	0. 6975	芜湖	0. 6960	合肥	0. 6645	芜湖	0. 6823	芜湖	0. 7174	晋城	0. 7317
郑州	0. 7652	合肥	0. 6795	太原	0. 6880	芜湖	0. 6404	合肥	0. 6552	武汉	0. 7124	武汉	0. 6756

续表

2016年		2017年		2018年		2019年		2020年		2021年		2022年	
城市	财政自给率	城市	财政自给率	城市	财政自给率	城市	财政自给率	城市	财政自给率	城市	财政自给率	城市	财政自给率
芜湖	0.7296	长沙	0.6768	长沙	0.6763	郑州	0.6398	马鞍山	0.6402	合肥	0.6899	芜湖	0.6667
合肥	0.7151	芜湖	0.6718	马鞍山	0.6666	太原	0.6332	太原	0.5846	晋城	0.6891	合肥	0.6588
长沙	0.7141	太原	0.6510	郑州	0.6533	马鞍山	0.6251	南昌	0.5773	马鞍山	0.6838	马鞍山	0.6447
南昌	0.6895	岳阳	0.6504	南昌	0.6137	南昌	0.5719	洛阳	0.5571	太原	0.6732	朔州	0.6372
湘潭	0.6841	南昌	0.6386	鹰潭	0.5752	洛阳	0.5710	宣城	0.5185	洛阳	0.6201	洛阳	0.6334
太原	0.6666	马鞍山	0.6076	洛阳	0.5735	鹰潭	0.5669	晋城	0.5115	平顶山	0.6042	长治	0.6313

资料来源：各城市相应年份统计年鉴。

第二节　中部地区协调发展指数测度结果与分析

一　省级层面的协调发展指数比较分析

中部六省在经济、社会、人口和产业等维度各有特色，总体经济发展程度与社会发展形态也存在客观差异。以湖北为例，省会城市武汉自清末以来便是热点城市，先后成为洋务运动重镇、民国政治热点城市、解放战争时期重要城市等。同时期的中部省份江西、河南和安徽等，工业基础和工业化程度都不如湖北。基础条件的差异必然导致中部六省在发展过程中实现收敛和趋同需要一段较长的时间，且这个过程可能迂回曲折。

表4-14中的各省协调发展指数是基于多维度多指标综合计算的结果，数值具有正向意义，指数越大表明协调发展水平越高。从方法论上看，数值的绝对意义弱于相对意义，换句话说，即某省某年协调发展指数的绝对值本身意义不大，研究分析的价值在于与参照对象间的比较。为比较参考更简洁，对表4-14数据进行简单的描述性统计，得到表4-15。

表 4-14　2013~2022 年中部六省协调发展指数

年份	山西	安徽	江西	河南	湖北	湖南
2013	29.211	25.133	23.949	21.595	33.550	25.518
2014	31.396	27.204	24.550	23.909	36.749	27.170
2015	31.336	28.803	26.435	25.259	38.351	28.719
2016	32.990	30.880	27.728	26.263	39.532	30.230
2017	33.797	31.533	29.738	27.447	40.377	32.051
2018	34.851	32.422	30.442	28.474	42.187	32.861
2019	35.369	35.432	33.140	30.528	43.707	33.654
2020	34.646	37.591	34.056	31.444	36.607	33.994
2021	35.578	39.720	32.632	34.296	44.271	37.341
2022	35.354	41.152	34.263	35.054	41.800	37.038

表 4-15　2013~2022 年中部六省协调发展指数描述性统计结果

项目	山西	安徽	江西	河南	湖北	湖南
均值	33.053	32.987	29.693	28.427	39.713	31.858
极大值	35.578	41.152	34.263	35.054	44.271	37.341
极小值	29.211	25.133	23.949	21.595	33.550	25.518

由描述性统计结果可知，各省均值存在较大差异，其中最大均值是湖北的 39.713，最小均值为河南的 28.427。从 2013~2022 年的所有省级协调发展指数来看，极大值为 2021 年湖北的 44.271；极小值为 2013 年河南的 21.595。由图 4-1 可以看出，中部六省协调发展指数逐渐从不平衡走向平衡。2013 年湖北协调发展指数最高，中部六省之间差距很大。随着时间推移，2016 年中部六省的协调发展指数差异有所收敛，湖北仍为最高。

2019 年，中部六省的协调发展指数差距进一步缩小。其中山西、安徽协调发展指数突破 35。2022 年，中部六省协调发展指数差异进一步收敛，其中安徽追赶之势明显，已与湖北相当，其他四省指数在 35 左右。

从省际视角切换到各省视角，各省在发展基础、经济形态、支柱产业、贸易环境等方面各有不同，客观的经济体量、人口规模与区域禀赋也存在差异，这些因素决定了各省发展路径差异的必然性。

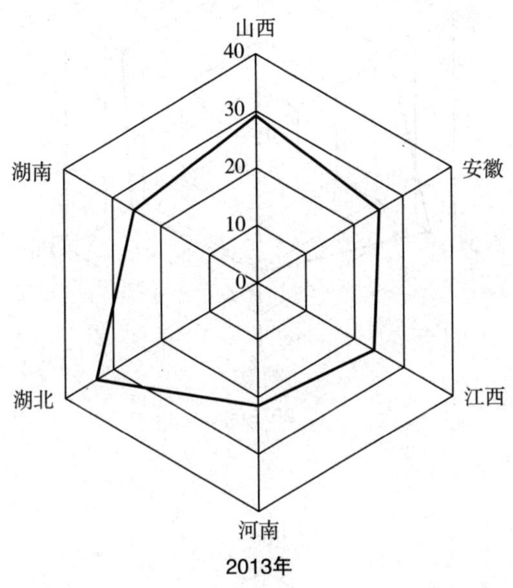

2013年

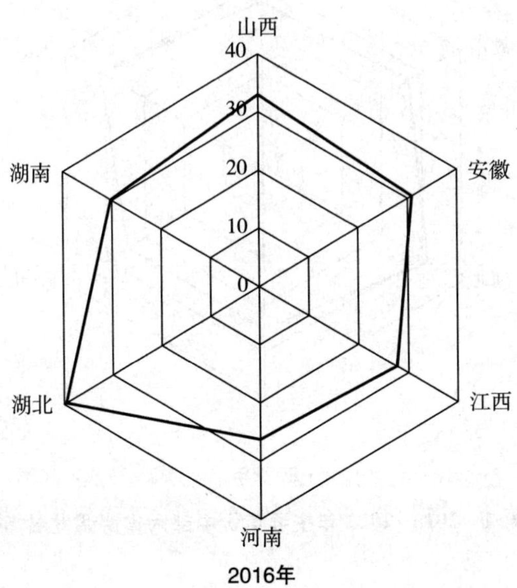

2016年

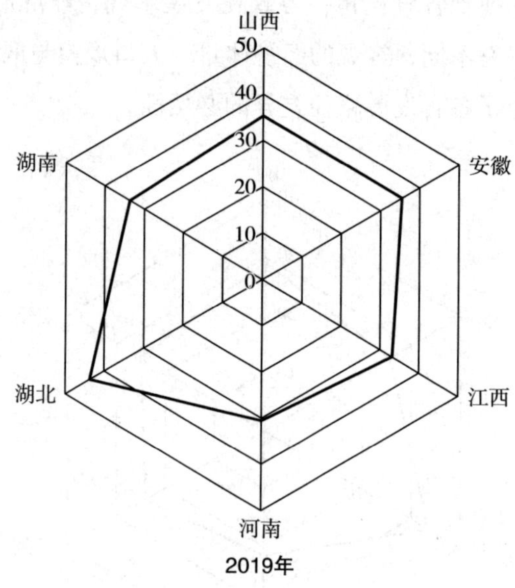

2019年

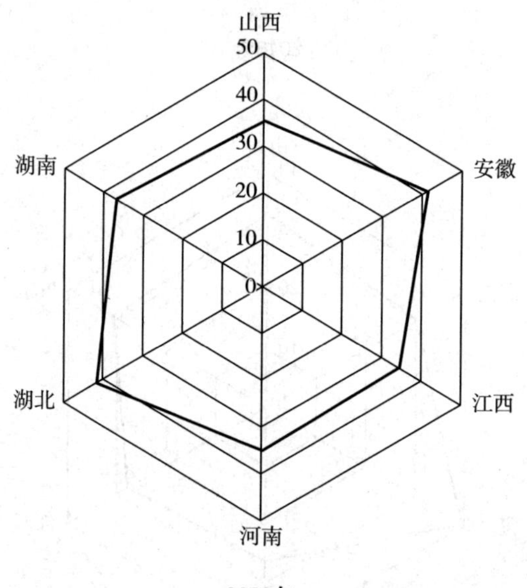

2022年

图 4-1　2013~2022 年主要年份中部六省协调发展指数

2013~2022年湖北省的协调发展指数处于领先位置。其中，2013~2017年，湖北省协调发展指数呈平稳变化趋势；2018年开始波动性较大，其间后发省份逐渐赶上，至2022年湖北与安徽的协调发展指数已大致相当。湖北是中部地区的经济强省，2013年GDP已经突破2.5万亿元，2022年GDP超过5.27万亿元，人均GDP超过9万元。

中部六省中协调发展指数处于相对低位的省份是河南和江西。两省初始指数较低，但后期发展速度较快。河南是人口大省，而江西人口数位列第五。从经济体量看，河南是中部第一大经济体，江西经济体量大概是河南的50%。两个经济规模和人口规模差异都较大的省份，协调发展指数却很接近，且发展趋势也非常相似。2021年以来，河南和江西两省处于中部地区协调发展指数增速第一梯队。

安徽的经济转型与高速发展，尤其在科创方面取得的突破，使其在中部六省乃至全国都有重要的影响力。2013年，安徽协调发展指数处于中部六省的中间位置，到2022年已经跃居第一梯队。虽然起始阶段安徽比河南和江西的基础更好，增速也较快，但彼时只处于中游；后期安徽持续加速能力较强，2020年协调发展指数已接近湖北。安徽经济强于江西和山西，但弱于湖北、湖南，人口规模大于湖北、江西和山西。在总量和个量上，安徽与湖北的差距客观存在。但从协调发展指数后期的快速提升可以预见，安徽在下一阶段将具有更强势的发展表现。

湖南经济体量略小于湖北，但长期以来湖南人口规模高于湖北。近年由于人口流动与集聚等因素，两省人口规模差距有所缩小，但仍有800万人左右缺口。2013~2017年，湖南和安徽的协调发展指数几乎同步变化。随后虽有差异，但整体仍在同一个区间；2020年湖南协调发展指数略有下降，2021年重新恢复上行趋势。从趋势上看，湖南需要及时调整相关维度，尽快切换至稳定上升通道。

山西无论是经济体量还是人口规模，在中部六省中均排最后。但是，山西的人均收入水平和人均GDP均为中部地区最高，也是中部地区较早开始工业化且城镇化水平最高的地区。这些因素综合起来，体现为山西的协调发展指数一直较高。但近年来，山西协调发展指数总体呈现下降趋势。2014 年山西协调发展指数接近湖北，2019 年之前也显著高于中部其他省份。

二 城市层面的协调发展指数比较分析

1. 中部地区主要城市协调发展指数比较

将中部六省 80 个城市视为一体，测算协调发展指数，选取主要城市进行分析，结果见表 4-16、表 4-17。

由表 4-16 可知，2013~2017 年，武汉和太原等城市协调发展指数表现稳定。可以注意到，城市协调发展指数存在阶梯性，如 2013~2017 年太原和武汉协调发展指数显著高于其他城市，资源禀赋、产业构成、人口规模以及持续发展的动力机制等因素共同作用下，城市之间将在协调发展指数上有较大差异。表 4-17 反映的是近几年中部主要城市协调发展指数情况。表 4-16中指数较高的三个城市在表 4-17 中有所变化。其中，郑州和合肥是中部地区推进协调发展过程中受益良多的城市。

表 4-16　2013~2017 年中部六省主要城市协调发展指数

2013 年		2014 年		2015 年		2016 年		2017 年	
城市	指数	城市	指数	城市	指数	城市	指数	城市	指数
太原	61.90	太原	64.98	太原	63.33	太原	65.26	太原	64.50
武汉	54.96	武汉	59.89	武汉	61.95	武汉	63.69	武汉	63.84
长沙	47.43	长沙	50.68	长沙	53.81	长沙	54.99	长沙	56.71
郑州	46.58	郑州	49.34	郑州	52.77	郑州	53.14	郑州	53.30
南昌	41.06	合肥	42.08	合肥	44.86	合肥	47.05	南昌	48.58
合肥	38.49	南昌	39.22	南昌	42.15	南昌	43.03	合肥	47.63
铜陵	35.51	铜陵	37.49	铜陵	35.52	芜湖	37.71	芜湖	38.23
淮南	34.54	阳泉	32.77	芜湖	34.61	马鞍山	34.17	阳泉	35.81
阳泉	31.47	芜湖	32.32	阳泉	33.08	阳泉	33.61	马鞍山	33.96
芜湖	29.78	新余	31.66	马鞍山	32.21	景德镇	32.20	新余	32.89
马鞍山	29.31	马鞍山	30.78	宜昌	30.60	宜昌	30.83	株洲	31.81
晋城	26.97	淮南	29.87	淮南	29.78	新余	30.52	洛阳	31.58

续表

2013年		2014年		2015年		2016年		2017年	
城市	指数	城市	指数	城市	指数	城市	指数	城市	指数
萍乡	26.88	大同	29.14	新余	29.04	株洲	30.43	鄂州	31.14
鄂州	26.52	宜昌	28.71	鄂州	29.02	鄂州	30.25	晋城	30.98
宜昌	26.25	晋城	28.63	株洲	28.45	大同	30.05	宜昌	30.91
株洲	26.21	黄石	28.28	洛阳	28.32	洛阳	29.91	大同	30.89
大同	25.97	鄂州	28.09	晋城	27.69	晋城	29.16	景德镇	30.01
新余	25.69	株洲	27.61	大同	27.39	萍乡	28.54	黄石	29.58
黄石	25.60	洛阳	27.35	襄阳	26.84	黄石	28.28	黄山	29.45
洛阳	24.84	晋中	26.77	黄山	26.58	黄山	28.01	鹰潭	28.88

表 4-17　2018~2022 年中部六省主要城市协调发展指数

2018年		2019年		2020年		2021年		2022年	
城市	指数	城市	指数	城市	指数	城市	指数	城市	指数
武汉	66.21	武汉	68.27	太原	58.98	太原	59.21	长沙	59.55
太原	64.49	太原	63.50	长沙	56.08	武汉	66.33	合肥	59.00
长沙	58.52	长沙	58.89	郑州	54.99	长沙	64.75	郑州	58.46
郑州	53.25	郑州	57.68	合肥	54.95	郑州	62.24	武汉	58.23
南昌	49.12	合肥	55.59	武汉	53.94	合肥	59.12	太原	56.97
合肥	48.67	南昌	50.91	南昌	46.73	南昌	53.16	南昌	49.84
芜湖	40.62	芜湖	41.40	芜湖	45.79	芜湖	49.32	芜湖	49.65
阳泉	36.75	萍乡	40.08	马鞍山	41.86	马鞍山	44.69	马鞍山	45.45
马鞍山	36.65	马鞍山	39.36	景德镇	39.80	新余	39.20	新余	39.45
新余	35.35	新余	38.67	黄山	35.93	洛阳	37.57	洛阳	39.42
景德镇	32.58	阳泉	36.88	阳泉	35.59	宜昌	36.68	鄂州	37.73
宜昌	32.40	鄂州	34.96	洛阳	35.29	阳泉	36.07	阳泉	37.52
洛阳	32.35	景德镇	34.74	大同	34.31	黄石	35.93	黄石	37.36
大同	32.24	宜昌	33.70	铜陵	33.90	晋城	35.92	铜陵	37.35
鄂州	32.18	大同	33.30	蚌埠	33.85	大同	35.73	滁州	37.32
株洲	31.46	洛阳	33.16	萍乡	33.64	鄂州	35.59	宜昌	36.67
晋城	31.15	黄石	33.10	新余	33.48	景德镇	35.32	大同	36.42
萍乡	30.74	晋城	32.48	赣州	32.79	滁州	35.15	焦作	36.38
朔州	30.39	蚌埠	32.38	株洲	32.76	焦作	35.07	蚌埠	36.31
黄山	30.34	黄山	32.32	鹰潭	32.74	宣城	34.82	黄山	36.27

2. 中部地区省会城市协调发展指数比较

从省级视角观察，基于行政层级、区位发展和经济驱动等思想观念，省会城市天然具有发展过程中的资源偏向，这也是省会城市通常具有优先发展级的重要因素。虽然在我国的许多省份，如广东、福建、山东和江苏等，在省会城市之外通常有一个强势发达城市，诸如广州与深圳、福州与厦门等。中部六省中，目前尚未形成类似的省会与超强城市互补的现象。从协调发展的视角看，省会集聚更多发展资源的同时，既与本省其他城市存在合作与竞争关系，同样也处于省会城市的竞争赛道上。如图 4-2 所示，从 2013~2022 年的整体发展趋势看，中部六省省会城市的协调发展指数差距整体缩小。2013 年，太原和武汉协调发展指数较高；到 2020 年，中部六省省会城市协调发展指数差距已显著缩小，太原、武汉、安徽和长沙处于竞争关系，南昌的协调发展指数略低。

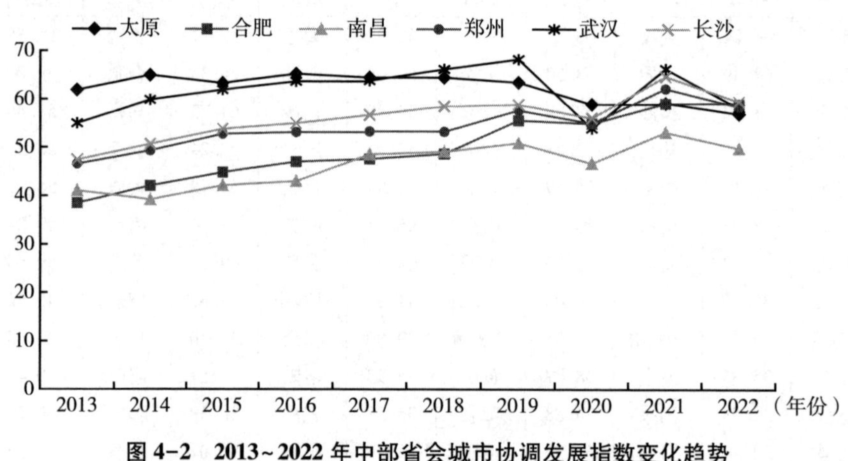

图 4-2　2013~2022 年中部省会城市协调发展指数变化趋势

省会城市的协调发展竞争格局不断变化，是综合因素共同作用的结果。指标体系下形成的协调发展指数是算法的体现，也是科学发展下多维因素共同作用的结果。其中，既有城市自身绝对的经济发展指标变化，也包含整体考察对象部分指标的相对变化。协调发展指数逐渐接近表明城市间发展差距的缩小和发展趋势的趋同。

第三节　中部地区协调发展政策梳理

一　河南

河南是中部地区人口第一大省，近年来制定了一系列政策，以协调发展为核心的政策与实践成果丰富，取得较明显的成效。

作为纲领性的文件，《河南省国民经济和社会发展第十四个五年规划和二〇三五年远景目标纲要》，提出优化“一主一副（郑州+洛阳）、两翼多点”的区域布局；推动郑洛新国家自主创新示范区提质发展；加快建设郑开科创走廊。《河南省 2022 年国民经济和社会发展计划》进一步提出，支持南阳建设副中心城市。河南加速统筹中原城市群与粮食主产区协同发展，“十一五”时期已注重缩小中心城市与农业区差异，“十四五”期间进一步强化县域经济发展。

在新型城镇化建设领域，河南持续探索“不以牺牲农业和粮食为代价的新型城镇化”（两不三新）路径，通过财政投入改善农村基础设施（如乡村公路改造），推进城乡公共服务均等化。乡村振兴实践中，河南把实施现代农业产业园建设、解决农村安全饮水问题、开展农民技能培训促进就业转移等事项作为重点工作开展。

科技创新驱动协调发展，河南不断打出组合拳，将“创新驱动”列为十大战略之首，组建 16 家省实验室及 40 家产业研究院，推行规上工业企业研发全覆盖，实施“揭榜挂帅”攻克关键技术①。河南制定《河南省碳达峰实施方案》，淘汰落后产能（如电解铝），建设黄河实验室强化生态保护，在中原经济区建设中明确“不牺牲生态和环境”的底线。

在跨区域协同方面，河南始终坚持融入国家战略，对接长江经济带及京

① 《河南打出组合拳　创新推动经济高质量发展》，国际在线，2023 年 11 月 10 日，https：//hn. cri. cn/2023-11-10/1c3e76fa-4306-53d4-b9b7-e2625603fca6. html。

津冀协同发展；深化与长三角科创合作；推动南水北调协作。在实践过程中，河南协调发展的典型案例，如通过产业链协同带动周边城市升级的郑洛新国家自主创新示范区建设、集聚高端人才与平台形成创新增长极的中原科技城等，都有很强的示范意义。

二 湖北

围绕协调发展理念，结合国家战略与省情，湖北先后推出一系列政策，聚焦城乡统筹、区域协同、经济与社会平衡等领域。湖北省“十三五”规划纲要和“十四五”规划与远景目标是湖北省协调发展的主要依据。湖北提出以“一元多层次”战略体系引领协调发展，推动城乡统筹和城乡一体化。湖北以供给侧结构性改革为主线，通过“三去一降一补”任务（去产能、去库存、去杠杆、降成本、补短板）优化经济结构，推动实体经济与区域经济协调发展。湖北省“十四五”规划与远景目标强化全局性谋划，推动发展质量、结构、规模、速度、效益相统一，补齐区域与城乡发展短板。

以城乡协调发展为例，湖北制定了县域经济发展规划，以“四化同步”（工业化、信息化、城镇化、农业现代化）为核心，推动县域经济特色化、绿色化发展，缩小城乡差距，为“建成支点、走在前列”提供支撑[1]。湖北先后出台《关于推进实施<大别山革命老区振兴发展规划>工作方案》《关于加快推进湖北大别山革命老区振兴发展的实施意见》等文件，得到国家发展改革委的肯定[2]。此外，湖北以长江经济带为依托，打造绿色生态廊道，推动沿江城市群协同发展，构建水生态环境管理体系和考核体系，平衡生态保护与经济增长。

湖北省的协调发展政策以战略规划为引领，以城乡、区域、经济与社会

① 参见《湖北省县域经济发展规划（2016—2020年）》。

② 《推进革命老区振兴典型经验介绍之六：湖北省积极推进革命老区高质量发展》，中国老区网，2021年4月29日，http：//www.zhongguolaoqu.com/index.php？m=content&c=index&a=show&catid=17&id=63063。

平衡为着力点，通过制度创新与项目实践，逐步构建了覆盖全域的协调发展体系。未来湖北将继续深化新发展理念的融合，推动高质量发展与共同富裕。

三 湖南

湖南省围绕协调发展主线，制定并实施了一系列区域、城乡、经济与社会协调并进的政策，形成了多层次、多维度的政策体系。

积极构建区域协同发展的战略布局。《中共湖南省委关于制定湖南省国民经济和社会发展第十四个五年规划和二〇三五年远景目标的建议》提出，以长株潭为核心增长极，岳阳、衡阳为省域副中心，沿京广、沪昆、渝长厦通道打造三大经济带，推动四大区域板块（长株潭、洞庭湖、湘南、湘西）联动发展，打造“一核两副三带四区”格局。这一布局强化了区域间产业分工与互补，例如长株潭重点发展高新技术和现代服务业，湘南、湘西承接产业转移。

在区域协调发展方面，湖南积极对接国家战略，深度融入长江经济带，加强与粤港澳大湾区、长三角的产业协作，建设自贸试验区岳阳片区，探索“科创飞地”模式①。2025 年 3 月，湖南召开省委区域协调发展领导小组第一次会议，进一步提出深化省际合作，推动基础设施互联互通和生态环境联防联治。在特殊地区振兴政策领域，《中共湖南省委关于制定湖南省国民经济和社会发展第十四个五年规划和二〇三五年远景目标的建议》明确提出将湘赣边、湘鄂渝黔革命老区纳入国家振兴规划，通过财政支持发展特色产业，加强县域经济。湘西地区依托生态资源发展绿色经济，建立跨区域生态补偿机制。

2019 年湖南出台《建立更加有效的区域协调发展新机制的实施方案》，明确基本公共服务均等化、基础设施均衡化目标，完善产业转移利益共享机制。2024 年湖南强调优化财政激励政策，推动“一核两副”协同联动，建设“G4 科创走廊”。

① 参见《湖南省“十四五”财政发展规划》《湖南省“十四五”新型城镇化规划》。

四 江西

2015 年《中共江西省委关于制定全省国民经济和社会发展第十三个五年规划的建议》强调，实施“龙头昂起、两翼齐飞、苏区振兴、绿色崛起”区域发展战略，推动形成各具优势、融合互动的区域经济板块；2016 年的《江西省国民经济和社会发展第十三个五年规划纲要》提出协调重点为健全多层级规划衔接机制，推动基础设施与公共服务城乡均衡布局。《江西省国民经济和社会发展第十四个五年规划和二〇三五年远景目标纲要》提出，统筹城乡基础设施一体化发展、推进城乡基本公共服务普惠共享、巩固拓展脱贫攻坚成果同乡村振兴有效衔接等。在协调发展的纲领性文件中，江西不断强化、具体和落实相关的环节与步骤。

2016 年，《江西省“十三五”省际区域合作规划》提出，通过省际资源整合和要素集聚，促进基础设施互联互通、产业分工协作、生态环境联防联治等。2022 年，《江西省“十四五”农业农村现代化规划》强调，坚持城乡协调发展，促进城乡要素自由流动，构建工农互促、城乡互补的新型工农城乡关系。革命老区发展也是区域协调发展的重要方面，2023 年《江西省促进革命老区振兴发展条例》明确提出，将城乡协调发展作为革命老区持续健康发展的内在要求，重点推进巩固拓展脱贫攻坚成果同乡村振兴有效衔接。

在以科技创新为核心的协调发展维度，2021 年《江西省“十四五”科技创新规划》提出，强化协调管理机制，整合科技创新资源，推动科技与经济社会协调发展。

五 安徽

近年来，安徽协调发展成绩显著，得到社会各界的关注。区域协调发展方面，《安徽省实施长江三角洲区域一体化发展规划纲要行动计划》提出与沪苏浙共建科技创新共同体、G60 科创走廊安徽段，推动省际毗邻区（如顶山—汊河、浦口—南谯）协同发展。《安徽省国民经济和社会发展第十四个五年规划和2035年远景目标纲要》指明区域协调发展的长三角一体化战略、省内区域板块联动与新型城镇化等重要路径。安徽继续强化与沪苏浙共建科技创新、产业协作和生态补偿试验区，推动跨省基础设施互联互通和公共服务共享。

《促进皖北承接产业转移集聚区建设的若干政策措施》提出24条专项政策，包括用地指标倾斜、财税支持、基础设施投资等，推动皖北与沪苏浙产业协作。之后的《安徽省"十四五"新型城镇化实施方案》明确合肥都市圈扩容提质，支持芜湖、阜阳等区域中心城市辐射带动县域经济发展，推进"县县通高速"、城际铁路网建设，完善区域交通网络。

在城乡协调发展过程中，《安徽省"两强一增"行动方案》聚焦"科技强农、机械强农、农民增收"，推动农业现代化与城乡产业联动。在产业与生态协调发展方面，《安徽省"十四五"制造业高质量发展规划》提出"科创+产业"协同路径，支持合肥综合性国家科学中心与长三角创新链衔接，明确皖北重点发展绿色建材、现代农业，皖江聚焦新能源汽车、集成电路等高端产业。

民生协调等方面，2021年12月8日，国家发展改革委印发《沪苏浙城市结对合作帮扶皖北城市实施方案》，明确闵行—淮南、南京—滁州等结对合作，重点推进产业园区共建、干部交流、民生共享。此外，《安徽省基本公共服务实施标准（2021年版）》推动城乡教育、医疗、养老等公共服务均等化，支持皖北地区教育振兴计划；《安徽省"十四五"文化和旅游发展规划》提出"一圈两带三区"文旅布局，推动大别山、皖南等红色旅游与乡村振兴融合发展。

安徽协调发展取得的成绩，具有扎实的政策基础。近年来，安徽通过长三角一体化、乡村振兴、生态补偿等国家级战略的省级配套文件，实现跨区域政策衔接；紧紧围绕问题导向，针对皖北与皖南、城市与乡村发展差距，出台专项政策；同时通过机制创新，建立生态补偿、结对帮扶、区域立法协同等长效制度，突破协调发展瓶颈，从而实现良好的发展成效。

六 山西

山西在协调发展相关政策制定和实践等方面不断摸索，形成了具有自身特色的理论与实践体系。具体来说，在区域协调发展方面，在《山西省“一主三副六市域中心”空间布局规划》的基础之上，2023 年获得国务院批复的《山西省国土空间规划（2021—2035 年）》立足新发展格局，明确将形成以太原都市区为核心引擎，大同、长治、临汾为区域支点，六个市域中心协同发展的空间体系。该规划既延续了山西“表里山河”的地理特征，又深度契合国家“双循环”战略导向，标志着资源型省份向高质量发展转型的系统性突破。

在此之前，山西在区域协调发展方面的积极探索，还包括《山西省对接京津冀协同发展战略实施方案》《关于支持太忻一体化经济区高质量发展的指导意见》等。

在城乡统筹协调发展的政策方面，2018 年《山西省乡村振兴战略总体规划（2018-2022 年）》提出，实施“五大振兴”工程，推动吕梁、太行山区特色农业与乡村旅游融合，开展农村集体产权制度改革试点，促进城乡土地要素流动。《山西省“十四五”新型城镇化》提出深化户籍制度改革，放宽太原以外城市落户限制，推动农业转移人口市民化，建设“县城为载体的城镇化”示范县（如孝义、介休），完善城乡基础设施一体化。

在产业与生态协调发展方面的政策尝试包括《山西省支持省级转型综改示范区高质量发展的若干措施》，对省级转型综改示范区做了精密部署；推动传统能源（煤炭、焦化）绿色转型，布局氢能、储能等新兴产业；实施“两山七河一流域”生态修复工程，建立生态保护与产业发展协同机制。此外，山西作为我国重要的能源产地和资源保护重地，《山西省黄河流域生态保护和高质量发展规划》《山西省碳达峰实施方案》等政策文件，分别涉及沿黄生态保护区的高耗水、高污染产业管控与发展，同时提出发展节水农业和清洁能源（如运城光伏基地），建设黄河文化遗产廊道，推进煤炭清洁高效利用，建立能耗双控与产业升级联动机制，推动钢铁、焦化行业整合重组。

社会公共事业协调发展方面，《山西省“十四五”公共服务和社会保障事业规划》进一步完善城乡统一的社会保障体系，建立城乡居民基础养老金正常调整机制，支持吕梁、忻州等革命老区公共服务设施建设。《山西省基本公共服务实施标准（2023年版）》推动教育、医疗资源向县域和农村倾斜，实施“县管校聘”改革和乡村医生能力提升工程，建设太原、大同区域医疗中心，实现省内异地就医直接结算全覆盖。

历经“十三五”“十四五”的持续协调发展，山西通过综改试验区等政策，逐渐破解“一煤独大”结构性矛盾，推动能源产业与生态保护协同。以京津冀协同、黄河金三角合作为抓手，山西强化与周边省份的产业、生态、交通联动。聚焦脱贫地区乡村振兴，山西以“特优农业+文旅”推动县域经济特色发展。

Z.5
中国中部地区绿色发展的综合评价与比较分析

2015 年，党的十八届五中全会通过的《中共中央关于制定国民经济和社会发展第十三个五年规划的建议》首次提出创新、协调、绿色、开放、共享的新发展理念。其中，对“绿色发展”的定位是“绿色是永续发展的必要条件和人民对美好生活追求的重要体现”。不难发现，绿色发展并不仅仅涉及居民的生存环境和生态福利，同时关乎经济发展中的资源配置、技术创新和增长效率等。随后，2017 年党的十九大报告提出：“我们要建设的现代化是人与自然和谐共生的现代化，既要创造更多物质财富和精神财富以满足人民日益增长的美好生活需要，也要提供更多优质生态产品以满足人民日益增长的优美生态环境需要。”2020 年 9 月，习近平主席在第七十五届联合国大会一般性辩论上的讲话中提出我国“二氧化碳排放力争于 2030 年前达到峰值，努力争取 2060 年前实现碳中和”。同年 10 月，党的十九届五中全会通过《中共中央关于制定国民经济和社会发展第十四个五年规划和二〇三五年远景目标的建议》，指出“坚持绿水青山就是金山银山理念，坚持尊重自然、顺应自然、保护自然，坚持节约优先、保护优先、自然恢复为主，守住自然生态安全边界”。2023 年 7 月以来，习近平总书记提出加快形成新质生产力，并进一步在 2024 年 1 月中共中央政治局第十一次集体学习时强调，“绿色发展是高质量发展的底色，新质生产力本身就是绿色生产力。必须加快发展方式绿色转型，助力碳达峰碳中和。牢固树立和践行绿水青山就是金山银山的理念，坚定不移走生态优先、绿色发展之路”①。

① 《加快发展新质生产力　扎实推进高质量发展》，《人民日报》2024 年 2 月 2 日。

在学界，诸多学者聚焦经济绿色发展，以金融发展与绿色发展[①]、资源丰裕程度与绿色经济增长[②]、经济集聚与节能减排[③]、经济集聚与绿色经济效率[④]、数字经济和绿色发展[⑤]等为主题，进行了深入、细致的分析和论证。

恩格斯在《自然辩证法》中指出，劳动和自然界在一起才是一切财富的源泉，自然界为劳动提供材料，劳动把材料转变为财富。同时他告诫人们"不要过分陶醉于我们人类对自然界的胜利。对于每一次这样的胜利，自然界都对我们进行报复"[⑥]。卡森在《寂静的春天》一书中着重介绍了化学制剂对环境的污染问题，对人类用现代科技手段破坏自己的生存环境发出了警告[⑦]。1968 年成立的罗马俱乐部发布的第一篇研究报告《增长的极限》认为，如果世界人口增长、工业化、污染、粮食生产和资源消耗方面以现在的趋势继续下去，最可能的结果将是人口和工业生产力双方有相当突然和不可控制的衰退[⑧]。绿色发展与可持续发展密切相关。1987 年，世界环境与发展委员会在《我们共同的未来》报告中首次提出"可持续发展"概念，并将其定义为"可持续发展是既满足当代人的需求，而又不危及后代人满足其需求的发展"。1992 年，联合国在巴西的里约热内卢召开环境与发展大会，第一次把经济发展与环境保护结合起来，提出了可持续发展战略[⑨]。

近年来，随着经济的快速发展，我国的资源环境承受着巨大的压力。依

---

① 黄建欢、吕海龙、王良健：《金融发展影响区域绿色发展的机理——基于生态效率和空间计量的研究》，《地理研究》2014 年第 3 期。

② 李江龙、徐斌：《"诅咒"还是"福音"：资源丰裕程度如何影响中国绿色经济增长?》，《经济研究》2018 年第 9 期。

③ 邵帅、张可、豆建民：《经济集聚的节能减排效应：理论与中国经验》，《管理世界》2019 年第 1 期。

④ 林伯强、谭睿鹏：《中国经济集聚与绿色经济效率》，《经济研究》2019 年第 2 期。

⑤ 魏丽莉、侯宇琦：《数字经济对中国城市绿色发展的影响作用研究》，《数量经济技术经济研究》2022 年第 8 期。

⑥ 恩格斯：《自然辩证法》，人民出版社，2015。

⑦ 〔美〕蕾切尔·卡森：《寂静的春天》，吕瑞兰、李长生译，上海译文出版社，2014。

⑧ 〔美〕德内拉·梅多斯、乔根·兰德斯、丹尼斯·梅多斯：《增长的极限》，李涛、王智勇译，机械工业出版社，2013。

⑨ 黄茂兴、叶琪：《马克思主义绿色发展观与当代中国的绿色发展——兼评环境与发展不相容论》，《经济研究》2017 年第 6 期。

据科斯定理，若是产权明确，交易成本为零或较小，无论将产权配置给哪一方，市场的均衡结果均是有效率的。然而，在经济运行的过程中，工业生产、交通运输等所形成的环境污染问题愈加严重，加之全球气候变暖、土地沙漠化等生态问题，以及由此带来的负外部性直接危及居民的生存空间和身心健康。与此同时，居民的收入水平随着经济的发展逐步提高，在基本的消费需求得到满足之后，居民需求层次开始升级为安全需求①。此时，居民的安全需求与环境污染、生态破坏形成尖锐的矛盾。党的二十大报告指出，坚持以人民为中心的发展思想，维护人民根本利益，增进民生福祉，不断实现发展为了人民、发展依靠人民、发展成果由人民共享，让现代化建设成果更多更公平惠及全体人民。在以人民为中心的发展思想指引之下，推动绿色发展自然成为高质量发展和推进中国式现代化的应有之义和必然要求。

2021 年颁布的《关于新时代推动中部地区高质量发展的意见》提出，2025 年中部地区“绿色发展深入推进，单位地区生产总值能耗降幅达到全国平均水平，单位地区生产总值二氧化碳排放进一步降低，资源节约型、环境友好型发展方式普遍建立”。作为高质量发展的重要组成部分，绿色发展是解决人民日益增长的美好生活需要和不平衡不充分的发展之间的矛盾的重要理念之一。为充分了解中部地区的绿色发展程度，本报告将通过细致分析 2013~2022 年中部地区及各省份、城市的绿色发展指数，对中部地区的绿色发展水平进行科学、客观的评价。

第一节　中部地区及各省绿色发展指数的比较分析

在测度绿色发展指数之前，指标的选取尤为重要。为此，在考虑指标的合意性和数据的可得性情况下，本报告构建包含能源消耗、工业污染、环境治理和生态禀赋 4 个二级指标以及万元 GDP 能耗变化率、单位 GDP 电耗、

① Maslow, A. H., “A Theory of Human Motivation,” *Psychological Review*, 1943, 50: 370-396.

单位产出工业二氧化硫排放量、单位产出工业烟（粉）尘排放量、单位产出工业废水排放量、污水处理厂集中处理率、生活垃圾无害化处理率、建成区绿化覆盖率 8 个三级指标的绿色发展评价指标体系，使用熵值法确定客观权重，进而计算绿色发展指数。本部分将对 2013～2022 年中部地区以及各省的绿色发展指数进行比较和分析。

一 中部地区绿色发展指数分析

由图 5-1 可知，2013～2022 年中部地区绿色发展指数呈持续上升趋势，由 2013 年的 63.36 上升至 2022 年的 75.61，尤其是 2016 年，相对于 2015 年，绿色发展指数提高了 4.19。2016 年之后，中部地区绿色发展指数的增幅开始呈边际递减趋势。由此可以看出，在绿色发展指数低时，因不同问题治理的难易差异，相同的治理投入将推动绿色发展水平有较大的边际改善；而在绿色发展指数处于高水平时，剩余的问题是短期内治理难度高的顽固性问题，相同甚至更高的治理投入不足以使绿色发展指数有大幅度的提高。

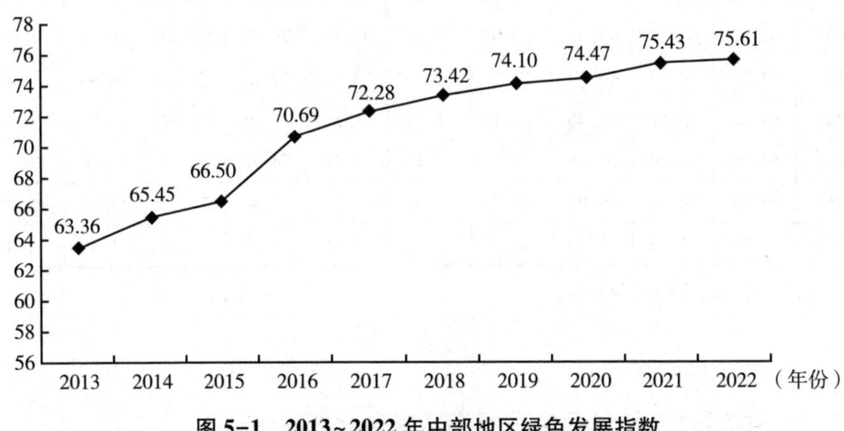

图 5-1　2013～2022 年中部地区绿色发展指数

资料来源：根据测度结果整理。

二 中部地区各省绿色发展指数分析

2013 年，安徽省绿色发展指数达 67.08，领先于其他省份。2013～

2022 年，中部地区各省的绿色发展指数均有大幅的提升，2013 年各省绿色发展指数均未超过 70，而到了 2022 年，各省绿色发展指数均在 70 以上，尤其是山西省，直接从 2013 年的 54.77 提高到 2022 年的 74.63。作为能源大省的山西省在经济绿色转型、生态环境治理等方面改革攻坚、统筹协调，绿色发展水平有了质的提升。另外，2013~2022 年中部地区各省绿色发展指数的均值整体处于上升态势，只是在 2018 年之后，增长幅度有所下降。从横向来看，2013~2022 年中部地区各省绿色发展指数的离散程度趋于下降。例如，2013 年中部地区六省绿色发展指数的方差是 4.52，到 2022 年方差下降为 1.48，这意味着中部地区六省绿色发展水平总体呈现趋同态势（见表 5-1）。

表 5-1　2013~2022 年中部地区六省绿色发展指数

省份	2013 年	2014 年	2015 年	2016 年	2017 年	2018 年	2019 年	2020 年	2021 年	2022 年
山西	54.77	58.57	61.09	65.4	68.24	69.99	70.88	72.76	74.44	74.63
安徽	67.08	67.36	68.99	71.66	73.04	73.58	73.59	73.42	75.41	75.81
江西	65.92	65.67	65.52	69.33	73.42	74.45	76.44	77.22	78.19	78.16
河南	61.20	64.58	66.34	71.86	72.95	73.92	74.8	74.6	75.99	74.42
湖北	64.62	65.52	66.48	71.18	71.02	72.8	72.96	73.92	74.7	74.67
湖南	64.89	68.04	67.66	70.93	73.17	74.19	74.78	74.85	74.16	76.74
均值	63.08	64.96	66.01	70.06	71.97	73.16	73.91	74.46	75.48	75.74
方差	4.52	3.38	2.70	2.45	2.02	1.65	1.90	1.55	1.49	1.48

资料来源：根据测度结果整理。

三　中部地区各省绿色发展指数变动情况分析

尽管 2013~2022 年中部地区各省绿色发展指数整体呈现上升趋势，但不同省份在不同年份的绿色发展指数变动情况并不一致。中部六省中，山西省是唯一绿色发展指数逐年增长的省份。相对而言，2022 年河南省绿色发展指数降幅较大。中部地区各省绿色发展指数变动的差异，还表现为最大增幅对应的年份不同，表明中部地区各省在绿色发展上步调并不一致。在年均增长率方面，山西省2013~2022年年均增长率最高，达3.5%，其次是河南省，其他省份均低于2%（见表5-2）。

表5-2　2013~2022年中部地区各省绿色发展指数同比增长率及年均增长率

单位：%

省份	2014年同比增长率	2015年同比增长率	2016年同比增长率	2017年同比增长率	2018年同比增长率	2019年同比增长率	2020年同比增长率	2021年同比增长率	2022年同比增长率	年均增长率
山西	3.80	2.52	4.31	2.84	1.75	0.89	1.88	1.68	0.19	3.50
安徽	0.28	1.63	2.70	1.38	0.54	0.01	-0.17	1.99	0.40	1.37
江西	-0.25	-0.15	3.81	4.09	1.03	1.99	0.78	0.97	-0.03	1.91
河南	3.38	1.76	5.52	1.09	0.97	0.88	-0.20	1.39	-1.57	2.20
湖北	0.90	0.96	4.70	-0.16	1.78	0.16	0.96	0.78	-0.03	1.62
湖南	3.15	-0.38	3.27	2.24	1.02	0.59	0.07	-0.69	2.58	1.88

资料来源：根据测度结果整理。

第二节　中部地区六省城市绿色发展指数的比较分析

通过中部地区及各省绿色发展指数，一方面可对中部地区的绿色发展水平有整体的把握和宏观的了解，另一方面可对不同省份之间的绿色发展差异和同一省份的绿色发展水平提高过程有确切的认知。鉴于中部地区以及各省绿色发展指数的测度是以城市层面指标数据为基础的，因此进一步考察2013~2022年城市绿色发展指数，对于理解相应省份乃至中部地区绿色发展指数的变动趋势具有现实意义。

一　山西省城市绿色发展指数比较分析

2013~2022年山西省11个城市绿色发展指数虽然有波动，但总体均呈上升趋势。从均值来看，2017 年之前山西省城市绿色发展指数均值提升较快，在此之后均值依然保持上升状态，但增速有所下降。2013 年，绿色发展指数高于均值的城市有太原市、长治市、晋城市、朔州市、运城市；2022 年绿色发展指数低于均值的仅有阳泉市、运城市、临汾市和吕梁市，高于均值的城市数量大幅增加。

从年均增长率来看，山西省不同城市的年均增长率差别较大，其中年均增长率最高的是忻州市，高达 6.83%。通过观察可以发现，各城市绿色发展指数的年均增长率与 2013 年绿色发展指数之间有着显著的负相关关系。从离散程度来看，2013~2022 年山西省城市绿色发展指数的方差一直处于下降状态，由 2013 年的 7.37 降至 2022 年的 1.72，年均增长率为-14.93%，意味着山西省各城市的绿色发展水平差异处于快速收敛态势。对于这一点，可从两个方面予以说明。其一，2013 年山西省城市绿色发展指数的最大值与最小值之间的差额是 24.99，相应地 2022 年二者之间的差额缩小为 5.35；其二，绿色发展指数较低的忻州市、大同市、临汾市指数增长幅度均超过 20，最大增幅甚至达到 33.46（见表 5-3）。

表 5-3　2013~2022 年山西省城市绿色发展指数

城市	2013 年	2014 年	2015 年	2016 年	2017 年	2018 年	2019 年	2020 年	2021 年	2022 年	2013~2022 年增长幅度	年均增长率（%）
太原	66.15	69.52	70.16	72.85	73.69	75.14	76.29	77.04	77.72	76.89	10.74	1.69
大同	45.31	52.01	53.20	65.33	69.55	70.18	70.94	71.26	72.98	74.61	29.3	5.70
阳泉	50.18	51.70	57.28	58.34	62.46	65.67	70.14	75.30	75.05	73.56	23.38	4.34
长治	53.92	58.08	63.16	62.73	65.85	73.58	71.70	74.46	74.94	74.43	20.51	3.65
晋城	57.82	60.07	62.38	60.77	72.84	73.90	73.81	74.94	76.15	77.03	19.21	3.24
朔州	63.69	66.70	66.19	69.92	73.37	71.59	70.21	69.89	75.83	74.98	11.29	1.83
晋中	51.22	59.35	60.09	68.26	68.31	71.04	70.96	74.01	73.16	74.64	23.42	4.27
运城	53.09	50.40	58.38	65.38	63.75	64.24	65.65	67.60	71.04	71.68	18.59	3.39

续表

城市	2013年	2014年	2015年	2016年	2017年	2018年	2019年	2020年	2021年	2022年	2013~2022年增长幅度	年均增长率（%）
忻州	41.16	47.24	46.69	58.47	68.83	68.84	70.30	70.51	71.45	74.62	33.46	6.83
临汾	48.87	54.22	58.38	60.98	61.22	62.27	64.18	70.68	71.88	72.24	23.37	4.44
吕梁	50.73	55.00	55.39	59.15	62.06	62.53	65.92	67.33	72.96	72.58	21.85	4.06
均值	52.92	56.75	59.21	63.83	67.45	69.00	70.01	72.09	73.92	74.30	21.38	3.84
方差	7.37	6.85	6.38	4.92	4.68	4.65	3.58	3.24	2.15	1.72	-5.65	-14.93

资料来源：根据测度结果整理。

二　安徽省城市绿色发展指数比较分析

由表5-4可知，在安徽省16个城市中，除了宣城市之外，相对于2013年，2022年绿色发展指数均有所增长，不过增长幅度相差较大，淮南市以29.04的增幅成为安徽省唯一增幅超过20的城市。从均值来看，2013~2018年均值呈逐年上升趋势，2019年略微下降之后迅速恢复上升势头。2013年安徽省城市绿色发展指数的均值为65.40，高于均值的城市有合肥市、芜湖市、安庆市、黄山市、六安市、亳州市、宣城市7个城市；2022年，绿色发展指数低于均值的城市分别是蚌埠市、淮南市、马鞍山市、淮北市、铜陵市、安庆市和宿州市。通过对比可以发现，2013~2022年仅安庆市绿色发展指数从高于均值滑落至低于均值。

从年均增长率来看，2013~2022年安徽省城市绿色发展指数均值的年均增长率为1.61%，除了淮南市（5.68%）、铜陵市（2.23%）、滁州市（2.01%）、阜阳市（2.47%）、宿州市（2.08%）、池州市（2.70%）之外，其余城市的年均增长率均低于2%。排除绿色发展指数年均增长率为负值的宣城市，黄山市和合肥市年均增长率不足0.5%。从离散程度来看，2013~2022年安徽省城市绿色发展指数的方差尽管在2019年小幅上升，但整体上呈下降趋势，下降幅度为6.92，年均增长率为-17.20%，表明安徽省16个城市绿色发展水平的差距处于收敛状态。2013年和2022年安徽省城市绿色发展指数最高值和最低值的差额亦可证明，如2013年差额为39.64，而2022年差额缩小至5.16。

表5-4　2013~2022年安徽省城市绿色发展指数

城市	2013年	2014年	2015年	2016年	2017年	2018年	2019年	2020年	2021年	2022年	2013~2022年增长幅度	年均增长率（%）
合肥	73.90	74.31	75.71	74.52	75.60	75.81	75.65	74.84	76.34	76.67	2.77	0.41
芜湖	67.37	69.37	69.14	72.20	73.49	74.12	74.94	73.26	77.40	76.60	9.23	1.44
蚌埠	62.49	65.64	70.18	72.58	73.72	74.29	75.44	74.63	75.47	74.28	11.79	1.94
淮南	45.09	47.94	51.14	63.08	67.38	67.94	65.06	67.16	69.83	74.13	29.04	5.68
马鞍山	63.10	63.51	66.38	69.91	69.42	70.18	71.25	72.20	73.03	72.55	9.45	1.56
淮北	64.78	66.69	62.03	69.05	72.90	74.32	73.66	75.21	75.67	75.03	10.25	1.65
铜陵	59.59	63.46	65.41	72.22	73.55	72.19	65.85	72.42	72.55	72.65	13.06	2.23
安庆	67.82	69.19	69.97	72.19	73.85	73.06	73.28	73.21	75.32	75.23	7.41	1.16
黄山	74.97	75.98	76.17	76.36	76.10	76.87	77.09	77.85	78.10	77.71	2.74	0.40
滁州	64.25	64.89	67.28	69.78	72.92	73.45	76.18	72.65	74.78	76.86	12.61	2.01
阜阳	60.93	57.46	61.48	67.33	68.30	71.97	72.25	71.47	74.83	75.87	14.94	2.47
宿州	61.84	63.92	65.43	67.84	73.09	72.40	71.40	72.82	74.24	74.40	12.56	2.08
六安	65.62	67.24	70.05	73.75	74.73	75.02	73.84	73.99	76.29	76.61	10.99	1.74
亳州	69.13	66.74	66.84	69.83	67.66	70.67	70.96	73.37	75.41	76.16	7.03	1.08
池州	60.73	64.42	68.49	72.46	73.74	73.95	74.82	74.16	75.76	77.21	16.48	2.70
宣城	84.73	66.02	69.52	72.95	72.63	72.65	71.50	72.35	75.18	75.86	-8.87	-1.22
均值	65.40	65.42	67.20	71.00	72.44	73.06	72.70	73.22	75.01	75.49	10.09	1.61
方差	8.47	6.36	5.85	3.22	2.73	2.22	3.40	2.22	1.96	1.55	-6.92	-17.20

资料来源：根据测度结果整理。

三　江西省城市绿色发展指数比较分析

由表5-5可知，2022年江西省11个城市的绿色发展指数相对于2013

年均有不同幅度的提高，其中提高幅度最大的是赣州市，提高了 29.55。总体而言，2013~2022 年江西省 11 个城市的绿色发展指数尽管在个别年份出现波动，但总体上升的趋势均比较明显。就均值而言，2013~2022 年，江西省城市绿色发展指数的均值在 2014 年和 2015 年连续两年有所下降，2016 年强势反弹。2013 年江西省绿色发展指数高于均值的城市有南昌市、九江市、吉安市、宜春市、抚州市和上饶市；到 2022 年，绿色发展指数在均值以上的城市数量增加 1 个，不过 2013 年绿色发展指数处于均值之上的九江市、吉安市和上饶市，到 2022 年绿色发展指数滑落至均值之下。

从年均增长率来看，2013~2022 年绿色发展指数年均增长率最高的城市是赣州市，在 5%以上。从离散程度来看，2013~2022 年，江西省 11 个城市绿色发展指数的方差降低了 5.87，年均增长率为-16.26%。方差的下降走势并不平滑，2019 年之前方差处于快速下降的状态，2019 年之后方差则出现小幅波动。

表 5-5　2013~2022 年江西省城市绿色发展指数

城市	2013 年	2014 年	2015 年	2016 年	2017 年	2018 年	2019 年	2020 年	2021 年	2022 年	2013~2022 年增长幅度	年均增长率（%）
南昌	71.89	71.52	72.00	72.74	75.70	77.07	77.47	78.99	79.75	79.53	7.64	1.13
景德镇	61.90	61.55	62.47	70.13	80.28	76.35	77.86	79.31	79.45	79.45	17.55	2.81
萍乡	57.67	57.96	61.03	69.95	72.69	77.93	74.40	79.39	80.73	80.40	22.73	3.76
九江	65.61	61.71	61.25	71.71	72.73	72.80	75.35	75.32	76.40	74.82	9.21	1.47
新余	65.08	67.50	67.21	73.61	75.40	75.49	76.37	78.30	78.79	78.98	13.90	2.17
鹰潭	64.58	65.89	67.62	71.46	72.09	68.70	77.12	75.84	76.83	78.69	14.11	2.22
赣州	48.30	50.85	53.81	61.41	73.28	75.54	77.02	76.74	77.43	77.85	29.55	5.45
吉安	69.52	69.27	69.80	72.35	72.97	72.01	75.73	75.80	76.90	77.06	7.54	1.15
宜春	66.37	65.68	59.47	63.61	70.99	73.92	77.21	76.88	78.27	78.42	12.05	1.87
抚州	73.77	73.02	71.15	73.19	75.41	75.70	77.82	78.64	79.28	79.07	5.30	0.77
上饶	72.24	71.33	69.62	64.68	67.22	69.85	73.63	75.64	77.29	78.06	5.82	0.86
均值	65.18	65.12	65.04	69.53	73.52	74.12	76.36	77.35	78.28	78.39	13.21	2.07
方差	7.36	6.67	5.79	4.26	3.28	2.97	1.42	1.60	1.42	1.49	-5.87	-16.26

资料来源：根据测度结果整理。

四 河南省城市绿色发展指数比较分析

由表5-6可知，相对于2013年，2022年河南省17个城市绿色发展指数均有所提高，不过不同城市的提高幅度差异较大。例如，绿色发展指数增幅最大的城市是开封市，达到29.95，另有南阳市、安阳市和鹤壁市绿色发展指数增长幅度高于20。尽管2013~2022年河南省各城市绿色发展指数有不同的变动轨迹，但在整体上均呈现增长趋势。从均值来看，2019年及之前，河南省城市绿色发展指数的均值处于持续上升的态势，2019年之后则呈现波动变化状态。2013年，绿色发展指数高于均值的城市有郑州市、洛阳市、濮阳市、许昌市、漯河市、信阳市、周口市和驻马店市；相应地，2022年绿色发展指数高于均值的城市数量达到10个，不过2013年高于均值的郑州市、许昌市、漯河市和周口市不在其中。

从年均增长率来看，2013~2022年河南省绿色发展指数年均增长率最高的城市是开封市（5.56%），其次是南阳市（4.35%）、安阳市（3.65%）、鹤壁市（3.43%）和平顶山市（3.17%），其他城市年均增长率均在3%以下。从离散程度来看，2013~2022年河南省城市绿色发展指数的方差先呈扩大趋势，在2014年达到最高值后开始下降，直至2019年降到最低值后开始反弹。尽管相对于2013年，2022年河南省城市绿色发展指数的离散程度下降，但绿色发展指数的最高值和最低值之间仍相差16.55。

表5-6 2013~2022年河南省城市绿色发展指数

城市	2013年	2014年	2015年	2016年	2017年	2018年	2019年	2020年	2021年	2022年	2013~2022年增长幅度	年均增长率（%）
郑州	65.08	70.07	70.71	74.93	74.00	74.83	75.16	75.23	76.10	73.68	8.6	1.39
开封	47.75	50.40	62.87	67.97	71.20	72.42	76.17	72.74	77.59	77.70	29.95	5.56
洛阳	63.75	68.17	67.43	72.89	74.70	76.06	75.36	75.97	76.85	77.14	13.39	2.14
平顶山	57.52	62.82	63.49	73.57	72.86	73.44	74.44	74.23	75.60	76.15	18.63	3.17
安阳	54.51	56.83	65.82	70.76	73.51	73.82	74.46	74.19	75.52	75.28	20.77	3.65

续表

城市	2013年	2014年	2015年	2016年	2017年	2018年	2019年	2020年	2021年	2022年	2013~2022年增长幅度	年均增长率(%)
鹤壁	57.16	56.77	61.23	68.23	70.60	71.67	72.29	74.19	78.07	77.43	20.27	3.43
新乡	59.59	59.21	61.91	69.98	69.52	70.12	71.43	72.08	73.75	72.53	12.94	2.21
焦作	59.51	58.97	61.77	68.57	71.40	72.50	74.20	69.25	72.72	74.34	14.83	2.50
濮阳	62.36	65.68	63.93	68.05	71.93	72.76	73.90	73.79	74.16	75.69	13.33	2.18
许昌	66.51	69.27	68.83	69.14	74.73	74.99	75.21	74.73	75.45	74.04	7.53	1.20
漯河	68.23	67.39	74.70	75.28	73.16	73.45	75.57	73.48	75.60	74.51	6.28	0.98
三门峡	59.15	62.89	59.81	73.28	72.84	73.20	73.62	76.19	76.95	76.52	17.37	2.90
南阳	51.59	55.52	58.76	70.15	71.72	72.23	75.43	75.30	78.01	75.68	24.09	4.35
商丘	59.99	68.76	68.82	72.30	73.74	73.74	73.15	72.98	73.51	62.54	2.55	0.46
信阳	65.25	70.69	68.74	71.00	70.11	75.69	77.07	77.66	78.96	77.64	12.39	1.95
周口	66.48	67.33	68.29	71.73	72.29	72.51	73.82	73.86	73.06	70.10	3.62	0.59
驻马店	65.46	67.09	67.99	73.74	75.50	76.78	76.86	77.20	78.79	79.09	13.63	2.12
均值	60.58	63.40	65.59	71.27	72.58	73.54	74.60	74.30	75.92	74.71	14.13	2.36
方差	5.68	6.07	4.32	2.43	1.70	1.70	1.51	2.00	2.00	3.82	-1.86	-4.31

资料来源：根据测度结果整理。

五　湖北省城市绿色发展指数比较分析

由表5-7可知，与2013年相比，2022年湖北省12个城市的绿色发展指数均有不同幅度的增长，尤其是荆州市和黄冈市，增长幅度分别为25.29和24.57。通过观察可以发现，绿色发展指数增长幅度与2013年各城市的绿色发展指数高低相关联。例如，2013年武汉市和十堰市的绿色发展指数处于高位，增长幅度反而较小。从变化趋势来看，2013~2022年湖北省各城市的绿色发展指数虽在不同年份有增有减，但在整体上均呈上升趋势。从均值来看，湖北省各城市绿色发展指数均值在前期和后期的增长均较为平缓，但中期的2015~2018年有大幅度的增长，从2015年的63.02提升至2018年的72.33。2013年，湖北省各城市中，绿色发展指数高于均值的有武汉市、十堰市、宜昌市、襄阳市、荆门市、咸宁市和随州市；到 2022 年，绿色发展指数超过均值的城市仅有十堰市、襄阳市、鄂州市、黄冈市和随州市，2013 年绿色发展指数在均值以上的武汉市、宜昌市、荆门市、咸宁市，到 2022 年绿色发展指数均低于均值。

从年均增长率来看，湖北省绿色发展指数增长最快的是荆州市和黄冈市，年均增长率均在 4%以上。此外，仅有黄石市的年均增长率处于 3%~4%区间，其他 9 个城市年均增长率均在 3%以下。武汉市和十堰市的绿色发展指数年均增长率甚至低于 1%，分别仅为 0.55%和 0.70%。从离散程度来看，湖北省各城市绿色发展指数的方差总体处于下降态势，从 2013 年的 7.58 下降至 2022 年的 1.43，年均增长率为-16.92%。不过，2013~2022 年，湖北省各城市绿色发展指数方差的呈波动变动态势。相应地，湖北省各城市绿色发展指数最高值与最低值的差距由 2013 年的 23.16 缩小为 2022 年的 4.75。

表 5-7　2013~2022 年湖北省城市绿色发展指数

城市	2013 年	2014 年	2015 年	2016 年	2017 年	2018 年	2019 年	2020 年	2021 年	2022 年	2013~2022 年增长幅度	年均增长率（%）
武汉	70.47	70.85	73.98	75.66	70.73	73.64	73.57	75.20	75.52	74.04	3.57	0.55
黄石	55.65	57.99	60.22	67.62	68.26	69.71	70.28	71.05	72.51	72.59	16.94	3.00
十堰	71.38	68.75	65.08	71.86	71.55	74.51	75.61	76.15	76.50	76.03	4.65	0.70
宜昌	63.48	66.83	65.66	73.04	73.26	73.41	71.94	72.16	75.10	73.93	10.45	1.71
襄阳	63.75	62.41	62.43	67.05	72.39	72.63	74.16	76.18	77.00	77.34	13.59	2.17
鄂州	59.04	59.18	59.48	65.75	67.40	73.38	74.52	73.83	74.84	75.86	16.82	2.82
荆门	65.85	66.75	65.12	71.16	73.60	74.88	73.08	72.79	72.87	74.82	8.97	1.43
孝感	58.30	54.85	58.23	61.99	71.17	70.56	71.45	72.54	72.00	74.31	16.01	2.73
荆州	48.22	52.83	52.25	67.52	68.58	69.12	70.28	69.06	70.33	73.51	25.29	4.80
黄冈	51.24	56.22	53.51	63.22	67.33	70.66	70.72	71.21	71.89	75.81	24.57	4.45
咸宁	66.59	67.67	69.08	71.80	71.39	72.23	72.72	73.28	74.15	73.86	7.27	1.16
随州	69.91	71.94	71.25	67.72	74.20	73.28	74.70	74.89	76.28	76.65	6.74	1.03
均值	61.99	63.02	63.02	68.70	70.82	72.33	72.75	73.20	74.08	74.90	12.91	2.12
方差	7.58	6.61	6.68	4.08	2.41	1.89	1.82	2.18	2.13	1.43	-6.15	-16.92

资料来源：根据测度结果整理。

六　湖南省城市绿色发展指数比较分析

由表 5-8 可知，2022 年湖南省 13 个城市绿色发展指数相比于 2013 年均有所提升，尤其是张家界市和娄底市的绿色发展指数增长幅度较大，分别为 22.76 和 20.04。从均值来看，2013 年，湖南省有长沙市、株洲市、湘潭市、岳阳市、常德市、益阳市、郴州市和永州市 8 个城市绿色发展指数超过均值；到 2022 年，绿色发展指数超过均值的城市降为 6 个，湘潭市、常德市、益阳市和永州市落入均值以下，而衡阳市绿色发展指数达到均值以上。

从年均增长率来看，湖南省绿色发展指数年均增长率最高的城市是张家界市，年均增长率高达 4.16%。除了张家界市之外，绿色发展指数年均增长率超过 3%的城市有衡阳市和娄底市。从离散程度来看，相对于 2013 年，2022 年湖南省各城市绿色发展指数的方差大幅度下降，而且年均增长速度为-14.21%，表明各城市之间的绿色发展指数差异有所收敛。

表 5-8　2013~2022 年湖南省城市绿色发展指数

城市	2013年	2014年	2015年	2016年	2017年	2018年	2019年	2020年	2021年	2022年	2013~2022年增长幅度	年均增长率（%）
长沙	71.17	72.44	71.68	72.27	73.69	75.72	76.02	74.75	71.77	79.08	7.91	1.18
株洲	64.24	70.80	70.57	73.04	74.08	74.93	75.73	75.76	74.83	76.22	11.98	1.92
湘潭	65.66	67.87	68.73	71.80	75.06	76.17	74.33	74.55	74.98	75.39	9.73	1.55
衡阳	57.96	59.49	59.14	62.46	69.33	71.33	71.44	75.62	75.97	76.56	18.60	3.14
邵阳	58.19	61.68	61.97	70.14	71.04	71.68	74.36	74.84	76.04	75.88	17.69	2.99
岳阳	66.21	67.35	65.80	68.47	71.88	71.70	72.30	73.48	75.25	76.31	10.10	1.59
常德	67.28	69.20	72.44	74.07	76.50	76.35	77.87	77.51	73.97	75.08	7.80	1.23
张家界	51.41	62.97	64.15	70.22	73.61	74.73	75.28	72.83	74.23	74.17	22.76	4.16
益阳	61.85	73.38	65.05	69.63	70.19	72.83	74.36	74.43	75.59	75.73	13.88	2.28
郴州	64.04	65.83	70.24	75.47	76.08	73.98	76.38	76.57	77.41	77.46	13.42	2.14
永州	64.05	66.69	70.02	72.35	72.15	73.61	73.57	73.53	74.97	75.32	11.27	1.82
怀化	57.96	60.63	60.14	69.86	71.66	72.39	72.68	72.09	73.70	74.23	16.27	2.79
娄底	53.84	65.86	56.55	67.90	72.46	72.60	72.60	73.02	73.51	73.88	20.04	3.58
均值	61.84	66.48	65.88	70.59	72.90	73.69	74.38	74.54	74.79	75.79	13.95	2.29
方差	5.64	4.39	5.22	3.28	2.18	1.76	1.85	1.56	1.40	1.42	-4.22	-14.21

资料来源：根据测度结果整理。

七 中部地区80个城市绿色发展指数比较分析

由表 5-9 可知，2013~2022 年中部地区 80 个城市绿色发展指数的均值呈现持续提高的趋势，从 2013 年的 61.54 提高至 2022 年的 75.52，增长幅度为 13.98，年均增长率为 2.30%。不过，从绿色发展指数均值的变动轨迹来看，在 2017 年及之前，绿色发展指数均值的年度增长幅度相对较大，而在 2017 年后均值的年度增长幅度较小，尤其是 2022 年，相比 2021 年增长幅度仅为 0.19。从最小值来看，中部地区 80 个城市绿色发展指数的最小值在 2013~2022 年也实现大幅度增长，增长幅度为 21.38，年均增长率为 4.76%，远高于均值。与均值和最小值不同的是，2022 年中部地区 80 个城市绿色发展指数的最大值小于 2013 年的最大值，而且 2013~2022 年最大值呈现波动变化趋势。不过，中部地区 80 个城市绿色发展指数的最大值和最小值之间的差额在整体上呈现下降态势，而且在 2016 年及之前差额的下降幅度较大，在此之后差额下降幅度收窄。就离散程度而言，2013~2022 年中部地区 80 个城市绿色发展指数的方差下降趋势明显，从 2013 年的 7.88 下降至 2022 年的 2.50，下降幅度为 5.38，表明城市之间的绿色发展指数差异趋于收敛，而且在 2017 年后，收敛速度开始减慢。

表 5-9　2013~2022 年中部地区 80 个城市绿色发展指数描述性统计

变量	2013 年	2014 年	2015 年	2016 年	2017 年	2018 年	2019 年	2020 年	2021 年	2022 年
均值	61.54	63.57	64.62	69.46	71.76	72.74	73.52	74.07	75.33	75.52
最小值	41.16	47.24	46.69	58.34	61.22	62.27	64.18	67.16	69.83	62.54
最大值	84.73	75.98	76.17	76.36	80.28	77.93	77.87	79.39	80.73	80.40
最大值与小值差额	43.57	28.74	29.48	18.02	19.06	15.66	13.69	12.23	10.9	17.86
方差	7.88	6.68	6.03	4.29	3.36	2.98	2.99	2.60	2.28	2.50

资料来源：根据测度结果整理。

八 中部地区省会城市绿色发展指数比较分析

由表 5-10 可知，相对于 2013 年，2022 年中部地区省会城市绿色发展指数均有所增长，其中增长幅度最大的是太原市，其次是郑州市、长沙市和南昌市，增长幅度均在 5 以上，而合肥市和武汉市的增长幅度在 5 以下。从整体来看，2013~2022 年省会城市绿色发展指数的变动虽各有差异，但总体均呈增长趋势。从均值来看，2013~2022 年中部地区省会城市绿色发展指数的均值表现出持续增长的态势，不过与 2018 年及之前相比，2018 年后的增长速度放缓。2013 年绿色发展指数低于均值的省会城市有郑州市（65.08）和太原市（66.15），2022 年低于均值的省会城市同样为 2 个，分别是郑州市（73.68）和武汉市（74.04）。

从年均增长率来看，2013~2022 年中部地区省会城市绿色发展指数年均增长率最高的是太原市（1.69%），其次是郑州市（1.39%）和长沙市（1.18%）。从离散程度来看，相比于 2013 年的方差 3.44，2022 年中部地区省会城市绿色发展指数的方差下降了 0.99，省会城市指数差异出现一定程度的收敛。

表 5-10　2013~2022 年中部地区省会城市绿色发展指数

城市	2013 年	2014 年	2015 年	2016 年	2017 年	2018 年	2019 年	2020 年	2021 年	2022 年	2013~2022 年增长幅度	年均增长率（%）
太原	66.15	69.52	70.16	72.85	73.69	75.14	76.29	77.04	77.72	76.89	10.74	1.69
合肥	73.90	74.31	75.71	74.52	75.60	75.81	75.65	74.84	76.34	76.67	2.77	0.41
南昌	71.89	71.52	72.00	72.74	75.70	77.07	77.47	78.99	79.75	79.53	7.64	1.13
郑州	65.08	70.07	70.71	74.93	74.00	74.83	75.16	75.23	76.10	73.68	8.60	1.39
武汉	70.47	70.85	73.98	75.66	70.73	73.64	73.57	75.20	75.52	74.04	3.57	0.55
长沙	71.17	72.44	71.68	72.27	73.69	75.72	76.02	74.75	71.77	79.08	7.91	1.18
均值	69.78	71.45	72.37	73.83	73.90	75.37	75.69	76.01	76.20	76.65	6.87	1.05
方差	3.44	1.74	2.10	1.39	1.80	1.14	1.30	1.68	2.65	2.45	-0.99	-3.70

资料来源：根据测度结果整理。

第三节　中部地区六省绿色发展政策措施梳理

良好的生态环境本质上具有公共产品的属性，如果没有政府的干预和约束，必然会产生“公地悲剧”。不仅如此，现阶段我国社会主要矛盾是人民日益增长的美好生活需要和不平衡不充分的发展之间的矛盾，而绿色发展是高质量发展的底色，关乎人民美好生活的质量和福祉。因此，推动绿色发展，政府不可缺位。本节将对新时代以来中部六省政府出台的主要政策措施进行相应的梳理。

一　山西省绿色发展政策

2013~2016 年，山西省绿色发展主要聚焦基础环境治理，政策文件的核心目标是应对环境污染的严峻形势。如山西省政府于 2013 年发布了《山西省加快发展节能环保产业实施方案》，强调了科技创新和技术装备的重要性，将节能环保产业作为新的经济增长点。在污染防治方面，2016 年发布的《山西省“十三五”环境保护规划》聚焦污染防治、生态保护和环保能力建设，同时强化法规和标准，推动绿色金融体系的建立。

进入“十三五”时期，山西省绿色发展进入了综合治理与结构优化阶段。在《山西省“十三五”环境保护规划》基础上，山西省分别在 2019 年和 2020 年发布《山西省绿色制造 2019 年行动计划》和《山西省打赢蓝天保卫战 2020 年决战计划》，前者明确了绿色制造体系的构建目标，包括资源利用效率的提升和污染物排放的减少，同时推动绿色工厂和园区的建设；后者提出了具体的约束性和争取性指标，通过产业结构调整和清洁能源替代等方式精准治污和综合施策，以改善重点区域的空气质量。

“十四五”时期，山西省绿色发展政策更加强调全面绿色发展和生态经济建设，并在《山西生态省建设规划纲要（2021—2030 年）》中搭建了一个绿色发展的系统性框架，涵盖生态空间、经济发展、环境建设、人居建设、文化建设和治理体系等方面，为山西省的生态文明建设提供了长远指导。在这一阶段，政策内容不仅关注传统的污染治理，还涉及产业结构调整和能源结构优化。山西积极推动产业结构转型和能源结构优化，出台政策压减煤炭产能、优化煤炭产业布局，并大力发展新能源和可再生能源，提升绿色产业占比。同时，山西省加强了生态修复，以“两山七河一流域”为重点区域，开展综合治理工程，为生态保护和恢复提供新动力。为贯彻落实《关于全面推进美丽中国建设的意见》，2024 年山西省发布《关于全面推进美丽山西建设的实施意见》，明确了建设美丽山西的总体要求、目标和具体任务，提出到 2027 年，绿色低碳发展水平不断提升，重点区域生态环境改善，美丽山西建设取得积极进展；到 2035 年，绿色低碳生产生活方式广泛形成，生态环境根本好转，美丽山西基本建成。

山西省自 2013 年以来的绿色发展政策演变，体现了从单一污染治理到系统性绿色经济发展的逐步深化。相应的，政策内容从污染防治、资源管理，发展到综合治理、结构优化，再到生态文明建设和全面绿色发展。随着绿色低碳循环经济体系的逐步完善，未来山西省有望在实现经济高质量发展的同时，显著提升生态环境质量，达到人与自然和谐共生的目标。

二　安徽省绿色发展政策

2013 年以来，安徽省先后发布了《生态强省建设 2013 年工作要点》和《安徽省 2014—2015 年节能减排低碳发展行动方案》，提出“十二五”节能减排需要完成的约束性指标。主要内容包括加强重点行业节能减排及生态环境治理、推进污染物减排、发展低碳经济及绿色经济、优化空间布局、生态保护和生态文明建设、建立长效机制与政策保障、深化区域合作与科技创新等。这些措施明确了生态建设的重点任务和具体措施，构建了全省生态文明建设的基本框架。随后，安徽省绿色发展政策不断深化，逐步构建全面绿色发展的新模式。一方面，引入绿色发展的新理念，提出全面建设生态文明的目标。在“十三五”期间，做到坚持创新、协调、绿色、开放、共享的新发展理念，推动资源节约型和环境友好型社会建设，争取在国土空间开发格局、资源利用效率、生态环境质量等方面取得重大进展。另一方面，政策实施逐步细化，确定环境保护和节能减排的具体目标，以提升环境质量，全面提高能源利用效率。

近年来，随着国家碳达峰碳中和目标的确立，安徽省积极响应号召，出台相关绿色政策，提出到2030年实现碳达峰、2060年实现碳中和的目标。围绕重点行业实施绿色升级工程、城镇绿色节能改造、交通物流节能减排，完善能耗双控制度，以系统工程为依托，覆盖广泛的绿色发展领域，构建清洁低碳、安全高效的能源体系，优化经济结构，实现节能减排目标，推动绿色转型，最终从能源、经济、交通、城乡建设等方面推进碳达峰碳中和。当前应用人工智能已成趋势，安徽省也在不断推动数字化与绿色化相结合，引导制造业转型升级，主要任务包括推进“数字领航”链接工程、推动中小企业数字化普及、促进区域数字化转型、建设“行业大脑”和工业互联网平台、提升制造业品质品牌和绿色制造协同升级等，以实现制造业高端化、智能化、绿色化发展。为推进生态强省和美丽安徽建设，《2024年安徽省生态环境工作要点》聚焦持续打好蓝天、碧水、净土保卫战，强化生态修复与保护，推动绿色低碳转型，加强固体废物和新污染物治理，深化新能源和节能环保产业发展，严格防控环境风险，健全现代环境治理体系，以高水平保护支撑高质量发展。

总而言之，安徽省绿色发展政策从初期的环境治理到全方位的生态文明建设，再到系统性的碳达峰与碳中和目标，内容逐步细化，涵盖资源利用、污染防治、绿色产业发展、科技创新等多个方面，从单一措施到系统性策略，从传统治理手段到数字化、智能化推动的绿色转型。

三　江西省绿色发展政策

2013年以来，江西省在绿色发展方面实施了一系列政策，推动经济的可持续发展和环境保护，逐步构建完善的生态文明体系。2013年江西省发布《加快发展节能环保产业二十条政策措施》，旨在加快节能环保产业发展，注重引导市场绿色消费和技术创新，如强调节能产品认证和新能源汽车推广等，初步确立了江西省绿色产业发展基础。2016年江西省发布《江西工业绿色发展三年行动计划（2016—2018 年）》，提出到 2018 年要有效提高工业能源利用效率和降低污染物排放量，对重点行业和重点领域实施绿色改造，如建设绿色工厂和工业园区、开展燃煤锅炉专项整治行动等。这些举措一方面涉及工业生产过程的绿色化，另一方面涵盖产品全生命周期的绿色管理，预示着江西省绿色工业和绿色制造体系的系统性构建。

进入“十四五”时期，江西省绿色发展政策逐渐聚焦碳达峰碳中和目标的实现，以及绿色低碳经济的发展。2021 年的《江西省“十四五”工业绿色发展规划》和 2022 年的《江西省碳达峰实施方案》均提出了实现碳达峰的具体目标和措施，并在 2022 年发布的《江西省“十四五”节能减排综合工作方案》中提出节能减排目标量，以辅助碳达峰碳中和目标的实现。为规范生态环境行政处罚自由裁量权的行使，确保行政处罚的公正性和透明度，江西省于 2023 年印发《江西省生态环境行政处罚自由裁量权基准规定（2023）》。2024 年江西省发布《江西省打造国家生态文明建设高地三年行动计划（2024—2026 年）》，提出全面深化国家生态文明试验区建设、加快实施发展方式绿色转型、重点领域碳达峰、生态环境质量提升、重要生态系统保护、生态产品价值实现、生态文明体制改革深化、生态文化培育等，明确到 2026 年，生态环境质量持续稳中向好、绿色低碳循环发展经济体系初步形成、生态产品价值实现制度全面建立的具体目标。

由此可见，江西省的绿色发展政策逐步从节能环保措施扩展到系统性的绿色发展模式，且政策内容表现出明显的连续性，每项新发布的政策都在前一项政策的基础上进一步深化和完善。此外，绿色发展政策的制定亦更为强调政府、市场和社会的协同作用，科技创新和金融支持的重要性，以及政策执行监管机制建立的必要性。

四　河南省绿色发展政策

2013 年河南省发布《河南省“十二五”节能环保产业发展规划》和《河南生态省建设规划纲要》，强调了产业技术升级和自主创新能力的重要性，系统规划了河南的生态建设，提出了建设资源节约型和环境友好型社会的目标，通过划定生态保护红线区、生态功能区和生态脆弱区，为绿色产业发展和生态文明建设奠定了基础。2017 年河南省发布化解过剩产能攻坚方案、推进企业技术改造和产业转型升级方案、促进民间投资发展方案、推动园区经济发展方案和加强企业管理提升方案，旨在优化产业结构、提升企业竞争力、促进经济高质量发展，标志着河南省绿色发展政策的深化。

“十四五”期间，河南省出台《河南省“十四五”现代能源体系和碳达峰碳中和规划》《河南省“十四五”生态环境保护和生态经济发展规划》《河南省“十四五”节能减排综合工作方案》等系列文件，系统推进绿色低碳经济发展。河南省以生态文明制度改革为驱动，构建绿色低碳的现代能源、生产、流通和消费体系；同时，明确节能减排的主要目标和重点任务，组织实施碳达峰碳中和、黄河流域生态环境保护等系列行动，通过综合施策实现生态环境和经济发展双赢。2023 年河南省发布《河南省推动生态环境质量稳定向好三年行动计划（2023—2025年）》，计划围绕城市空气质量提升、交通运输清洁化、能源低碳发展、工业升级改造、黑臭水体消除、美丽幸福河湖建设、南水北调水质保障、农业绿色发展、生态环境问题整治及监管能力提升等“十大行动”，推动绿色低碳转型，强化生态治理，助力美丽河南建设。为全面推进美丽河南建设，加快建设人与自然和谐共生的现代化河南，2024 年河南省印发《关于全面推进美丽河南建设的实施意见》，聚焦绿色低碳转型、污染防治攻坚、生态系统功能提升、生态安全保障等重点任务，提出深入打好蓝天、碧水、净土保卫战，筑牢生态安全屏障，推进生态产品价值实现，强化全民行动，健全保障体系等举措。

简而言之，河南省绿色发展政策从关注节能环保产业发展，转变为全面的绿色低碳经济体系建设，涵盖了产业、能源、环境、经济等多个方面，具有系统性、全面性、前瞻性和创新性。通过产业升级、技术创新、能源转型、环境治理等方面的政策措施，河南省有效推动了经济产业的绿色发展与转型。

五 湖北省绿色发展政策

2013年湖北省初步提出发展低碳经济的主要任务和保障措施，并于2014年在《关于大力推进绿色发展的决定》中明确了到2020年提升生态环境质量和资源利用效率、基本建立生态文明制度体系的总目标，强调了生态保护与修复、资源节约与利用和绿色产业发展的重要性，为日后湖北省绿色发展的深化奠定了一定的基础。2016年之后，湖北省绿色发展政策关注点转移到对石化等重点行业的转型升级上，发布了《促进全省石化产业转型升级绿色发展的实施方案》，明确提出到2020年实现石化产业绿色发展、质效提升和结构优化的目标，同时在技术改造和安全生产等方面制定新标准。2017年，湖北省以区域为重点推进生态保护，并结合长江经济带发展实际，确立了长江经济带生态保护的目标，实施水污染防治和生态保护措施，推动供给侧结构性改革，加强生态修复与保护，通过多项措施推动长江经济带可持续发展。

在“十四五”时期，湖北省秉承之前的政策，发布《湖北省长江经济带绿色发展“十四五”规划》，进一步推动长江经济带绿色可持续的高质量发展。文件指出，要建设绿色发展示范区，完善绿色制造体系，强化区域绿色发展合作机制，系统规划了“十四五”期间长江经济带的绿色发展路径，强调区域协同。同时，湖北省确立绿色低碳循环发展的指导思想和措施，注重法治与科技融合发展，系统性推动经济结构优化与绿色发展。2022年《湖北省能源发展“十四五”规划》提出，到2035年完成能源高质量发展的目标，聚焦能源结构优化，形成多元化和创新驱动的能源体系。2023年，《湖北省化工产业转型升级实施方案（2023—2025年）》提出了化工产业的转型升级目标，通过实施龙头企业再造和集群突破，注重产业质量变革和数字化转型，从而推进化工产业绿色发展。《2024年全省生态环境工作要点》聚焦绿色低碳高质量发展、流域综合治理、污染防治攻坚、美丽湖北建设、现代环境治理体系建设等重点领域，提出通过强化生态环保督察、推进碳市场建设、实施“无废城市”建设、深化跨区域协作等举措，提升基层生态环境治理水平，筑牢生态安全底线，为建设人与自然和谐共生的美丽湖北奠定坚实基础。

湖北省绿色发展政策重心从低碳发展目标逐步转向综合性的绿色低碳循环经济体系建设，政策内容从产业结构调整和节能减排扩展到多领域的绿色转型。此外，湖北省依据现实情况，因地制宜地提出长江经济带生态保护和绿色发展规划，体现了湖北省区域发展的特定需求和战略定位。同时，湖北省绿色发展政策也强调了数字化转型和流域综合治理等方面，彰显了政策的前瞻性和开放性。

六 湖南省绿色发展政策

2013 年以来，湖南省积极响应国家绿色发展战略，在推动绿色发展方面制定了一系列政策措施，形成了以节能减排、绿色制造、生态保护和低碳发展为核心的政策体系，推动经济发展与生态环境保护协同并进。2014 年湖南省发布《湖南省 2014—2015 年节能减排低碳发展行动方案》，主要围绕节能减排低碳发展，在明确节能减排和低碳发展具体目标的同时，提出了财政、税收和技术推广等政策措施，以促进经济结构优化和生态环境改善，为绿色发展奠定基础，强调政策支持和技术推动的作用。“十三五”时期，湖南省不断深化绿色发展政策的内涵，对重点领域进行突破，从不同方面推进湖北的绿色发展。如 2017 年，《湖南省“十三五”节能规划》和《湖南省绿色制造体系建设实施方案》分别从节能减排和绿色制造两个维度，提出能源产业结构调整、绿色技术创新推广、产业链和产品全生命周期绿色发展等任务，旨在提升能源效率和系统性构建绿色制造体系，以促进制造业绿色升级。2020 年湖南省发布《绿色制造体系建设实施方案》，提出建设 100 家绿色工厂和 10 家绿色园区、开发绿色产品的具体目标，深化绿色制造体系建设，以实现环境与经济双赢的政策导向。

近年来，湖南省绿色发展政策进入创新与深化的多领域融合发展阶段，探索创新在绿色发展中的作用。2022 年《湖南省制造业绿色低碳转型行动方案（2022—2025 年）》提出到 2025 年制造业绿色低碳转型取得显著成效的目标，并提出通过政策支持、技术创新和市场机制等措施推动资源利用效率的提升和污染排放的减少。同年，《湖南省碳达峰实施方案》提出到2030年系统推进碳排放峰值稳中有降的目标，通过优化产业结构、调整能源结构和提供财政与金融支持等措施推动碳达峰行动。2023年《湖南省大气污染防治“守护蓝天”攻坚行动计划（2023—2025年）》发布，旨在通过优化能源、产业、运输结构，强化重点行业污染深度治理，以减少重污染天气和解决突出大气环境问题为重点，推动全省空气质量持续改善。2024年湖南省出台《关于全面推进美丽湖南建设的实施意见》，聚焦绿色低碳转型、污染防治攻坚、生态系统保护、生态安全保障等重点任务，提出优化国土空间开发保护格局、推进碳达峰碳中和、加强生态系统修复、建设美丽城市和乡村等举措，为实现高质量发展提供有力支撑。

综合来看，湖南省对绿色制造、碳达峰的实现路径进行了全面而深入的战略布局和实践探索。政策目标从初期的节能减排和低碳发展，逐步转向综合性的绿色低碳循环经济体系建设，并通过多领域的综合措施推动绿色发展。

ℤ.6

中国中部地区开放发展的综合评价与比较分析

高质量开放发展是国家经济高质量发展的重要方面，也是实现区域经济一体化、提升资源配置效率、推动地区经济高速增长的重要引擎。评估中部地区的开放发展水平，不仅能够全面了解中部六省在对外开放方面的现状及优势，还能识别现存的不足，对于制定更加科学合理的发展战略、推动地区经济社会的全面进步、扩大高水平对外开放、持续打造更具竞争力的内陆开放高地，具有重要的理论与实践价值。

第一节　中部地区开放发展概述

一　开放发展历程

总体来看，我国对外开放经历了三个大的发展阶段。

第一阶段是1978~2000年。1978年12月18~22日召开的党的十一届三中全会开始实行对内改革、对外开放的政策，开启了我国改革开放的伟大历程，为中国现代化建设提供了强有力的保障。1979年7月，中共中央、国务院同意在广东省的深圳、珠海、汕头三市和福建省的厦门市试办出口特区。1980年5月，中共中央和国务院决定将深圳、珠海、汕头和厦门四个出口特区改称为经济特区。经济特区建设取得积极进展后，党中央于1984年决定开放大连等14个港口城市，并在这些城市设立经济技术开发区，实行经济特区的部分政策。随后从1985年起，我国相继在长江三角洲、珠江三角洲、闽东南地区和环渤海地区设立经济开发区，并于 1988 年设立海南经济特区。至此，我国已初步形成沿海开放经济带。1992 年 10 月召开的党的十四大宣布新时期最鲜明特点是改革开放。1993 年通过的《中共中央关于建立社会主义市场经济体制若干问题的决定》明确提出，“继续推进经济特区、沿海开放城市、沿海开放地带，以及沿边、沿江和内陆中心城市的对外开放，充分发挥开放地区的辐射和带动作用”“鼓励中、西部地区吸收外资开发和利用自然资源，促进经济振兴”“统筹规划，认真办好经济技术开发区、保税区，形成既有层次又各具特点的全方位开放格局”。

第二阶段是 2001~2012 年。2001 年 12 月 11 日，《中国加入世贸组织议定书》正式生效，中国成为世贸组织第 143 个成员，标志着中国改革开放进入了历史新阶段。2008 年，国务院提出建设全国第一个国际区域经济合作区——广西北部湾经济区。2011 年 5 月 1 日起，汕头经济特区范围扩大至全市。在近一年的时间里，深圳、厦门、珠海、汕头等中国最早的四个经济特区都扩大了范围。

第三阶段是 2013 年至今。2013 年 9 月 29 日，中国（上海）自由贸易试验区的设立，拉开了我国新一轮对外开放的序幕。2013 年 9 月和 10 月，中国国家主席习近平先后向世界发出建设丝绸之路经济带和 21 世纪海上丝绸之路的合作倡议，旨在充分依靠中国与有关国家既有的双多边机制，借助既有的、行之有效的区域合作平台和历史符号，积极发展与共建国家和地区的经济合作伙伴关系。2015 年 10 月党的十八届五中全会上，习近平总书记提出了创新、协调、绿色、开放、共享的新发展理念，强调开放发展注重的是解决发展内外联动问题。2015 年 12 月国际货币基金组织正式宣布，2016 年 10 月 1 日起人民币加入国际货币基金组织特别提款权（即“SDR 货币篮子”）。人民币由此成为与美元、欧元、英镑和日元并列的第五种国际储备货币，是我国货币和金融体系改革开放的里程碑。2017 年 5 月，首届“一带一路”国际合作高峰论坛在北京举行。2020 年 5 月 14 日，我国首次提出“构建国内国际双循环相互促进的新发展格局”，将我国开放型经济推向更高层次。

经过四十多年对外开放的伟大实践，我们走出了一条具有中国特色的开放发展道路，积累了一系列在实践中得到检验的正确发展经验。在全球化的浪潮中，开放发展已成为推动世界各国经济增长和社会进步的关键动力。随着国际分工的深入和世界经济一体化程度的提高，各国之间的相互依存性日益增强。在这一背景下，开放发展战略的实施对于任何国家来说都不再是一个选择，而是一种必然。对于各个区域来说，开放发展也是促进区域产业协调、经济高质量发展的必然选择。

二　中部地区开放发展指标特征分析

1. 对外贸易规模

中部地区包括河南、湖北、湖南、安徽、江西和山西 6 个省份，各地区在外贸领域的突出表现不仅对本地区的经济发展起到了至关重要的推动作用，也在全国外贸格局中扮演不可或缺的角色。近年来，中部地区的外贸增长出现一定的波动，同时中部地区的贸易结构也呈现一定的特点。2022 年，中部六省的贸易依存度为 13.5%，低于全国平均水平 21 个百分点，低于东部地区 36 个百分点，开放水平不高的短板依然突出①。同时，中部地区还存在服务贸易规模较小、服务贸易占比较低的问题。进出口贸易数据显示，2013 年中部地区贸易进出口总额为 2195.69 亿美元。到 2022 年，中部地区的贸易进出口总额达到 5642.80 亿美元，是 2013 年的 2.57 倍②。从图 6-1 可以看出，2013~2022 年中部地区进出口贸易规模整体呈现波动增长趋势，2016 年出现短暂的下降后以更快的速度稳定增长。从图 6-2 可以看出，2014~2022 年中部地区进出口贸易规模增长率波动性较大，其中 2016 年增速为负，2021 年增长率最高，达 34.02%。

表 6-1 为 2013~2022 年中部六省进出口贸易总额。从各省维度来看，

① 根据各省统计年鉴计算得到。

② 根据各省统计年鉴计算得到。

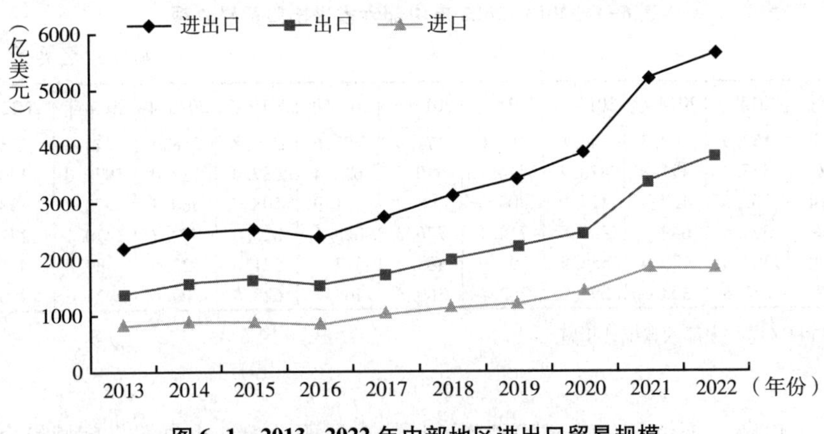

图 6-1 2013~2022 年中部地区进出口贸易规模

资料来源：中部六省统计年鉴。

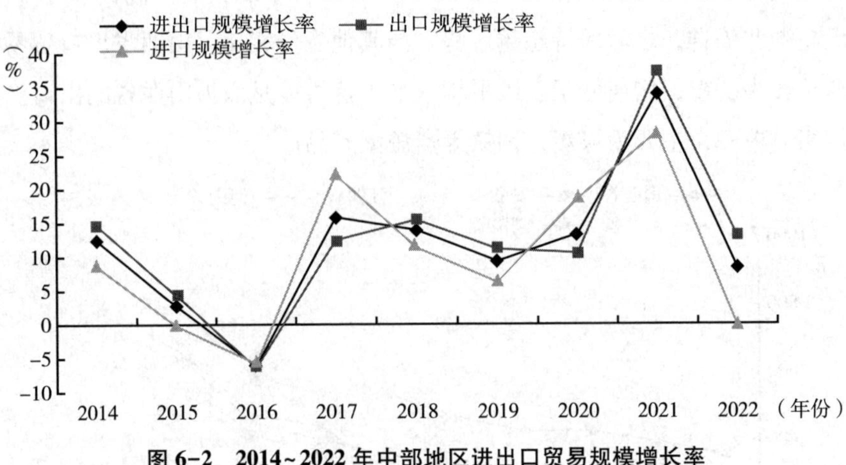

图 6-2 2014~2022 年中部地区进出口贸易规模增长率

资料来源：中部六省统计年鉴。

2013~2022 年河南省进出口贸易总额领先中部其他省份，在推动中部地区崛起过程中的表现可圈可点。其次是安徽省，近年来进出口贸易总额显露出强劲的增长势头。2021 年河南省和安徽省进出口贸易总额共同突破了 1000 亿美元大关，之后湖南省于 2022 年突破了 1000 亿美元大关，湖北省和江西省也即将突破这一大关。

表 6-1 2013~2022 年中部六省进出口贸易总额

单位：亿美元

省份	2013 年	2014 年	2015 年	2016 年	2017 年	2018 年	2019 年	2020 年	2021 年	2022 年
山西	157.9	162.3	146.8	166.6	171.9	207.6	209.8	218.4	345.3	275.1
安徽	455.2	491.8	478.4	444.1	540.2	628.4	687.3	787.0	1070.0	1130.9
江西	367.5	427.3	424.0	400.3	443.4	481.9	508.9	580.3	770.2	993.8
河南	599.6	649.7	737.8	712.1	776.3	828.1	825.0	972.7	1270.1	1271.1
湖北	363.8	430.4	455.5	393.9	463.4	527.8	571.6	622.5	830.8	921.0
湖南	251.8	308.3	293.0	262.4	360.3	464.7	628.5	706.8	924.0	1050.9

资料来源：中部六省统计年鉴。

出口贸易不仅是一个地区经济增长的重要驱动力，也是提升区域综合实力的关键因素。从图 6-3 中部六省出口贸易总额来看，2013~2022 年河南省出口贸易表现较好，湖南省、江西省和安徽省紧随其后。湖南省于 2019 年反超湖北等省，之后保持超越态势。与其他省份相比，山西省出口贸易总额增长较为缓慢，增速低于全国平均水平，这可能是因为山西省的出口产品结构相对单一，主要为煤炭、钢铁等资源型产品。

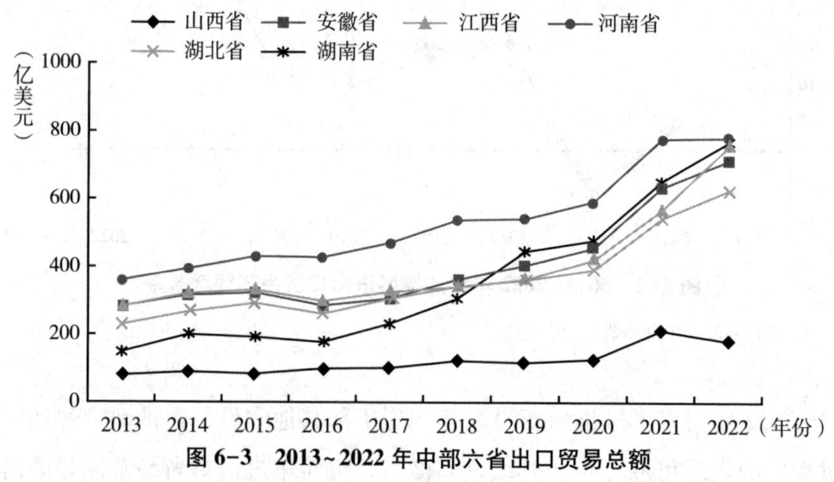

图 6-3 2013~2022 年中部六省出口贸易总额

资料来源：中部六省统计年鉴。

图 6-4（a）~（f）为 2022 年中部六省进出口贸易结构概况，由于湖南省数据有限，未以大洲为视角考察湖南省进出口贸易结构。整体来看，中

部六省进出口贸易以亚洲为主，欧洲、南美洲为辅。山西省、安徽省、江西省、河南省、湖北省与亚洲国家的贸易往来密切。从出口来看，山西省、安徽省、江西省、河南省、湖北省对亚洲地区的出口均占比较高。山西省和河南省向北美洲出口占比也较高，占比分别为 34.60%和 35.04%。从进口来看，山西、安徽、江西、河南、湖北自亚洲地区的进口占比较高。山西省、安徽省、江西省和河南省自南美洲进口占比均居第二位。2022 年，在湖南省出口贸易结构中占比最高的美国，占比为 14.11%，其次分别是中国香港、越南、马来西亚、印度。从进口贸易结构来看，居首位的是马来西亚，占比为 6.97%，其次分别是美国、中国香港、越南和印度。

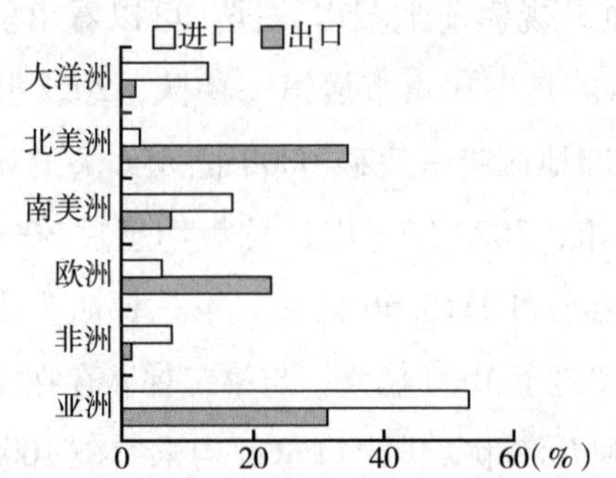

图 6-4（a）2022 年山西省进出口贸易结构

资料来源：《山西统计年鉴 2023》。

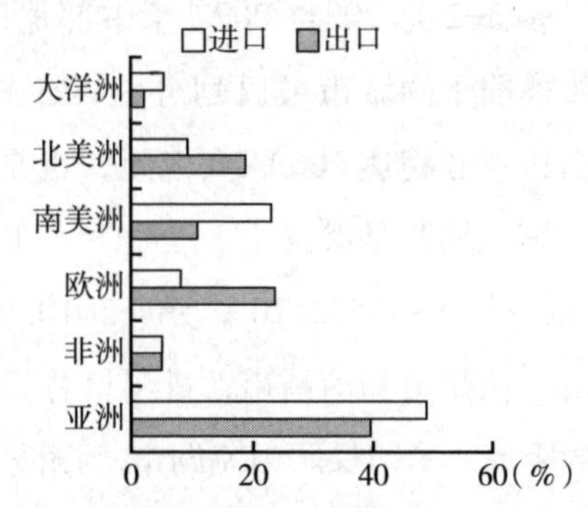

图 6-4（b）2022 年安徽省进出口贸易结构

资料来源：《安徽统计年鉴 2023》。

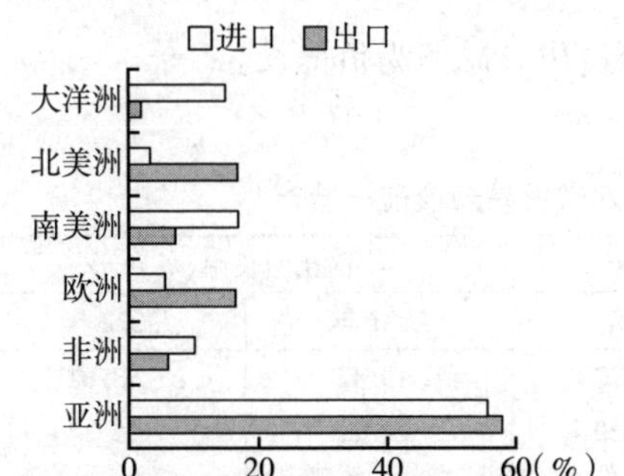

图 6-4（c）2022 年江西省进出口贸易结构

资料来源：《江西统计年鉴 2023》。

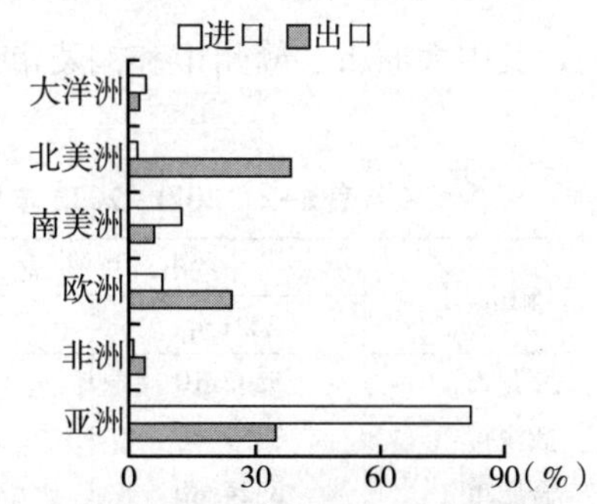

图 6-4（d）2022 年河南省进出口贸易结构

资料来源：《河南统计年鉴 2023》。

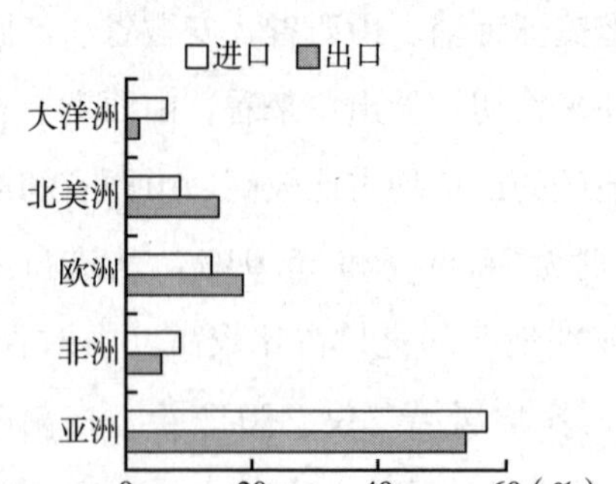

图 6-4（e）2022 年湖北省进出口贸易结构

资料来源：《湖北统计年鉴 2023》。

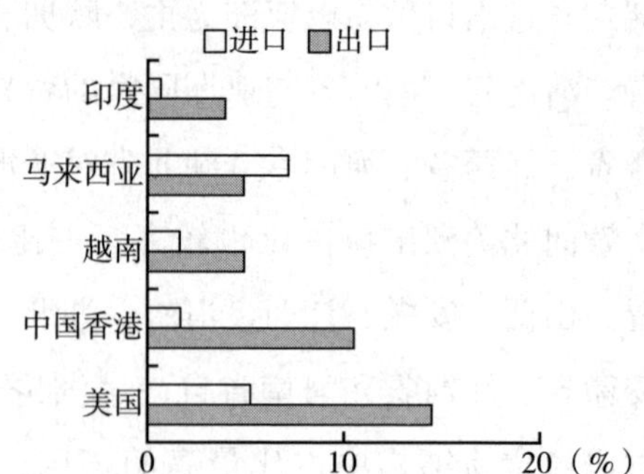

图 6-4（f）2022 年湖南省进出口贸易结构

资料来源：《湖南统计年鉴 2023》。

表 6-2 是 2021~2022 年中部地区贸易规模前十城市数据，可以看出贸易规模前十的城市可以划分为四个梯队。其中郑州市居第一梯队，2022 年进出口总额高达 6069.70 亿元，也是中部地区唯一突破 6000 亿元大关的城市。第二梯队是武汉市、合肥市、长沙市，2022 年进出口总额均超过 3000 亿元，分别为 3532.20 亿元、3610.90 亿元和 3315.56 亿元。第三梯队为太原市、赣州市和南昌市，进出口总额均超过了 1000 亿元，与第二梯队存在一定的距离。第四梯队为芜湖市、铜陵市和九江市，进出口总额均未突破 1000 亿元。但值得关注的是，作为非省会城市，九江市和芜湖市表现突出，进出口总额同比增长率均保持在较高水平，尤其是 2022 年九江市的同比增长率高达 49.23%。整体来看，10 个城市中有 8 个的 2022 年进出口总额同比增长率下降，其中太原市、赣州市和铜陵市甚至进出口总额为负增长。

表 6-2　2021~2022 年中部六省贸易规模前十城市

城市	进出口总额(亿元)		同比增长率(%)	
	2021 年	2022 年	2021 年	2022 年
郑州市	5892.10	6069.70	19.12	3.01
武汉市	3359.40	3532.20	24.22	5.14
合肥市	3324.80	3610.90	28.01	8.61
长沙市	2780.28	3315.56	18.29	19.25
太原市	1852.35	1467.07	52.90	-20.80

续表

城市	进出口总额(亿元)		同比增长率(%)	
	2021 年	2022 年	2021 年	2022 年
赣州市	1313.85	1033.10	161.19	-21.37
南昌市	1293.56	1345.56	12.34	4.02
芜湖市	745.26	947.90	27.46	27.19
铜陵市	697.3009	653.8	32.28	-6.24
九江市	651.5651	972.3	45.21	49.23

资料来源：中部六省统计年鉴。

2. 外商投资

(1) 实际使用外资总额。从图 6-5 可知，2013 年中部地区实际使用外资总额为 469.07 亿美元，到 2020 年增长到了 860.13 亿美元，是 2013 年的 1.83 倍。2013~2020 年，中部地区实际使用外资总额不断增长，但从 2021 年开始，中部地区实际使用外资总额开始下滑，尤其是 2022 年出现大幅度下滑。

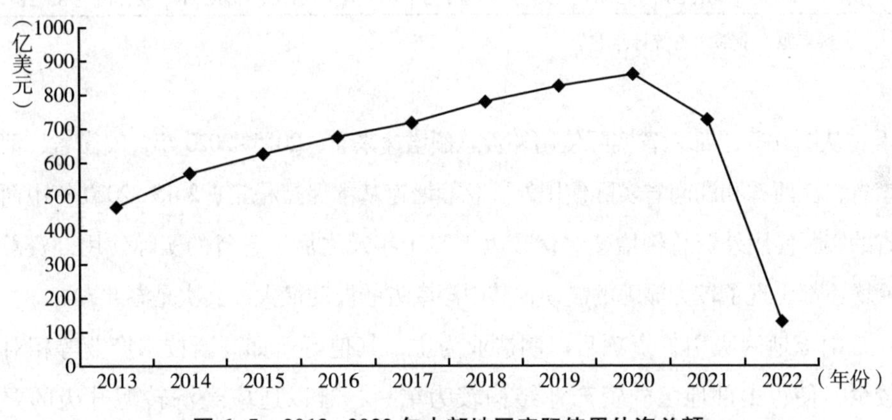

图 6-5　2013~2022 年中部地区实际使用外资总额

资料来源：中部六省统计年鉴。

近年来，随着中国经济的快速发展和对外开放政策的不断深化，中部六省凭借地理优势、丰富的资源和巨大的市场潜力，逐渐成为吸引外商投资的新高地。与此同时，中国东部地区产业升级和成本上升，促使许多劳动密集型和资源密集型产业向中西部地区转移，中部六省凭借较好的基础条件和成熟的产业链、供应链，成为外资流入的热点地区。从表 6-3 可知，河南省和安徽省的实际使用外资总额领先，到 2021 年实际使用外资总额分别达到 210.73 亿美元和 192.97 亿美元。近年来，江西省实际使用外资总额增长显著，这是因为江西依托资源优势，吸引了大量资源开发型外资项目。而近年来山西省实际使用外资总额出现波动下滑现象，这可能是因为山西省经济结构较为单一，过度依赖传统煤炭产业。

表 6-3　2013~2022 年中部六省实际使用外资总额

单位：亿美元

省份	2013 年	2014 年	2015 年	2016 年	2017 年	2018 年	2019 年	2020 年	2021 年	2022 年
山西	28.07	29.52	28.70	23.32	16.90	23.62	13.59	16.91	17.01	8.26
安徽	106.88	123.40	136.19	147.67	158.97	170.02	179.37	183.05	192.97	21.55
江西	36.04	84.51	94.73	104.41	114.64	125.72	135.79	146.02	157.78	21.66
河南	134.57	149.27	160.86	169.93	172.24	179.02	187.27	200.65	210.73	17.79
湖北	76.48	79.28	89.48	101.29	109.94	119.41	129.07	103.52	124.56	26.45
湖南	87.05	102.66	115.64	128.52	144.75	161.91	181.01	209.98	24.15	35.28

资料来源：中部六省统计年鉴。

从图 6-6 中部六省实际使用外资总额增速来看，2015~2020 年，安徽省、河南省、江西省和湖南省实际使用外资总额增速基本保持稳定；2015~2020 年山西省的实际使用外资总额增速起伏较大。2021 年及之后，各省的实际使用外资总额增速都出现了较为显著的波动，其中湖南省的波动最大，其次是湖北省。

中部地区吸引外资项目以制造业为主，其他行业如高新技术产业等相对较少，使得中部地区外资产业结构较为单一，难以适应经济转型升级的要求。从图 6-7（a）来看，2022 年山西省外商投资占比最高的是采矿业，占比为 51.8%。这是由于山西省拥有丰富的矿产资源，尤其是煤炭资源，同时采矿设备制造、煤炭加工等上下游产业链较为完善，这为外商投资提供了得天独厚的条件。其次是制造业，占比为 19.86%。从图 6-7（b）来看，安徽省外商投资占比最高的是制造业，占比为 49.89%。其次分别是科学研究和技术服务业、农林牧渔业、房地产业以及租赁和商务服务业，占比分别

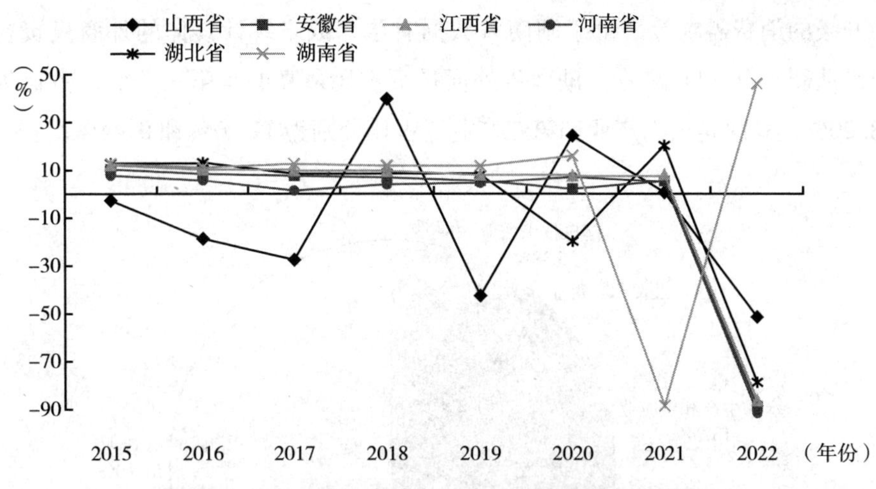

图 6-6　2015~2022 年中部六省实际使用外资总额增速

资料来源：中部六省统计年鉴。

为 29.98%、4.48%、3.98%和 3.66%。安徽省科学研究和技术服务业的外商投资占比较高，反映了安徽省对科技创新和产业升级的积极推进。从图 6-7（c）来看，江西省外商投资占比最高的是制造业，占比为 35.67%，其次是租赁和商务服务业、批发和零售业、房地产业及科学研究和技术服务业，占比分别为 18.35%、11.38%、7.51%和 7.39%。从侧面可以看出，江西省科技创新方面吸引外商投资的能力不足。从图 6-7（d）来看，河南省外商投资占比最高的是信息技术服务业等，占比为 50.54%。这从侧面反映出河南省政府对数字经济的大力支持和推动，以及该领域稳固的产业基础和发展潜力。其次分别是制造业，房地产业，电力、热力、燃气及水的生产和供应业以及科学研究和技术服务业等，占比分别为 18.58%、9.09%、8.03%和 7.31%。由此可见，为优化河南省外商投资结构应当扩大引进科技创新型外商投资，推动河南省经济高质量发展。从图 6-7（e）来看，湖北省外商投资占比最高的是制造业，占比为 24.31%。其次分别为信息技术服务业等、科学研究和技术服务业、租赁和商务服务业及房地产业，占比分别为 16.06%、15.94%、13.11%和 10.06%。从整体看，湖北省的服务业吸引外商投资能力出色，这主要得益于丰富的人才资源、良好的政策环境以及不断升级的消费需求等。由于湖南省数据有限，故未统计具体的外商投资行业，从图 6-7（f）来看，湖南省外商投资占比最高的是第三产业，占比为 88.20%，其次是第二产业和第三产业，占比分别为 11.37%和 0.44%。

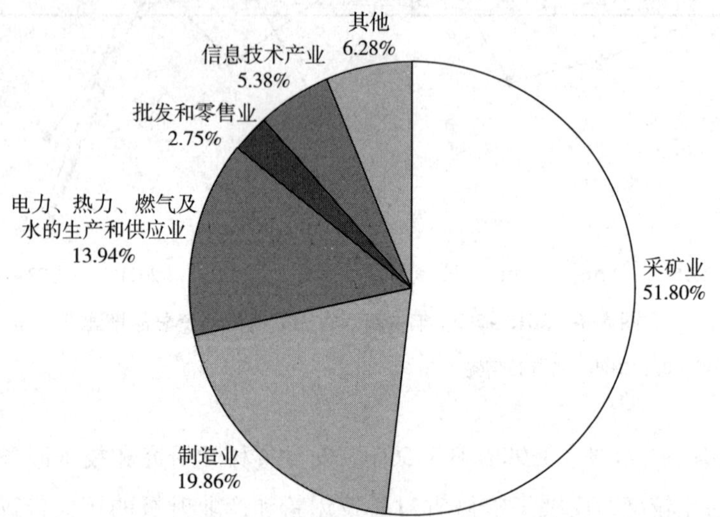

图 6-7（a） 2022 年山西省外商投资结构

资料来源：《山西统计年鉴 2023》。

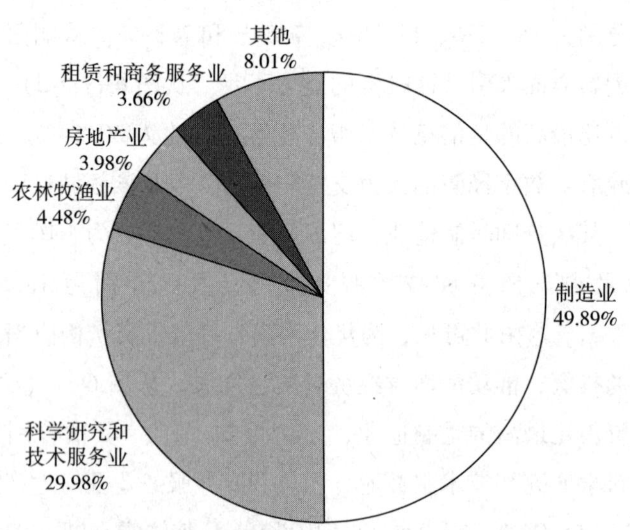

图 6-7（b） 2022 年安徽省外商投资结构

资料来源：《安徽统计年鉴 2023》。

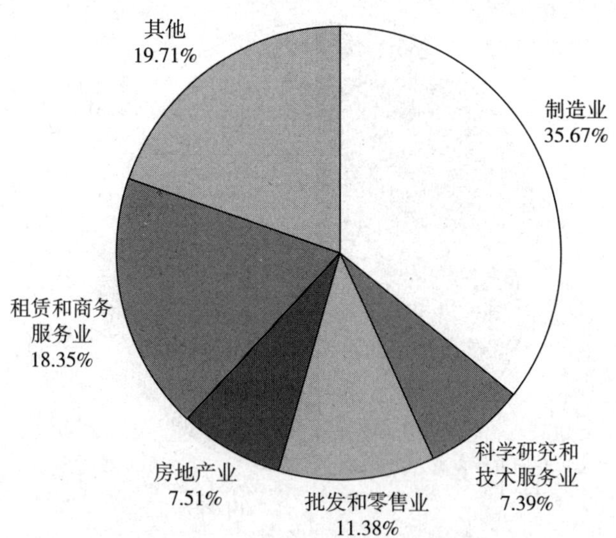

图 6-7（c） 2022 年江西省外商投资结构

资料来源：《江西统计年鉴 2023》。

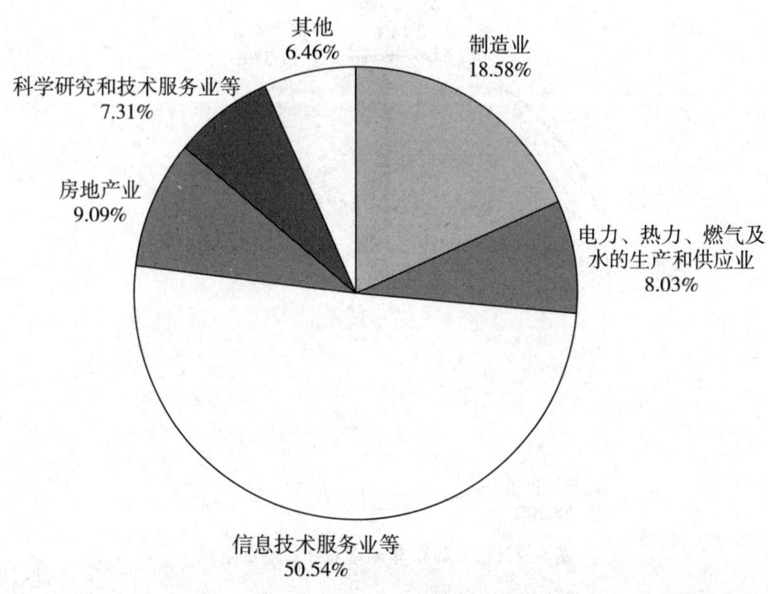

图 6-7（d） 2022 年河南省外商投资结构

资料来源：《河南统计年鉴 2023》。

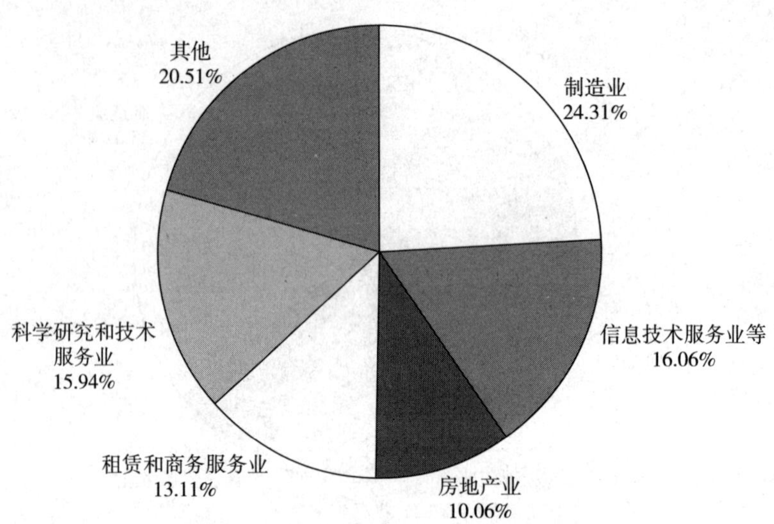

图 6-7（e） 2022 年湖北省外商投资结构

资料来源：《湖北统计年鉴 2023》。

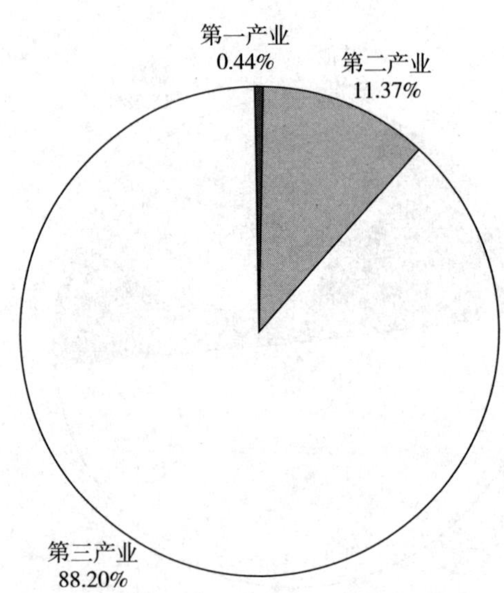

图 6-7（f） 2022 年湖南省外商投资结构

资料来源：《湖南统计年鉴 2023》。

从表 6-4 可知，2021 年武汉市实际使用外资总额达 125.66 亿美元，是中部地区唯一突破 100 亿美元的城市。这得益于武汉市外商投资来源的多样化、投资环境的优化、人才资源的优势、区位交通的便利以及开放政策的实施等各方面因素的共同推动。其次分别是郑州市、南昌市和合肥市，实际使用外资总额分别为 48.633 亿美元、43.95 亿美元和 37.48 亿美元，紧接着是非省会城市洛阳市、芜湖市、马鞍山市、九江市和赣州市。从整体看，无山西省城市跻身前十、安徽省占 3 个、江西省占 3 个、河南省占 2 个、湖北省占 1 个、湖南省占 1 个，这从侧面反映出山西省整体吸引外商能力较差，湖南省和湖北省外商投资区域分布不平衡。从中还可以看出，中部地区外商直接投资主要集中在一些大城市，如武汉、郑州等。

从同比增长率来看，2021 年实际使用外资总额同比增长率排在首位的是武汉市，同比增长率达到 12.58%。其次是江西省的赣州市、南昌市和九江市，同比增长率分别为 8.55%、8.25% 和 8.16%。2021 年，郑州市、合肥市、洛阳市、芜湖市和马鞍山市实际使用外资总额同比增长率在 3%~5.5%。2021 年，长沙市实际使用外资总额出现了负增长，同比增长率为 -72.44%。2022 年，由于国际投资放缓，除长沙市外，其余 9 个城市实际使用外资总额均出现了负增长，其中降幅最大的是洛阳市，降幅达 99.41%。2022 年长沙市的实际使用外资总额增速达到了 54.41%，这一显著的正增长表现与 2021 年该市所经历的负增长形成了鲜明对比，也展现了长沙吸引外资能力的恢复。

表 6-4　2021~2022 年中部六省实际使用外资总额及同比增长率前十城市

单位：万美元，%

城市	实际使用外资总额		同比增长率	
	2021 年	2022 年	2021 年	2022 年
武汉	1256600	204500	12.58	-83.73
郑州	486330	120176	4.29	-75.29
南昌	439500	41700	8.25	-90.51

续表

城市	实际使用外资总额		同比增长率	
	2021 年	2022 年	2021 年	2022 年
合肥	374800	120517	4.26	-67.84
洛阳	321118	1909	3.76	-99.41
芜湖	319657	23917	5.15	-92.52
马鞍山	293661	14362	4.33	-95.11
九江	273000	21400	8.16	-92.16
赣州	235099	37300	8.55	-84.13
长沙	200700	309900	-72.44	54.41

资料来源：中部六省统计年鉴。

（2）规模以上外资投资企业数。在全球化和区域经济一体化的背景下，外资投资企业在中国的经营活动日益增多。研究地区规模以上外资投资企业数，有助于了解外资在各地区的分布情况。从图 6-8 可以看出，2013~2015 年，中部地区规模以上外资投资企业数有较小幅度的增长，2016~2018 年规模以上外资投资企业数波动下降，2019~2021 年则开始大幅度增长，2021 年企业数超过了 1200 家，2022 年略有下降。

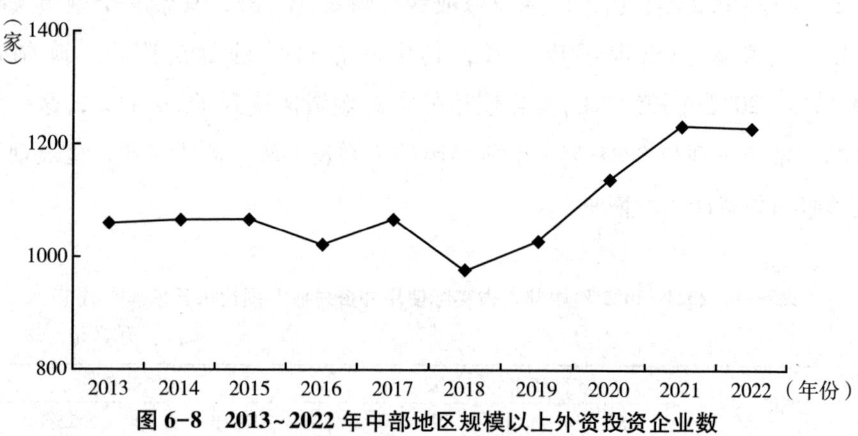

图 6-8　2013~2022 年中部地区规模以上外资投资企业数

资料来源：中部六省统计年鉴。

从各省的维度来看，中部六省中，湖北省规模以上外资投资企业数领先于其他省份，其次是安徽省。2021 年安徽省规模以上外资投资企业数快速增长，但又于 2022 年出现了小幅度下滑。河南省和江西省规模以上外资投资企业数整体来看不相上下。相较于其他四省，湖南省和山西省规模以上外资投资企业数较少（见图 6-9）。

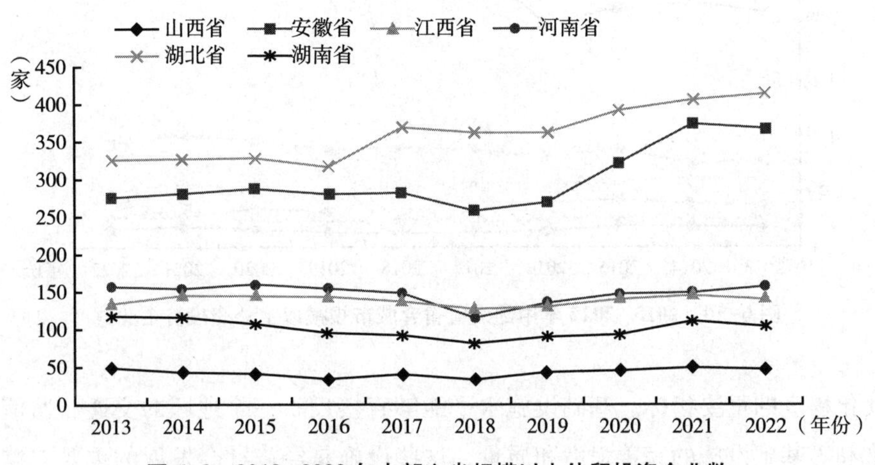

图 6-9　2013~2022 年中部六省规模以上外贸投资企业数

资料来源：中部六省统计年鉴。

由图 6-10 可知，2013~2022 年武汉市规模以上外资投资企业数在中部六省省会中居首位。具体来看，武汉市规模以上外资投资企业数不仅领先，而且优势明显，表明武汉市投资环境较为优越，有利于企业的发展和成长。武汉市作为中部地区的重要经济中心，拥有完善的基础设施、良好的产业配套以及较高的开放程度，这些都是吸引外资直接投资的关键因素。紧随其后的是合肥市，虽然其规模以上外资投资企业数与武汉市有一定差距，但近年来合肥市经济发展迅速，特别是高新技术产业展现了强劲的发展势头，吸引了一定数量的外资投资。中部六省省会城市的规模以上外资投资企业数反映了城市开放程度、投资环境和国际竞争力的差异。为了进一步提升城市国际竞争力，各城市需要继续优化营商环境，完善产业配套，加大开放力度，同时发挥自身特色，吸引更多外资投资，推动经济实现更高水平的发展。

3. 开放环境

（1）基础设施水平。基础设施水平是衡量一个地区经济发展水平和现

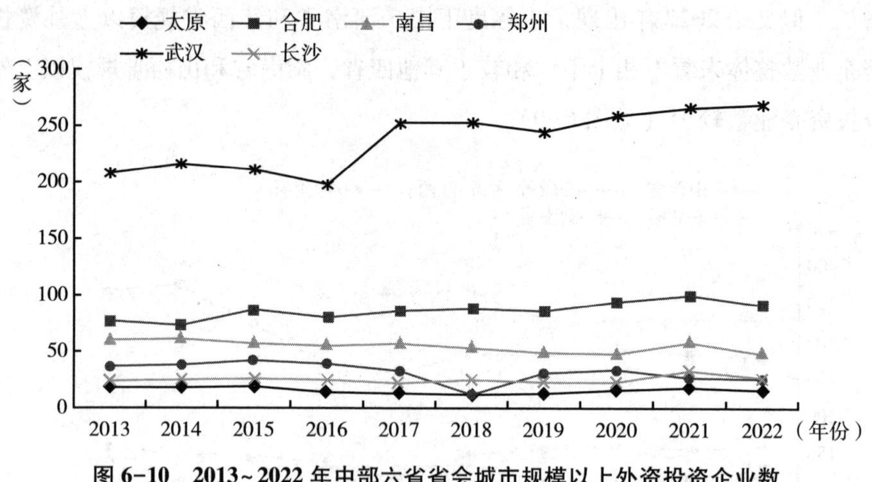

图 6-10　2013~2022 年中部六省省会城市规模以上外资投资企业数

代化程度的重要指标。基础设施水平能够直接反映一个地区的交通、通信、水利等基础设施的完善程度和质量，这些设施是经济社会发展的重要支撑，对于提升区域经济竞争力和居民生活质量具有至关重要的作用。同时，良好的基础设施能够有效吸引外部投资，促进地区经济的健康可持续发展。

本报告采用道路面积与地区面积的比值作为衡量地区基础设施水平的关键指标。这一比值可以较为直观地反映一个地区的道路密度及基础设施的覆盖程度。

从图 6-11 来看，河南省、湖南省、安徽省、湖北省、山西省、江西省基础设施水平整体上均呈现增长趋势。特别值得注意的是，河南省基础设施水平虽然在 2016 年出现了一定幅度的下降，但总体上 2013~2022 年保持对其他省份的领先优势。这可能是由于河南省在交通枢纽、城市公共设施建设等方面的大力投入，为省内外经贸往来和社会发展提供了良好的基础条件。同时，近年来湖南省和安徽省基础设施发展较快，逐渐缩小了与河南之间的差距，尤其是湖南省，于 2018 年首次实现反超安徽省，到 2022 年基础设施水平仅次于河南省，且差距较小。湖北省和山西省虽然基础设施水平相对较低，但整体上仍旧保持了较为稳定的增长态势，显示出两省在持续推动基础设施改善和经济发展方面的努力。总体而言，中部六省在基础设施方面持续投入，这对于促进区域经济的整体提升和长远发展具有重要意义。

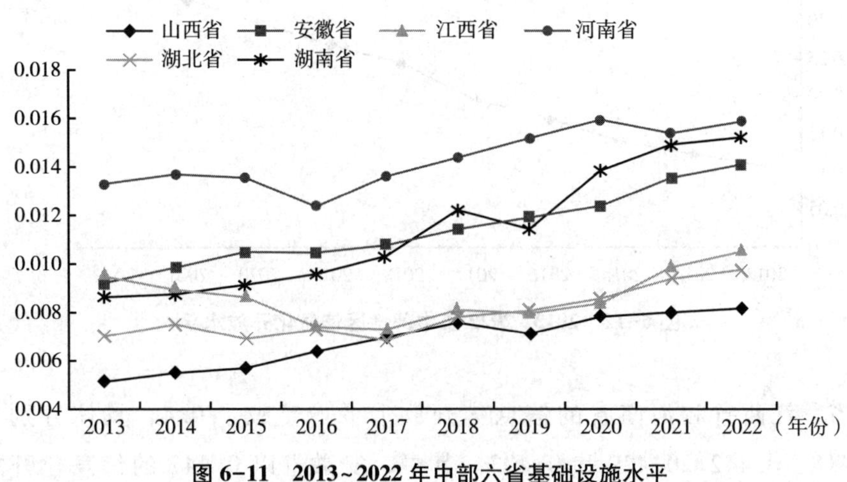

图 6-11　2013~2022 年中部六省基础设施水平

（2）信息化开放水平。信息化开放水平的提升对于地区开放具有全方位的推动作用，可以从经济、文化、教育等多个层面促进地区与世界的互联互通，同时信息化开放水平的提高能够极大地简化跨境贸易程序，降低贸易成本，有助于增强地区的国际竞争力和对外开放程度。本报告通过互联网宽带接入用户数占总人口比例这一关键指标衡量信息化开放水平。从图6-12可以看出，2013~2022 年中部地区的信息化开放水平呈现持续上升趋势，其中 2021~2022 年增长趋势明显，到 2022 年中部地区信息化开放水平已经超过 0.4。总体来看，中部地区信息化开放水平的持续提升是一个积极信号，它不仅体现了区域发展的现代化进程，也为未来的经济社会发展奠定了坚实的基础。

从表 6-5 可以看出中部六省信息化开放水平的变化趋势。2013~2019 年，湖北省的信息化开放水平一直处于中部六省领先地位，这可能与湖北省在信息技术领域的早期布局和投入有关。到 2020 年，湖北省的信息化开放水平达到了 0.333，但被山西省以 0.349 的水平反超，这表明山西省在信息化建设上取得了较大的进展。进入 2022 年，山西省、安

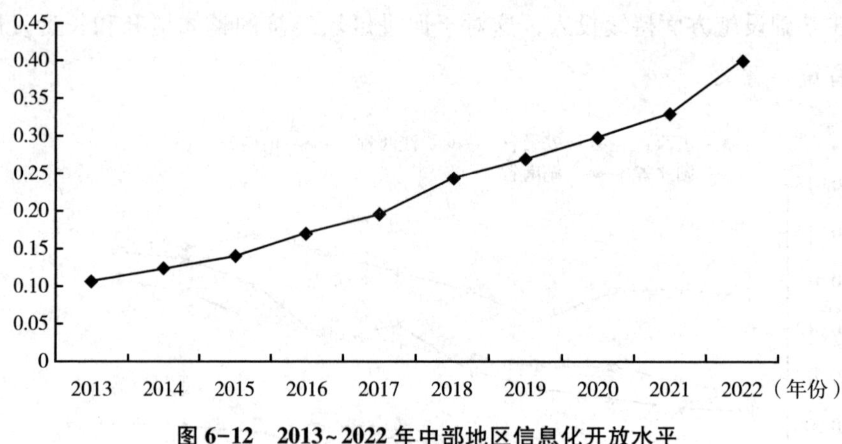

图 6-12　2013~2022 年中部地区信息化开放水平

徽省、江西省和河南省的信息化开放水平均突破了 0.4，具体分别为 0.418、0.442、0.429 和 0.403。其中，安徽省以 0.442 的信息化开放水平居首位，这一成就可能与安徽省在科技创新和数字经济方面的强势发展密不可分。相比之下，2022 年湖北省和湖南省的信息化开放水平分别为 0.373 和 0.359，与其他省份相比有一定差距。随着信息技术的快速发展，各省都在积极提升自身的信息化开放水平，以增强区域竞争力和吸引力。信息化开放水平的提升不仅能够促进经济的数字化转型，还能提高政府服务效率，增强民众的信息获取能力，从而推动社会的进步和发展。

表 6-5　2013~2022 年中部六省信息化开放水平

省份	2013 年	2014 年	2015 年	2016 年	2017 年	2018 年	2019 年	2020 年	2021 年	2022 年
山西	0. 161	0. 175	0. 180	0. 193	0. 228	0. 272	0. 302	0. 349	0. 379	0. 418
安徽	0. 093	0. 105	0. 126	0. 153	0. 187	0. 235	0. 262	0. 293	0. 328	0. 442
江西	0. 050	0. 088	0. 090	0. 166	0. 200	0. 263	0. 288	0. 300	0. 338	0. 429
河南	0. 097	0. 121	0. 135	0. 173	0. 178	0. 226	0. 240	0. 275	0. 313	0. 403
湖北	0. 173	0. 176	0. 207	0. 215	0. 234	0. 280	0. 319	0. 333	0. 347	0. 373
湖南	0. 100	0. 104	0. 125	0. 148	0. 182	0. 225	0. 258	0. 291	0. 322	0. 359

从图 6-13 的中部六省信息化开放水平变化趋势可以看出，整体上中部六省的信息化开放水平都呈提升趋势，并且各省之间的差距正在逐渐缩小。这种趋势对于促进区域经济的均衡发展具有积极意义。其中，江西省的提升趋势最为显著，从 2013~2015 年的中部地区末位，跃升至 2022 年仅次于安徽省。这表明江西省在信息化建设方面取得了长足的进步，这样的成就与江西省政府在信息技术领域的大力投入和政策支持有关。2013~2021 年，湖南省和安徽省的信息化开放水平提升趋势相近，但在 2022 年，安徽省信息化开放水平实现较为迅猛的提升，反超山西省。

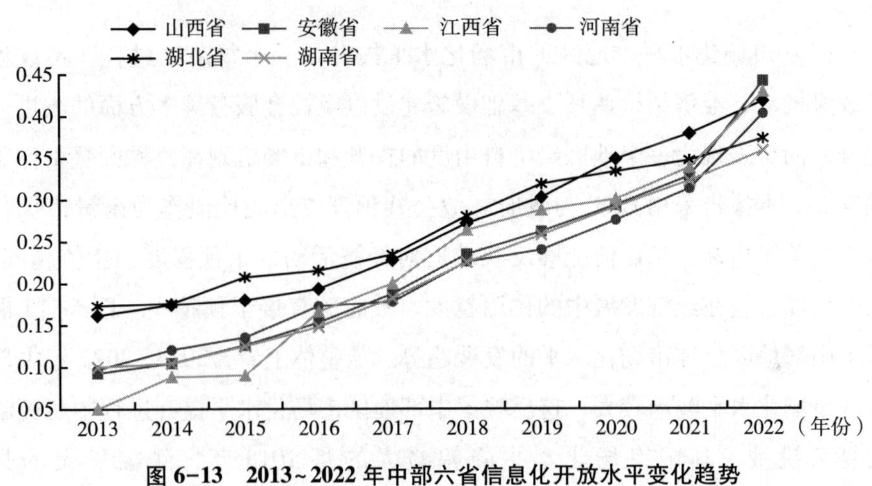

图 6-13　2013~2022 年中部六省信息化开放水平变化趋势

省会城市作为各省的政治、经济和文化中心，往往在信息化建设上享有优先权和资源优势，这也是为什么它们的信息化开放水平普遍较高。由表 6-6 可知，2020 年太原市的信息化开放水平达到 0.6 以上，成为中部地区第一个突破 0.6 大关的省会城市。紧随其后的是郑州市和长沙市，它们的信息化开放水平均于 2021 年突破了 0.6，具体数值分别为 0.633 和 0.643。2013 年武汉市的信息化开放水平就已经达到 0.472，彰显其在信息化建设方面的早期优势。然而，此后武汉市的信息化开放水平提升较为缓慢，甚至在个别年份出现了下降趋势。2012~2023 年，南昌市和合肥市信息化开放水平提升趋势整体较为稳定，表明这两个城市在信息化建设上保持了持续的投入。

表 6-6　2013~2022 年中部六省省会城市信息化开放水平

城市	2013 年	2014 年	2015 年	2016 年	2017 年	2018 年	2019 年	2020 年	2021 年	2022 年
太原	0. 362	0. 408	0. 351	0. 357	0. 376	0. 523	0. 578	0. 609	0. 698	0. 520
合肥	0. 170	0. 199	0. 255	0. 298	0. 348	0. 416	0. 452	0. 500	0. 549	0. 507
南昌	0. 218	0. 171	0. 171	0. 298	0. 352	0. 447	0. 494	0. 511	0. 575	0. 548
郑州	0. 272	0. 273	0. 312	0. 461	0. 409	0. 546	0. 589	0. 340	0. 633	0. 476
武汉	0. 472	0. 472	0. 559	0. 478	0. 504	0. 561	0. 587	0. 523	0. 554	0. 366
长沙	0. 216	0. 228	0. 265	0. 326	0. 394	0. 450	0. 514	0. 581	0. 643	0. 510

（3）市场化水平。地区的市场化水平提升是一个复杂的过程，不仅涉及政策推动、经济结构调整、基础设施建设以及社会服务等多方面的改进和提升，而且表现为一个地区经济自由度的提升和市场机制在资源配置中作用的增强。本报告采用 GDP 与政府一般公共预算支出的比值作为衡量市场化水平的关键指标，该比值能够反映政府对经济活动的干预程度，比值越高，表明市场力量在经济发展中的作用越大，政府的直接干预越小。图 6-14 展示了中部地区整体市场化水平的发展趋势。从整体上看，2013~2022 年中部地区市场化水平波动较大，这反映了中部地区市场化水平提升进程中所面临的复杂挑战，其中市场化水平降幅最大的是 2015 年，涨幅最大的是 2021 年。

从表 6-7 来看，2013~2022 年中部六省的市场化水平呈现不同的发展趋势。2013~2022 年山西省、安徽省、江西省、河南省和湖北省市场化水平虽然经历了波动，但整体上呈现提升趋势。具体来说，山西省的市场化水平提升了 0. 109，安徽省提升了 0. 996，江西省提升了 1. 993，河南省提升了 0. 136，湖北省提升了 0. 788。然而，湖南省的市场化水平在波动中表现出总体下降的趋势，从 2013 年的 6. 775 下降到 2022 年的 6. 498。从 2022 年的市场化水平来看，湖北省以 7. 675 居中部六省之首，其次分别是河南省和湖南省，市场化水平分别为 6. 906 和 6. 498。

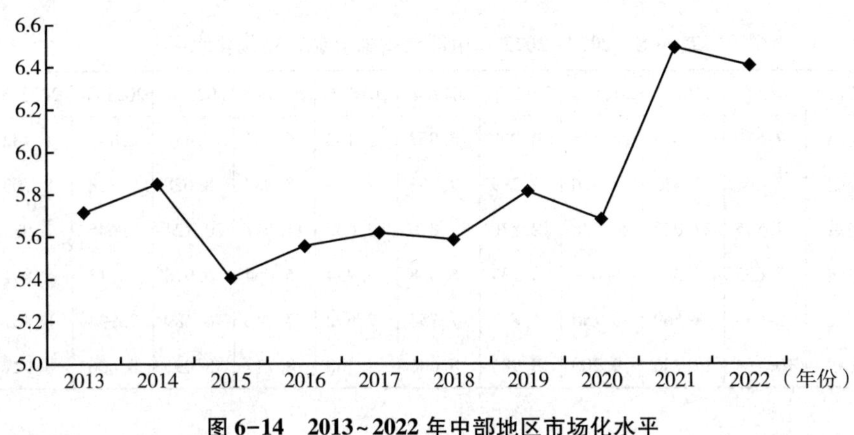

图 6-14　2013~2022 年中部地区市场化水平

表 6-7　2013~2022 年中部六省市场化水平

省份	2013 年	2014 年	2015 年	2016 年	2017 年	2018 年	2019 年	2020 年	2021 年	2022 年
山西	5. 247	5. 325	4. 658	4. 824	4. 904	4. 796	4. 429	4. 221	5. 653	5. 356
安徽	5. 219	5. 308	4. 970	5. 056	5. 061	5. 308	5. 797	5. 858	6. 477	6. 215
江西	3. 343	3. 877	3. 804	4. 361	4. 634	4. 682	6. 050	5. 650	5. 123	5. 336
河南	6. 770	6. 725	6. 223	6. 207	6. 165	5. 851	5. 903	5. 974	6. 944	6. 906
湖北	6. 887	6. 901	6. 139	6. 124	6. 398	6. 502	6. 489	5. 834	7. 605	7. 675
湖南	6. 775	6. 545	6. 046	5. 935	5. 780	5. 784	5. 777	5. 967	6. 549	6. 498

市场化水平是衡量城市经济活力和开放程度的重要指标，它反映了城市在开放发展方面的整体态势。市场化水平的提升不仅显示了城市资源配置效率的提高和商业环境的优化，而且标志着城市在吸引投资、促进创新、推动产业升级以及提升区域竞争力等方面的积极进展。从表 6-8 来看，中部六省的省会城市中，市场化水平波动最大的是南昌市。2013~2020 年，南昌市市场化水平经历了一系列波动，2021~2022 年才趋稳，到 2022 年市场化水平达到了 7. 082。2013~2022 年，长沙市市场化水平总体呈下降趋势，从 10. 194 降到 8. 921。2022 年，市场化水平最高的是长沙市，这充分展示了长沙市市场经济的强劲实力和较高活跃度。其次是郑州市和合肥市，市场化水平分别为 8. 881 和 8. 703。

表 6-8　2013~2022 年中部六省省会城市市场化水平

城市	2013 年	2014 年	2015 年	2016 年	2017 年	2018 年	2019 年	2020 年	2021 年	2022 年
太原	7.559	7.843	6.515	6.969	6.863	7.163	6.601	6.414	8.143	7.782
合肥	7.407	7.413	7.326	7.299	7.257	7.782	8.382	8.628	9.328	8.703
南昌	7.955	27.027	26.738	12.870	37.879	52.632	11.641	20.121	7.645	7.082
郑州	7.605	7.380	6.609	6.139	6.068	5.754	6.064	6.978	7.813	8.881
武汉	8.058	8.569	8.150	7.813	7.758	7.692	7.246	6.489	7.994	8.467
长沙	10.194	9.756	9.200	8.985	8.636	8.460	8.117	8.091	8.606	8.921

第二节　中部地区开放发展指数测度结果分析

一　中部地区整体开放发展指数分析

从图 6-15 来看，2013~2022 年中部地区开放发展指数总体呈增长趋势，但 2022 年出现转折，较 2021 年下降 11.76%。为了应对挑战并维持发展势头，中部地区需要继续优化经济结构，加强与国内外市场的联系，同时加大创新力度，提升产业链韧性。

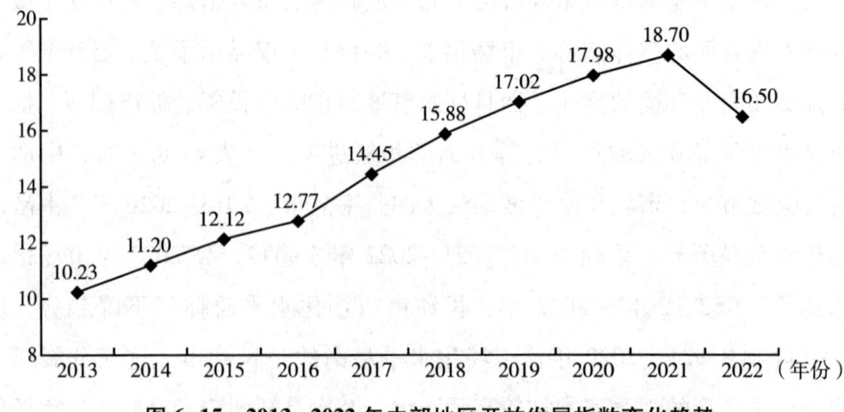

图 6-15　2013~2022 年中部地区开放发展指数变化趋势

二 省级层面的开放发展指数比较分析

1. 省级层面开放发展指数分析

由表 6-9 可知，2013 年山西省开放发展指数为 4. 57，2022 年开放发展指数增长到 7. 40，是 2013 年的 1. 62 倍。从同比增长率来看，同比增长率最高的年份是 2018 年，同比增长率为 14. 97%。此外，2022 年山西开放发展指数出现了一定的负增长趋势，同比增长率为 -5. 73%。从整体来看，2013~2022 年山西省开放发展指数没有取得实质性突破，仍旧与中部其他省份有一定的差距，开放发展水平有待进一步提升。

2013 年安徽省开放发展指数为 10. 24，到 2021 年增长至 20. 57，突破了 20，是 2013 年的 2 倍多，其中同比增长率最高的是 2021 年，同比增长率达 16. 88%。2022 年安徽省开放发展指数出现了一定程度的下滑，降至 19. 02。在中部六省中，2022 年安徽省开放发展指数仅次于湖北省。

2013 年江西省开放发展指数为 7. 89，2017 年开放发展指数突破 10，达到 11. 48。到 2021 年江西省开放发展指数达到了 14. 27，同比增长率为 3. 11%。2022 年江西省开放发展指数出现负增长，增长率为 -12. 19%。

2013 年河南省开放发展指数为 8. 97，2018 年开放发展指数达到了 13. 55。到 2019 年河南省被湖南省反超，但湖南省未能保持这一趋势。2022 年河南省开放发展指数出现下降趋势，湖南省成为六省中当年唯一指数正增长的省份，两省发展指数分别为 14. 45 和 13. 69。

2013 年湖北省开放发展指数为 19. 14，2014 年开放发展指数达到了 20. 89，2019 年开放发展指数为 30. 52，是当年中部六省中开放发展指数唯一突破 30 的省份。到 2021 年，湖北省开放发展指数达到了 32. 99，是 2013~2022 年的最高水平。但 2022 年指数出现了负增长，下降到了 26. 68，降幅为 19. 13%。

表 6-9　2013~2022 年中部六省开放发展指数

省份	2013 年	2014 年	2015 年	2016 年	2017 年	2018 年	2019 年	2020 年	2021 年	2022 年
山西	4.57	4.87	4.91	5.26	5.61	6.45	6.72	6.84	7.85	7.40
安徽	10.24	10.85	11.86	12.36	13.82	15.00	15.88	17.60	20.57	19.02
江西	7.89	9.12	9.08	9.95	11.48	12.73	12.81	13.84	14.27	12.53
河南	8.97	9.63	10.99	11.81	12.57	13.55	14.07	15.46	16.96	14.45
湖北	19.14	20.89	22.30	22.84	26.79	29.02	30.52	30.89	32.99	26.68
湖南	7.46	8.17	8.68	9.22	10.54	12.35	14.72	16.40	12.90	13.69

2. 省级层面开放发展指数协调发展情况分析

观察中部六省开放发展的协调性，可以发现开放发展在促进区域经济一体化、优化资源配置、提升整体竞争力以及增强政策效能等方面发挥重要作用。从图 6-16 中部六省开放发展指数雷达图观察中部六省开放发展的协调性。从 2013 年雷达图可以看出，湖北省占据开放发展的高点，位于第一梯队。其次是安徽省，位于第二梯队。河南省、湖南省和江西省开放发展水平相当，指数均在 8.0 左右，位于第三梯队。山西省开放发展指数未超过 5.0，位于第四梯队。从 2015 年雷达图可以看出，中部六省开放发展水平整体协调性并没有出现改善趋势，仍旧是湖北省领先，居于第一梯队；安徽省紧随其后，居于第二梯队，河南省、湖南省和江西省相当，居于第三梯队，山西省居于第四梯队。到 2020 年，除山西省开放发展水平较为落后之外，安徽省、江西省、河南省、湖北省和湖南省开放发展水平差距有所缩小，协调性有所增强，这一变化表明各省开始在资源配置上注重合作与互补。但湖北省开放发展水平仍居首位，开放发展指数达到 30 以上，位居第一梯队。安徽省、河南省、江西省和湖南省开放发展指数均在 15 左右，湖南省和河南省紧跟安徽省，开放发展指数差距缩小。江西省也紧跟其后，四省位于第二梯队。到 2022 年，除湖南省外，各省开放发展指数均有所下降，但整体协调性相比 2020 年有所增强。其中，湖北省仍居于第一梯队，安徽省、河南省、江西省和湖南省开放发展指数位于第二梯队；山西省虽位于第三梯队，但与其他五省差距有所缩小。通过加强区域合作、优化资源配置、提升

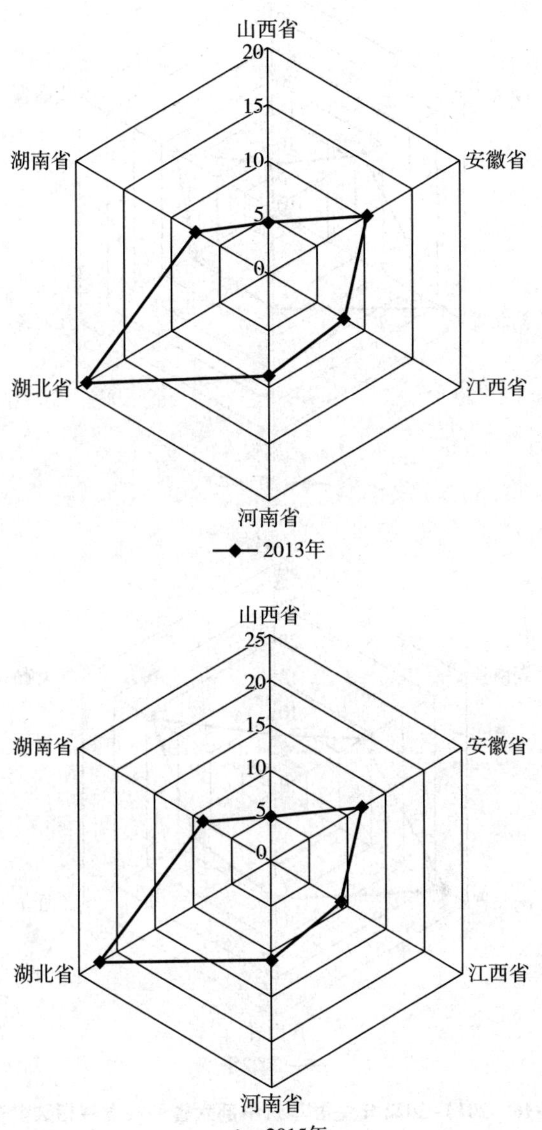
山西省
20
15
10
5
0
安徽省
江西省
河南省
湖北省
湖南省
2013年
山西省
25
20
15
10
5
0
安徽省
江西省
河南省
湖北省
湖南省
2015年

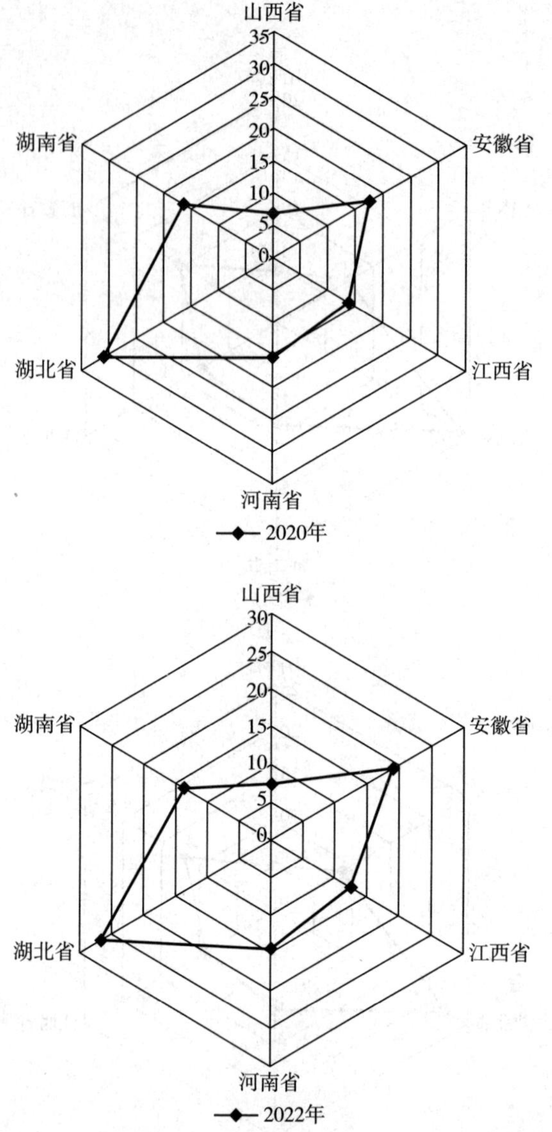

图 6-16　2013~2022 年主要年份中部六省开放发展指数雷达图

竞争力，并有效实施区域协调发展战略，中部地区有望更好地实现可持续发展。未来，应进一步探索和深化协调发展机制，为区域发展注入新的活力。

三　城市层面开放发展指数比较分析

1. 中部六省省会城市开放发展指数分析

中部六省的省会城市在开放发展水平上存在差异。从表 6-10 中部六省省会城市开放发展指数来看，武汉市是中部地区开放发展水平最高的省会城市。武汉市是中部地区开放发展的领头羊，凭借优越的地理位置和强大的科教资源，在吸引外商投资方面具有一定的优势。2021 年武汉市开放发展指数突破了 70，达到 73.19。2022 年，武汉市开放发展指数有所下降，下降到了 56.36。紧随其后的是合肥市、郑州市和长沙市，位于第二梯队。2021 年郑州市开放发展指数突破 50，达到 50.28，2022 年郑州市开放发展指数也出现了一定程度的下降，下降到了 44.60。2022 年合肥市开放发展指数突破了 45，达到 45.76，且 2013~2022 年合肥市开放发展指数一直保持稳定增长。2020 年长沙市开放发展指数突破 35，达到 35.06，长沙市开放发展指数虽有波动，但波动较小。南昌市和太原市居第三梯队，2020 年南昌市开放发展指数达到 25.06，但到 2022 年有所下降，降到 20.46。2013~2022 年太原市开放发展指数总体保持增长，其中 2021 年开放发展指数达到最高值（18.07）。

表 6-10　2013~2022 年中部六省省会城市开放发展指数

城市	2013 年	2014 年	2015 年	2016 年	2017 年	2018 年	2019 年	2020 年	2021 年	2022 年
太原	10.55	11.74	11.02	11.48	11.23	13.52	14.13	14.11	18.07	15.96
合肥	20.67	21.77	24.20	24.58	28.74	31.92	33.82	36.75	44.55	45.76
南昌	17.34	19.89	18.60	18.65	23.12	24.55	23.81	25.06	25.96	20.46
郑州	27.36	29.13	34.70	37.00	38.41	37.87	40.84	45.40	50.28	44.60
武汉	42.56	46.82	49.91	50.73	59.75	63.47	68.18	67.98	73.19	56.36
长沙	15.06	16.94	18.33	19.87	21.42	25.48	31.68	35.06	28.36	34.89

2. 山西省各城市开放发展指数分析

山西省作为一个以煤炭化工为主导产业的省份，与其他一些中部开放高地相比，开放发展水平仍有待提高。近年来，山西省一直在探索如何通过开放发展实现经济结构的优化和转型。表 6-11 为 2018~2022 年山西省各城市开放发展指数情况，可以看出，作为省会城市的太原开放发展指数遥遥领先。

这体现了太原市在全省经济开放和发展中的龙头地位，也显现其作为区域中心城市所具有的集聚效应。与此同时，晋中市的表现也较为突出，开放发展水平总体提升。此外，晋城市在 2019 年和 2020 年的表现也十分突出。自 2020 年起，大同市开放发展指数逐年增长，反映了该市在持续推动开放发展方面取得显著成效。总的来说，山西省各城市间在开放发展方面存在明显的差异，虽然部分城市取得了一定的进展，但仍面临很大的挑战。为了实现更加均衡和可持续发展，山西省需要进一步深化改革、扩大开放，并强化创新驱动，以推动山西省在未来的发展中取得更大的突破。

表 6-11　2018~2022 年山西省各城市开放发展指数

省份	2018 年	2019 年	2020 年	2021 年	2022 年
太原	13.52	14.13	14.11	18.07	15.96
大同	4.63	4.76	4.98	5.59	5.78
阳泉	4.72	4.87	4.53	4.84	5.32
长治	3.81	4.28	4.36	4.70	4.10
晋城	4.09	5.37	6.03	5.31	5.10
朔州	4.42	4.72	4.45	4.36	4.87
晋中	5.76	5.22	4.93	6.40	6.34
运城	3.74	4.46	4.66	4.79	5.43
忻州	4.51	4.48	4.57	4.91	5.41
临汾	3.15	3.04	3.37	3.89	4.11
吕梁	4.72	3.63	4.23	3.89	4.52

3. 安徽省各城市开放发展指数分析

安徽省作为中国中部地区的重要省份，近年来在推动内部城市开放发展方面取得了显著进展。这一进展不仅体现在吸引外资和对外贸易的增长上，还涵盖了知识交流、文化互动和技术创新等多个层面，显示出安徽省对外开放的全方位和深层次发展。从表 6-12 安徽省各城市开放发展指数来看，合肥市作为省会城市，在全省开放发展中处于领先地位。开放发展指数保持在省内最高水平。作为全省的经济、科技和教育中心，合肥的开放环境对外资和人才具有强大的吸引力，其在促进国际交流和参与全球竞争等方面展现出了巨大的活力和潜力。芜湖市地处长江沿岸，是安徽省对外开放的重要窗口之一。近年来芜湖市在开放发展上取得了令人瞩目的成就，2018~2022 年，芜湖市的开放发展指数一直保持在 20 左右，其中 2021 年达到 24.98，反映出芜湖在对外开放方面的持续努力和稳步发展。马鞍山市和滁州市的开放发展指数也处于较高水平，这两个城市在促进区域经济一体化、加强与周边城市的互联互通以及推动本地企业“走出去”等方面取得了积极成效。其他城市在开放发展的绝对水平上与合肥、芜湖等城市存在一定差距。

总体而言，安徽省的开放发展呈现多元化的趋势，不同城市依据自身的地理位置、资源禀赋和产业基础，在开放路径和模式上各有侧重。通过对比各城市的开放发展指数，可以发现安徽省在推动城市开放发展方面取得了一系列成果，但也面临城市间开放发展水平不均衡、部分城市开放进程缓慢等挑战。

表 6-12　2018~2022 年安徽省各城市开放发展指数

城市	2018 年	2019 年	2020 年	2021 年	2022 年
合肥	31.92	33.82	36.75	44.55	45.76
芜湖	17.75	18.77	21.74	24.98	17.20
蚌埠	8.12	8.43	9.04	9.43	7.26
淮南	4.19	4.54	4.86	5.07	4.37
马鞍山	12.75	14.37	15.63	16.21	9.00
淮北	5.36	5.91	6.26	6.45	5.69
铜陵	7.37	7.95	8.87	10.65	6.96
安庆	5.98	6.62	7.63	8.57	8.16
黄山	6.35	7.13	7.22	7.34	6.81

续表

城市	2018 年	2019 年	2020 年	2021 年	2022 年
滁州	12.63	13.92	15.43	16.87	15.47
阜阳	4.86	5.22	6.10	6.35	5.84
宿州	7.23	7.19	8.58	8.10	6.06
六安	5.97	6.20	6.71	7.04	5.86
亳州	7.14	7.87	7.54	7.90	7.53
池州	5.99	6.35	7.29	8.05	7.19
宣城	8.70	10.02	10.57	11.22	8.77

4. 江西省各城市开放发展指数分析

江西省借助独特的地理优势和国家重大战略的叠加，积极推进开放型经济发展，取得了显著成效。从表 6-13 江西省各城市开放发展指数来看，南昌市凭借作为省会城市的地理优势和政策支持优势，开放发展指数居江西省首位。2020 年和 2021 年南昌市的开放发展指数均达到了 25 以上，其中 2021 年达到 25.96，显示出南昌市在对外开放方面的强劲实力和良好表现。然而，到了 2022 年，南昌市的开放发展指数出现了一定程度的下降。2022 年，九江市、赣州市、吉安市和新余市的开放发展指数均达到了 10 以上，这些城市的开放发展表现较为突出。江西省内的其余各市虽然在开放发展指数上与南昌市相比还存在一定的差距，但整体来看，江西省的城市开放发展水平较为均衡，全省各城市开放发展指数均达到 6 以上。

表 6-13　2018~2022 年江西省各城市开放发展指数

城市	2018 年	2019 年	2020 年	2021 年	2022 年
南昌	24.55	23.81	25.06	25.96	20.46
景德镇	6.29	6.77	6.77	6.02	7.00
萍乡	6.36	6.81	7.30	7.02	6.77
九江	14.16	13.13	15.35	16.55	13.82
新余	7.64	8.04	7.81	8.39	10.21
鹰潭	6.55	6.87	7.26	8.16	7.77

续表

城市	2018 年	2019 年	2020 年	2021 年	2022 年
赣州	11.14	11.95	13.12	14.07	11.78
吉安	8.51	9.98	10.91	10.93	12.78
宜春	7.29	8.57	9.02	8.30	8.67
抚州	6.23	6.94	8.22	7.11	7.01
上饶	7.63	8.02	9.10	9.61	8.47

5. 河南省各城市开放发展指数分析

郑州市开放发展指数在河南省内处于绝对领先位置，2021 年其开放发展指数更是突破了 50，达到 50.28。这表明郑州市在对外开放方面有着非常强劲的发展势头。洛阳市虽然与郑州市有一定差距，但其 2021 年的开放发展指数达到了 12.81，相较于其他城市来说仍是较高的。这表明洛阳市在河南省的开放发展中也保持了较好的竞争优势。2018 年新乡市的开放发展指数达到 18.87，但随后几年未能保持增长。河南省内其他城市的开放发展指数变化较为平稳，但整体水平不高。整体来看，河南省各城市的开放发展水平呈现明显的不均衡性，郑州市成为全省的领跑者，但其他城市未能紧随其后（见表 6-14）。

表 6-14　2018~2022 年河南省各城市开放发展指数

城市	2018 年	2019 年	2020 年	2021 年	2022 年
郑州	37.87	40.84	45.40	50.28	44.60
洛阳	11.31	11.27	11.22	12.81	8.26
开封	6.08	6.59	7.33	7.87	7.29
焦作	7.07	7.51	7.20	7.84	7.20
新乡	18.87	7.29	8.01	8.41	6.73
三门峡	6.56	7.21	7.51	8.48	6.51
许昌	7.76	8.22	7.70	7.66	6.43
驻马店	5.45	5.54	6.17	6.78	6.42
南阳	5.05	5.62	5.70	6.39	6.22
信阳	4.49	4.73	5.99	6.57	6.00
濮阳	4.93	5.54	5.89	6.52	5.91

续表

城市	2018 年	2019 年	2020 年	2021 年	2022 年
漯河	4. 94	5. 87	6. 46	8. 07	5. 82
周口	4. 88	5. 43	6. 43	6. 69	5. 58
鹤壁	5. 65	6. 22	6. 59	6. 73	5. 24
安阳	5. 25	5. 62	5. 84	5. 86	5. 06
平顶山	3. 76	4. 20	4. 51	5. 36	4. 50
商丘	3. 68	4. 13	4. 64	5. 71	4. 37

6. 湖北省各城市开放发展指数分析

近年来，湖北省积极融入国家开放大局，开放型经济稳步发展。从表6-15湖北省各城市开放发展指数来看，武汉市在开放发展指数上远远超出湖北省其他城市。武汉市在湖北省乃至整个中部地区的开放型经济发展中具有比较优势，在国际化程度、市场开放度、外资吸引和外贸活动等方面均表现出强劲的发展势头。此外，开放发展指数相对较高的是襄阳市，2018 年开放发展指数为 9. 56，到 2021 年开放发展指数突破了 10，达到 11. 63，是湖北省除武汉市外唯一一个开放发展指数突破 10 的城市，到 2022 年，襄阳市开放发展指数进一步增长，达到 12. 82。

表 6-15　2018~2022 年湖北省各城市开放发展指数

城市	2018 年	2019 年	2020 年	2021 年	2022 年
武汉	63. 47	68. 18	67. 98	73. 19	56. 36
黄石	7. 31	7. 08	7. 85	8. 99	9. 56
十堰	6. 37	6. 99	7. 58	6. 35	6. 32
宜昌	8. 35	8. 96	8. 59	9. 03	9. 18
襄阳	9. 56	9. 74	9. 83	11. 63	12. 82
鄂州	4. 67	5. 80	6. 56	7. 41	8. 05
荆门	6. 04	6. 38	5. 95	6. 47	7. 60
孝感	6. 19	6. 52	7. 06	7. 28	6. 92
荆州	4. 07	4. 66	5. 47	6. 51	7. 44
黄冈	4. 81	5. 33	6. 62	6. 00	6. 53
咸宁	5. 34	5. 88	5. 66	5. 39	6. 09
随州	3. 82	4. 25	4. 47	4. 63	4. 86

7. 湖南省各城市开放发展指数分析

从表 6-16 湖南省各城市开放发展指数来看，长沙市以相对较高的开放发展指数居于首位，2020 年其开放发展指数达到 35.06。其次是湘潭市，2020 年开放发展指数达到 12.27，2018～2020 年湘潭市开放发展指数均突破 10，2020 年郴州市开放发展指数达到 10.28，展现出一定的开放发展能力。整体来看，长沙市以强大的开放发展实力领跑全省，株洲市、湘潭市和郴州市也展现出一定的开放发展潜力，但与长沙市相比仍有较大距离。同时多数城市在 2021 年和 2022 年面临开放发展指数下降的挑战，特别是邵阳市、怀化市和娄底市的困境较为突出。

表 6-16　2018～2022 年湖南省各城市开放发展指数

城市	2018 年	2019 年	2020 年	2021 年	2022 年
长沙	25.48	31.68	35.06	28.36	34.89
株洲	7.65	9.81	10.50	7.17	6.60
湘潭	10.43	11.56	12.27	8.89	6.82
衡阳	7.38	8.43	9.58	7.09	4.56
邵阳	4.82	4.84	5.70	3.59	2.35
岳阳	6.95	8.13	9.05	8.69	5.41
常德	6.34	7.88	9.26	6.03	5.36
张家界	4.26	4.11	4.76	4.78	4.82
益阳	4.19	5.48	6.40	5.69	4.44
郴州	8.24	9.01	10.28	7.20	5.44
永州	6.53	7.86	8.38	5.92	4.50
怀化	2.72	3.09	3.41	3.20	3.23
娄底	8.10	6.39	7.24	4.57	3.58

第三节　中部地区开放发展政策梳理

一　国家层面开放发展政策

《中共中央　国务院关于促进中部地区崛起的若干意见》要求提升中

部地区综合交通运输枢纽地位，促进商贸流通旅游业发展，并提出扩大对内对外开放，发挥承东启西的区位优势，促进中部地区与东、西部地区协调互动发展；加强政策引导和组织协调，为中部地区企业与跨国公司、东部企业对接搭建平台，更好地承接东部地区和国际产业的转移。2016 年 12 月 7 日召开的国务院常务会议发布的《五大重点任务助力中部地区崛起》明确指出，要全面推进对内对外开放，支持建设综合保税区等。“十四五”规划纲要提出，在巩固东部沿海地区和超大特大城市开放先导地位的同时，加快中西部和东北地区开放步伐，助推内陆地区成为开放前沿，推动沿边开发开放高质量发展，构建形成陆海内外联动、东西双向互济的开放格局。2021 年 7 月，《中共中央 国务院关于新时代推动中部地区高质量发展的意见》正式发布，提出坚持开放发展，形成内陆高水平开放新体制，并指明要高标准建设安徽、河南、湖北、湖南自由贸易试验区，支持湖南湘江新区、江西赣江新区建成对外开放重要平台；充分发挥郑州航空港经济综合实验区、长沙临空经济示范区在对外开放中的重要作用，鼓励武汉、南昌、合肥、太原等地建设临空经济区。加快郑州—卢森堡“空中丝绸之路”建设，推动江西内陆开放型经济试验区建设。

二　中部六省省级层面开放发展政策

1. 山西省开放发展政策

2007 年 3 月印发的《山西省“十一五”对外开放发展规划》指出，要扩大外资规模，优化外资结构，提高利用外资的水平和质量，同时切实转变外贸增长方式，优化进出口商品结构，实现对外贸易可持续发展。2016 年 8 月发布的《山西省“十三五”开放型经济发展规划》指出，要提升吸收外来投资的质量和效益，推动产业转型升级，大力实施“走出去”战略，拓展新的发展空间及加快对外贸易优化升级，形成国际竞争新优势。2021 年发布的《山西省“十四五”“一带一路”开放型经济发展及对外开放新高地建设规划》明确指出，要主动融入共建“一带一路”，深度对接国家重大战略，积极与国内外开展宽领域、深层次、多形式的合作交流，实现更高水平的对外开放。

2. 安徽省开放发展政策

2002年发布的《安徽省人民政府关于积极做好加入世贸组织后应对工作进一步扩大开放加快发展的若干意见》要求加强WTO知识的学习、宣传和培训工作，并提出加快工业结构调整和产业技术升级，加快发展现代服务业。2020年9月24日，中国（安徽）自由贸易试验区正式揭牌。中国（安徽）自由贸易试验区的实施范围共119.86平方千米，涵盖三个片区：中国（安徽）自由贸易试验区合肥片区64.95平方千米（含合肥经济技术开发区综合保税区1.4平方千米）、中国（安徽）自由贸易试验区芜湖片区35平方千米（含芜湖综合保税区2.17平方千米）、中国（安徽）自由贸易试验区蚌埠片区19.91平方千米。2021年发布的《安徽省人民政府关于建立中国（安徽）自由贸易试验区特别清单的决定》提出保证自贸试验区建设的服务效率。同年发布的《安徽省合肥经济技术开发区进口贸易促进创新示范区培育工作方案》紧密围绕国家进口贸易创新示范区贸易促进和贸易创新功能进行工作部署，旨在提升全省外贸竞争新优势。《安徽省关于加快对接〈区域全面经济伙伴关系协定〉（RCEP）经贸新规则 扎实推进高水平开放实施意见》结合安徽省对外发展实际，提出24条举措推进安徽省对外经济开放顺利实施。2023年安徽省发布《关于推动外贸稳规模优结构的若干措施》指明要为省内外贸企业提供更好的政策支撑和服务保障，帮扶企业应对困难挑战，推动全省外贸稳规模优结构，全力巩固外贸稳中向好的发展势头。2024年3月29日，安徽省人民政府发布《安徽省加快内外贸一体化发展若干措施》，提出了15项措施，加快推动内外贸一体化发展。

3. 江西省开放发展政策

《江西省人民政府关于支持赣东北扩大开放合作加快发展的若干意见》提出大力建设上饶市、景德镇市和鹰潭市开放合作平台，推动区域协调发展。《江西省开放型经济“十三五”发展规划》主张以开放促进创新，以开放驱动创新。《关于进一步扩大开放推动经济高质量发展的若干措施》聚焦扩大开放领域和招商引资、外贸进出口、走出去、开发区、口岸建设、营商环境等六个方面，提出了30条措施。同年发布的《江西对外开放课题调研报告》为出台江西省扩大开放文件提供了决策依据。《推进外贸高质量发展三年行动方案（2021—2023年）》指明要以深化供给侧结构性改革为主线，加快构建国内国际双循环相互促进的新发展格局，持续推进更高水平对外开放，保持外贸稳中有进发展势头。2021年10月发布的《江西省"十四五"开放型经济发展规划》提出建设更高水平开放型经济新体制。2022年5月，国家税务总局江西省税务局出台《关于支持江西开放型经济发展若干措施》，为持续推进江西内陆开放型经济试验区建设，深入推动全省双"一号工程"落地见效，为助力开放型经济高质量发展提供有力税务支撑制定措施，明确要在吸引外资、鼓励对外投资、出口贸易、支持创新发展、鼓励跨境工作交流等方面落实好税收优惠政策。2024年江西省发布的《关于深化投资贸易便利化改革的意见》聚焦投资便利化、贸易便利化和通关便利化改革，坚持问题导向，从解难题、助创新、降成本、拓功能、提效率、建机制等六个方面提出20条政策举措。

4. 河南省开放发展政策

河南省《2009年对外开放重点工作推进计划》提出要坚持大开放、大交流、大合作，以招商引资为突破口，强力推动战略合作，加快大项目实施，保持对外贸易增长，加快"走出去"步伐，促进各领域扩大开放，以开放保增长、促发展，全面提高河南对外开放水平。《河南省人民政府关于积极承接产业转移加快开放型经济发展的指导意见》明确指出，要培育重点承接地，大力发展加工贸易。《2014年河南省现代服务业开放合作洽谈会工作方案》指明，要结合郑州航空港经济综合实验区、商务中心区和特色商业区以及物流、文化、旅游等服务业载体平台建设，通过产业推介、投资介绍、项目对接等方式，吸引国内外战略投资者和行业龙头企业来豫投资发展服务业，共同推动高成长服务业大省建设。2016年6月22日，《河南省"十三五"口岸发展规划（讨论稿）》出炉，指出到2020年，建设形成以郑州航空和铁路国际枢纽口岸为龙头、省内一批国家重要口岸为节点、特种商品进口口岸为补充，以保税物流、保税加工、保税服务功能为代表的辐射全球经济体的口岸开放体系。2019年6月发布的《关于以“一带一路”建设为统领加快构建内陆开放高地的意见》提出，要把河南的优势变成胜势，推动内陆腹地变身开放高地，加快形成功能齐备、要素集聚、产业繁荣、互联互通、环境优良的全面开放新格局。2020年6月发布的《河南省商务厅支持洛阳以开放为引领加快建设中原城市群副中心城市2020年行动计划》要求充分发挥商务部门职能，从十个方面实施26项举措，全力支持洛阳以开放为引领加快建设中原城市群副中心城市。《河南省“十四五”开放型经济新体制和开放强省建设规划》立足全省高质量发展空间格局，坚持龙头带动和整体联动相结合，加快推进全域开放。

5. 湖北省开放发展政策

《湖北省人民政府关于促进全省外贸持续健康发展的通知》明确提出，要全面实施开放先导战略，加快转变外贸增长方式，优化湖北省外贸结构，推进全省外向型经济又好又快发展。《湖北省人民政府关于促进全省外贸回稳向好的实施意见》表明要加大出口信用保险支持力度，加强外贸企业融资服务，积极推进贸易便利化和充分发挥出口退税政策效应。《省人民政府办公厅关于加快培育外贸综合服务企业的实施意见》鼓励各地结合实际，培育一批各具特色的外贸综合服务企业，带动全省外贸加快发展。2020年5月，商务部发布24条措施支持湖北自由贸易试验区加快发展。2020年湖北省发布《关于推进开发区创新提升打造改革开放新高地的实施意见》，从放活改革自主权、加快构建现代产业体系、提升开放型经济质量和水平、增强创新驱动发展能力和加强要素保障等五个方面提出了20项政策举措。2021年10月发布的《关于促进综合保税区高水平开放高质量发展的若干措施》明确提出，要更好发挥综合保税区在构建新时代开放型经济新体制、打造内陆开放新高地中的重要作用。

6. 湖南省开放发展政策

《促进开放型经济发展的若干政策措施》提出要将外贸做大做强，同时要促进跨境电商发展和强化金融财政支撑多措并举。2021年9月8日印发的《湖南省“十四五”商务和开放型经济发展规划》明确提出，要大力实施“三高四新”战略，搞活流通促进消费，推动外贸创新发展，推进高质量“引进来”和高水平“走出去”，强化开放平台通道支撑，奋力打造内陆地区改革开放高地。湖南省人民政府办公厅印发《推动开放型经济高质量发展打造内陆地区改革开放高地行动方案（2021—2023 年）》，明确要求推动高水平对外开放，促进形成强大消费市场，不断提升利用两个市场两种资源的能力。一同发布的《推动流通创新发展促进消费提质扩容行动方案（2021—2023 年）》指出，要实施重大开放战略对接专项行动（融入共建“一带一路”和对接国家区域发展战略）及产业链供应链对接专项行动等。2023 年 4 月印发的《关于推动中国（湖南）自由贸易试验区长沙片区高水平开放高质量发展的若干政策》指明，要加快中国（湖南）自由贸易试验区长沙片区提升进位，推动全市高水平开放高质量发展。

参考文献

晏澜菲：《开放发展　看中部地区崛起力量》，《国际商报》2024 年 5 月 16 日。

河南省社会科学院课题组：《新时代我国中部地区高质量对外开放比较研究》，《区域经济评论》2021 年第 5 期。

刘亚雪、田成诗、程立燕：《世界经济高质量发展水平的测度及比较》，《经济学家》2020 年第 5 期。

马茹等：《中国区域经济高质量发展评价指标体系及测度研究》，《中国软科学》2019 年第 7 期。

范和生、朱翔、黄永明：《中部地区的崛起与协调发展》，《区域经济评论》2019 年第 5 期。

王韬钦：《高质量发展要求下中部地区高水平开放的逻辑转向》，《湖南社会科学》2022 年第 1 期。

谭萱等：《合肥中欧班列高质量发展对策研究》，《中国储运》2022 年第 11 期。

史丹、李鹏：《我国经济高质量发展测度与国际比较》，《东南学术》2019 年第 5 期。

顾学明：《“十四五”规划开启高水平对外开放 中国为世界带来新机遇》，《外交》

2021 年第 2 期。

陈景华、陈姚、陈敏敏：《中国经济高质量发展水平、区域差异及分布动态演进》，《数量经济技术经济研究》2020 年第 12 期。

王皓然等：《创新开放协同中部崛起势头强劲》，《经济参考报》2024 年 6 月 4 日。

孙久文：《促进中部地区加快崛起的路径探索》，《中国党政干部论坛》2024 年第 5 期。

ℤ.7

中国中部地区共享发展的综合评价与比较分析

党的二十大报告指出，实现共同富裕是中国式现代化的本质要求之一。中国特色社会主义进入新时代，我国社会主要矛盾已经转化为人民日益增长的美好生活需要和不平衡不充分的发展之间的矛盾。解决发展不平衡不充分的问题，是实现共同富裕、实现发展成果由全体人民共享的必然要求。测度中部六省的共享发展水平，可为中部六省评估以往共享发展情况及今后制定合理的共享发展政策提供参考与科学依据。2013~2022年，中部地区共享发展指数总体呈现上升态势，2020~2022年共享发展指数出现略微下降但仍处于较高水平，人民群众获得感、幸福感、安全感增强。中部六省中，湖北省的共享发展水平显著高于其他五省，其他省份的共享发展水平相近。

第一节　中部地区共享发展指数测度结果与分析

一　省级层面的共享发展指数比较分析

“十四五”规划指出，要坚持新发展理念，把新发展理念完整、准确、全面贯彻发展全过程和各领域。共享发展注重解决社会公平正义问题，是实现全体人民共同富裕的必由之路。实现全体人民共同富裕是党的二十大提出的中国式现代化的本质要求之一。习近平总书记指出，共享理念实质就是坚持以人民为中心的发展思想，体现的是逐步实现共同富裕的要求[①]。中部地区要实现共同富裕，就必须着力解决当前面临的高质量发展不平衡、共享性

① 习近平：《深入理解新发展理念》，《求是》2019年第10期。

差异较大的突出问题[①]。《关于新时代推动中部地区高质量发展的意见》指出，自促进中部地区崛起战略实施以来，特别是党的十八大以来，中部地区经济社会发展取得重大成就，社会事业全面发展。但中部地区发展的不平衡不充分问题依然突出，内陆开放水平、制造业创新能力、生态绿色发展格局、公共服务保障都需要进一步提升优化。“十四五”规划强调，要开创中部地区崛起新局面，着力打造重要先进制造业基地、提高关键领域自主创新能力、建设内陆地区开放高地、巩固生态绿色发展格局，推动中部地区加快崛起。

1. 中部地区共享发展指数整体分析

由图 7-1 可知，从整个中部地区来看，2013~2022 年共享发展指数均值为 25.02，2020 年及以前共享发展指数整体呈上升趋势，2020 年后呈现略微的下降趋势。2013~2022 年中部地区共享发展指数的年均增长率为 3.10%。其中 2014~2018 年共享发展指数同比增长率均较高，但 2019~2022 年共享发展指数同比增长率下降较为显著，且 2020~2022 年共享发展指数同比增长率均为负值。

2. 中部六省共享发展指数分析

中部地区经济社会共享发展取得了较好的阶段性成效，发展进程也具有较为明显的政策驱动特征。自《促进中部地区崛起规划》实施以来，中部地区发展基础得到较大力度的夯实。2021 年 4 月出台的《关于新时代推动中部地区高质量发展的意见》明确指出：中部地区发展不平衡不充分问题依然突出，内陆开放水平有待提高，制造业创新能力有待增强，生态绿色发展格局有待巩固，公共服务特别是应对公共卫生等重大突发事件能力有待提升。

根据表 7-1 及图 7-2，2013~2022 年中部六省共享发展指数均值从高到低分别是湖北、山西、湖南、江西、安徽、河南。从 2022 年各省的 GDP 及

① 陈明华等：《中部地区高质量发展水平测度与演进趋势分析》，《统计与决策》2022 年第 23 期。

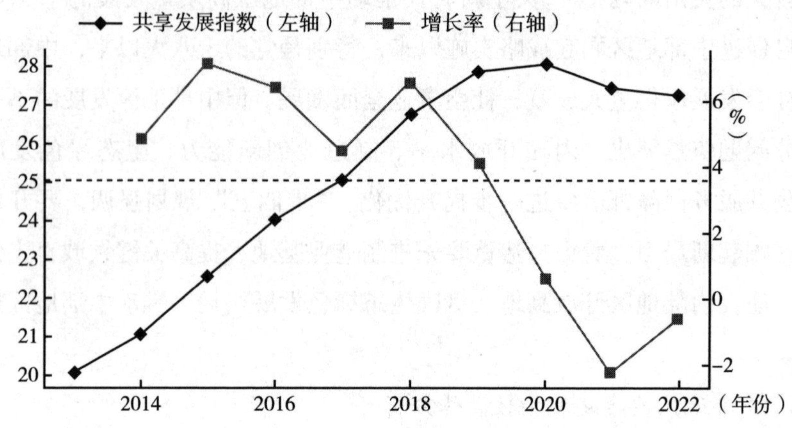

图 7-1　2013~2022 年中部地区共享发展指数及同比增长率

人均 GDP 来看，除山西省外，其他省份的共享发展指数位次与人均 GDP 位次基本一致，这是由于共享发展指数涵盖人民生活、公共服务、社会保障、乐享富足四个方面，这四个方面指标的提升都需要充足的财政资金投入作为保障。山西省在人均 GDP 相对落后的情况下取得了较为出色的共享发展成果，说明山西省对共享事业发展重视程度较高。

从单个省份来看，2019 年及之前中部六省共享发展指数均稳步上升，2019 年后，山西、江西、安徽三省的共享发展指数出现了下降。其他三省的共享发展指数也有所波动。其中，2020 年湖南省的共享发展指数达到了样本期最高值，随后两年出现下滑。2020 年河南省的共享发展指数达到样本期次高值，2021 年出现下滑但 2022 年回升并超过安徽、江西两省。湖北省的共享发展指数始终处于较高水平，2020 年及以前湖北省共享发展指数持续增长，2021 年有所下滑，但依然显著高于中部其他五省。总体而言，中部六省中山西、安徽、江西、河南、湖南的共享发展水平较为接近。中部六省共享发展指数在 2020 年之后整体进行结构性调整，表明《关于新时代推动中部地区高质量发展的意见》对中部六省的共享发展起到了指导作用，有力维持了各省共享发展水平不滑坡。

表 7-1 2013~2022 年中部六省共享发展指数

省份	2013 年	2014 年	2015 年	2016 年	2017 年	2018 年	2019 年	2020 年	2021 年	2022 年	均值
山西	22. 26	23. 27	24. 61	26. 41	27. 05	29. 28	31. 05	27. 54	25. 48	24. 32	26. 13
安徽	18. 13	18. 63	19. 37	20. 05	21. 03	22. 87	24. 13	23. 66	24. 45	24. 41	21. 67
江西	17. 98	19. 88	21. 36	22. 16	23. 24	24. 21	25. 30	24. 55	27. 85	23. 78	23. 03
河南	15. 66	16. 17	17. 66	18. 15	20. 09	21. 88	23. 08	23. 80	22. 67	24. 68	20. 38
湖北	27. 26	28. 72	31. 16	34. 05	34. 28	36. 08	36. 97	39. 57	36. 79	36. 72	34. 16
湖南	20. 46	21. 38	22. 57	24. 76	25. 80	27. 14	28. 24	28. 78	27. 39	27. 23	25. 37

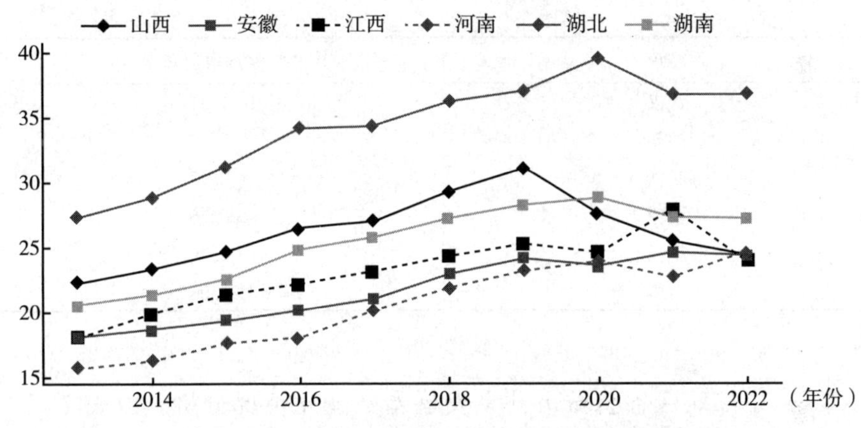

图 7-2 2013~2022 年中部六省共享发展指数变化趋势

二 城市层面的共享发展指数比较分析

1. 中部地区省会城市共享发展指数比较分析

（1）中部地区省会城市共享发展指数整体情况比较。近年来，多个省会城市实施了一系列的强省会战略。省会作为区域的政治、经济、文化中心，理所应当成为区域经济发展的引擎。省会城市作为重点城市要发挥辐射带动作用，成为推动中部地区经济社会加快发展的重要支点。各省会城市在新发展理念的指导下，要实现高质量发展，需要重视发挥引领作用。

如表 7-2 所示，郑州市共享发展指数的年均增长率最高，为 3. 56%；

长沙市共享发展指数的年均增长率为 0.97%，太原市为-0.26%，南昌市为 1.79%；合肥市为 3.06%，在中部六省中也处于较高的水平，仅次于郑州市。可以发现，中部六省省会城市的共享发展指数排名与省级共享发展指数排名之间存在一定差异，表明省会城市的发展在一定程度上与省内其他地级市的发展存在差异，即省内存在发展不平衡不充分的情况，需要积极发挥强省会的带动作用，带动省内城市充分、平衡发展。

表 7-2　2013~2022 年中部六省省会城市共享发展指数年均增长率

单位：%

城市	年均增长率
武汉	1.51
郑州	3.56
长沙	0.97
太原	-0.26
南昌	1.79
合肥	3.06

（2）中部地区省会城市共享发展指数变化情况分析。由表 7-3 可知，2013~2020 年，武汉市的共享发展指数逐年上升并在 2020 年达到最高值，2021~2022 年武汉市的共享发展指数出现下滑，但依然远高于中部其他五省的省会城市。2013~2019 年太原市的共享发展指数处于中部六省省会城市前列，并在 2019 年达到最高值，随后的 2020 年及 2021 年出现了下滑，2022 年有所回升。长沙市的共享发展指数仅在 2015 年被南昌市超越，随后长沙市共享发展指数继续增长并超过南昌市，在 2020 年达到最高值，2021 年、2022 年，长沙市的共享发展指数也出现了持续的下降。2013 年南昌市、郑州市的共享发展指数处于相同水平，随后 2014~2015 年，南昌市的共享发展指数持续上升，2015 年后开始出现下滑，2018~2020 年恢复增长，并在 2020 年达到最高值，随后又有所下降；2014 年，郑州市的共享发展指数出现下滑，随后的 2015~

2020 年持续增长，2020 年达到最高值，2021 年出现下滑并在 2022 年有一定的回升。

表 7-3　2013~2022 年中部六省省会城市共享发展指数

城市	2013 年	2014 年	2015 年	2016 年	2017 年	2018 年	2019 年	2020 年	2021 年	2022 年
太原	48.37	48.81	49.63	52.61	53.26	54.90	57.17	50.79	45.07	47.23
合肥	30.80	32.28	33.50	34.96	36.43	38.72	41.62	40.40	39.99	40.40
南昌	35.48	40.68	42.88	42.09	41.49	42.68	43.71	46.92	45.01	41.64
郑州	35.18	34.43	37.99	39.99	44.02	48.21	49.34	51.15	46.92	48.21
武汉	50.77	53.13	57.12	62.05	62.87	65.02	66.43	69.78	61.75	58.10
长沙	41.59	41.44	42.55	46.67	48.28	49.19	51.03	52.62	46.50	45.36

（3）省会城市共享发展的首位度分析。由图 7-3 可知，2013~2022 年太原市的共享发展指数均值是吕梁市的 3.73 倍，合肥市的共享发展指数均值是亳州市的 4.17 倍，南昌市的共享发展指数均值是抚州市的 3.53 倍，郑州市的共享发展指数均值是周口市的 4.91 倍，武汉市的共享发展指数均值是随州市的 5.42 倍，长沙市的共享发展指数均值是怀化市的 3.47 倍。对比各个省会城市共享发展指数均值与省内共享发展指数均值最低的城市，以此判断省会城市共享发展的首位度，可以发现武汉、郑州、合肥三市的共享发展首位度较高，共享发展水平在省内处于领先位置。武汉市共享发展首位度达到了 5.43。同时，武汉市的共享发展水平也是中部六省省会中最高的，体现出武汉市在中部地区的突出实力。

2. 中部地区城市共享发展指数比较分析

如表 7-4 所示，中部六省绝大多数城市的共享发展指数年均增长率为正，仅有太原、忻州、运城的年均增长率为负，说明中部地区绝大部分城市的共享发展是进步的，极个别城市亟待解决共享发展面临的问题，走出共享发展指数负增长的窘境。其中，河南濮阳是共享发展指数年均增长率最高的城市，年均增长率为 9.55%。

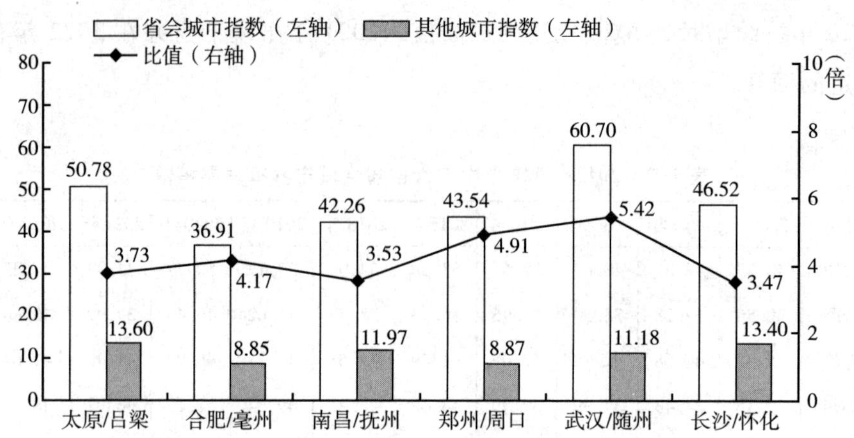

图 7-3　中部六省省会城市与本省末位城市共享发展指数均值比较

表 7-4　2013~2022 年中部地区城市共享发展指数年均增长率

单位：%

城市	年均增长率	城市	年均增长率	城市	年均增长率	城市	年均增长率
濮阳	9.55	襄阳	6.15	平顶山	4.28	吉安	2.41
信阳	8.89	邵阳	6.04	许昌	4.27	鄂州	10.5
咸宁	8.66	益阳	5.8	亳州	4.22	驻马店	10.21
怀化	8.62	商丘	5.72	蚌埠	4.03	张家界	10.06
十堰	8.27	三门峡	5.67	漯河	3.93	南昌	1.79
周口	8.14	宜春	5.66	宿州	3.83	池州	1.77
萍乡	8.13	荆州	5.65	荆门	3.75	临汾	1.51
鹤壁	8.1	焦作	5.51	景德镇	3.73	武汉	1.51
鹰潭	8.06	衡阳	5.28	淮北	3.7	黄山	1.4
郴州	7.65	孝感	5.25	新乡	3.57	晋城	1.39
宜昌	7.59	芜湖	5.14	马鞍山	3.56	阳泉	1.26
永州	7.12	安阳	4.98	赣州	3.56	淮南	1.15
黄冈	7.07	阜阳	4.81	郑州	3.56	晋中	1.01
洛阳	6.99	常德	4.76	新余	3.54	长沙	0.97
黄石	6.67	株洲	4.53	六安	3.42	铜陵	0.83
滁州	6.45	朔州	4.49	安庆	3.21	长治	0.35
岳阳	6.41	九江	4.41	合肥	3.06	宣城	0.15
抚州	6.37	上饶	4.38	湘潭	3.02	太原	-0.26
娄底	6.32	随州	4.36	吕梁	2.9	忻州	-0.5
南阳	6.19	开封	4.33	大同	2.63	运城	-1.83

如表 7-5 所示，2013~2022 年共有 77 个城市的共享发展指数正增长，其余 3 个城市的共享发展指数负增长。其中，共享发展指数增幅最大的是张家界市，共享发展指数增长了 16.07。

表 7-5　2013~2022 年中部六省城市共享发展指数增幅

城市	增幅	城市	增幅	城市	增幅	城市	增幅
张家界	16.07	鹤壁	8.84	南昌	6.16	阜阳	3.77
襄阳	14.27	滁州	8.66	抚州	6.12	长沙	3.77
十堰	13.89	三门峡	8.21	安庆	5.92	六安	3.67
鄂州	13.88	芜湖	8.13	开封	5.77	池州	3.41
洛阳	13.04	株洲	7.9	平顶山	5.7	黄山	3.38
郑州	13.03	荆州	7.84	许昌	5.44	亳州	3.24
宜昌	12.83	常德	7.76	宜春	5.42	吕梁	3.12
萍乡	12.34	信阳	7.5	湘潭	5.36	宿州	3.03
咸宁	11.19	武汉	7.33	邵阳	5.35	吉安	2.82
黄石	10.7	娄底	7.23	朔州	5.33	晋中	2.17
郴州	10.55	新余	7.12	新乡	5.14	晋城	2.09
黄冈	9.91	岳阳	7.1	商丘	5.04	淮南	2.09
怀化	9.88	益阳	7	漯河	4.73	阳泉	1.94
鹰潭	9.79	衡阳	6.98	大同	4.72	临汾	1.91
濮阳	9.72	景德镇	6.97	随州	4.7	铜陵	1.74
合肥	9.6	安阳	6.65	上饶	4.57	长治	0.59
焦作	9.56	周口	6.59	孝感	4.39	宣城	0.18
驻马店	9.47	马鞍山	6.45	淮北	4.35	忻州	-0.61
永州	9.26	蚌埠	6.38	赣州	4.32	太原	-1.14
九江	8.92	南阳	6.31	荆门	3.86	运城	-3.15

第二节　中部地区共享发展指数单指标特征分析

本节从人民生活、公共服务、社会保障和乐享富足 4 个指标对中部地区的共享发展水平进行测度与分析评价。指标数据均来自《中国统计年鉴》《中国城市统计年鉴》。

一　人民生活

1. 失业率

党的二十大报告指出，就业是最基本的民生。根据相关统计年鉴，2013~2022年中部六省年均失业率分别为3.03%（河南）、3.06%（山西）、4.00%（安徽）、4.13%（湖南）、4.34%（湖北）、4.51%（江西）；中部六省年均失业率较低的城市有运城市（1.81%）、吕梁市（2.03%）、郑州市（2.15%）、鹤壁市（2.26%）、漯河市（2.34%）、长治市（2.55%）、晋城市（2.57%）、信阳市（2.59%）、濮阳市（2.78%）、开封市（2.85%）。河南省与山西省的就业状况较好，而湖北省、江西省的失业率较高。2013~2022年失业率年均增长率最高的城市是晋中市，为11.98%，失业率年均增长率最低的城市是益阳市，为-11%。江西、山西、安徽、湖北、河南、湖南失业率年均增长率分别为3.12%、2.85%、1.71%、0.60%、-0.43%、-1.85%。中部六省中江西、山西、安徽、湖北的失业率年均增长率为正，河南、湖南的失业率年均增长率为负，说明中部地区的就业状况需要得到改善。

2. 职工平均工资

2022年，中部六省职工平均工资分别为94752.81元（安徽）、86191.73元（山西）、82186.42元（江西）、73269.12元（河南）、74465.33元（湖北）与63080.77元（湖南）。职工平均工资较高的城市有武汉市（124395元）、合肥市（112019元）、淮南市（111495元）、马鞍山市（107254元）、太原市（103008元）、铜陵市（98719元）、六安市（97256元）、郑州市（97244元）、池州市（95852元）与淮北市（95154元）。2013~2022年，职工平均工资年均增长率最高的城市为襄阳，最低的城市为湘潭，两市的年均增长率分别为11.06%、4.33%。2013~2022年，湖北、江西、安徽、河南、山西、湖南职工平均工资的年均增长率分别为9.22%、8.19%、8.10%、7.85%、7.26%、5.09%，2013~2022年中部地区城市的职工工资都实现了正增长。

二　公共服务

1. 普通高校密度

2022 年，中部六省普通高校密度分别为 1.82 所/百万人（安徽）、2.40 所/百万人（山西）、2.39 所/百万人（江西）、1.37 所/百万人（河南）、1.59 所/百万人（湖北）、1.56 所/百万人（湖南）。普通高校密度较高的城市为太原市（9.75 所/百万人）、南昌市（7.49 所/百万人）、武汉市（6.04 所/百万人）、合肥市（5.61 所/百万人）、郑州市（5.3 所/百万人）、晋中市（5.01 所/百万人）、长沙市（4.99 所/百万人）、新余市（4.16 所/百万人）、湘潭市（4.07 所/百万人）、景德镇市（3.08 所/百万人）。2013～2022 年江西省、河南省、山西省、安徽省、湖南省、湖北省普通高校密度年均增长率依次为 2.66%、2.30%、0.33%、0.26%、-0.09%、-0.18%。省会城市有较高的普通高校密度，山西省的普通高校密度较高，但年均增长率较低；河南省的普通高校密度较低，但年均增长率较高，说明河南省持续加大高等教育投入力度。

2. 每千人医疗卫生机构床位数

医疗保障是解除人民后顾之忧、促进全民健康素质提升的主要社会保障制度安排[①]。2022 年，中部六省每千人医疗卫生机构床位数分别为 7.23 张（安徽）、6.44 张（山西）、7.04 张（江西）、7.50 张（河南）、7.27 张（湖北）、3.12 张（湖南）。每千人医疗卫生机构床位数较高的城市有十堰市（12.16 张）、郑州市（8.86 张）、三门峡市（8.63 张）、太原市（8.48 张）、焦作市（8.16 张）、洛阳市（8.12 张）、黄冈市（8.1 张）、襄阳市（8 张）、漯河市（7.95 张）、萍乡市（7.93 张）。2013～2022 年该指标年均增长率最高的城市为怀化，最低的城市是郴州，年均增长率分别为 48.78%、-17.29%。河南省、安徽省、江西省、山西省、湖北省、湖南省的每千人医疗卫生机构床位数年均增长率依次为 5.78%、4.77%、3.88%、

---

① 郑功成：《从政策性文件主导走向法治化：中国特色医疗保障制度建设的必由之路》，《学术研究》2021 年第 6 期。

1.59%、0.48%、-4.60%。

3. 人均拥有公共图书馆藏量

2022年中部六省人均拥有公共图书馆藏量分别为8.34册（安徽）、24.29册（山西）、1.31册（江西）、39.28册（河南）、10.63册（湖北）、35.79册（湖南）。人均图书馆藏书量较高的城市有长沙市（143.39册）、洛阳市（73.85册）、三门峡市（66.25册）、株洲市（57.62册）、长治市（57.15册）、阳泉市（51.38册）、许昌市（48.24册）、平顶山市（45.79册）、永州市（45.37册）、焦作市（44.85册）。2013~2022年人均拥有公共图书馆藏量年均增长率最高的城市为宿州市，最低的城市为九江市，年均增长率分别为27.92%、-47.34%。河南、湖南、山西、湖北、安徽、江西人均拥有公共图书馆藏量年均增长率分别为6.63%、0.62%、-7.13%、-15%、-16.11%、-32.19%。

4. 人均拥有公共汽（电）车营运车辆数

2022年，中部六省人均拥有公共汽（电）车营运车辆数分别为4.57辆（安徽）、7.44辆（山西）、3.79辆（江西）、1.74辆（河南）、9.90辆（湖北）、1.82辆（湖南）。人均拥有公共汽（电）车营运车辆数较高的城市有宜昌市（19.95辆）、黄冈市（19辆）、荆州市（18.69辆）、孝感市（16.21辆）、随州市（16.2辆）、晋城市（13.04辆）、阳泉市（12.47辆）、武汉市（10.46辆）、太原市（9.92辆）、晋中市（9.5辆）。2013~2022年该指标年均增长率最高的城市为黄冈，最低的城市为开封，年均增长率分别为20.15%、-24.48%。湖北、山西、安徽、江西、河南、湖南年均增长率依次为2.33%、-0.04%、-3.59%、-6.01%、-15.36%、-15.56%。

三　社会保障

1. 城镇职工基本养老保险参保率

对城镇职工基本养老保险参保率进行统计，以衡量中部六省及城市养老保障水平。2022年，中部六省城镇职工基本养老保险参保率分别为58%

（安徽）、57%（山西）、52%（江西）、45%（河南）、90%（湖北）、94%（湖南）。城镇职工基本养老保险参保率较高的有蚌埠市（94.21%）、郑州市（94%）、临汾市（93.12%）、邵阳市（92%）、淮南市（87.75%）、宜昌市（81%）、太原市（81%）、安庆市（80.91%）、咸宁市（80%）、合肥市（75%）。2013~2022年城镇职工基本养老保险参保率年均增长率最高的城市为铜陵，最低的城市为宿州，年均增长率分别为59.39%、-14.73%。安徽、湖南、湖北、山西、河南、江西该指标年均增长率依次为24.97%、4.78%、2.85%、-3.66%、-4.10%、-4.29%。河南省城镇职工基本养老保险参保率最低，年均增长率为负值。安徽省城镇职工基本养老保险参保率不高，但年均增长率高达24.97%，在养老保障方面取得的成效比较出色。

2. 职工基本医疗保险参保率

以职工基本医疗保险参保率衡量医疗保障水平。2022年，中部六省职工基本医疗保险参保率分别为51%（安徽）、46%（山西）、36%（江西）、20.27%（河南）、92%（湖北）、67%（湖南）。职工基本医疗保险参保率较高的有淮南市（98.85%）、张家界市（92.72%）、武汉市（90%）、平顶山市（89.70%）、蚌埠市（87.98%）、郴州市（83%）、马鞍山市（78.29%）、临汾市（72.72%）、襄阳市（72%）、随州市（71%）。2013~2022年职工基本医疗保险参保率年均增长率最高的城市是信阳，年均增长率为24.7%；年均增长率最低的城市是孝感，年均增长率为-17.39%。河南、湖北、湖南、安徽、山西、江西该指标的年均增长率依次为14.50%、5.10%、2.6%、-2.57%、-5.33%、-6.11%。

3. 失业保险参保率

以失业保险参保率衡量就业保障水平。2022年，中部六省失业保险参保率分别为29%（安徽）、31%（山西）、17%（江西）、21%（河南）、33%（湖北）、59%（湖南）。失业保险参保率较高的城市有湘潭市（77%）、衡阳市（74%）、怀化市（73%）、张家界市（70%）、娄底市（65%）、株洲市（62%）、咸宁市（61%）、岳阳市（55%）、淮南市（54.27%）、郴州市（54%）。2013~2022年失业保险参保率年均增长率最高的城市为怀化，最低的城市为黄石，年均增长率分别为 12.43%、-14.39%。湖南、湖北、安徽、山西、江西、河南该指标年均增长率依次为 5.13%、1.58%、-2.23%、-5.83%、-6.32%、-7.28%。安徽、山西、江西、河南的失业保险参保率年均增长率为负数，可见四省就业保障水平比较落后，未来需要加强失业保障。湖南的失业保险参保率及年均增长率都处于中部六省前列，说明湖南省在失业保障方面的工作较为突出。

四 乐享富足

1. 人均国内旅游收入

2022 年，中部六省人均国内旅游收入分别为 1.01 万元（安徽）、0.41 万元（山西）、1.59 万元（江西）、1.10 万元（河南）、2.09 万元（湖北）、1.24 万元（湖南）。人均国内旅游收入较高的有十堰市（4.95 万元）、宜昌市（4.14 万元）、郑州市（3.93 万元）、黄山市（3.60 万元）、襄阳市（3.57 万元）、武汉市（3.50 万元）、黄石市（3.45 万元）、池州市（3.28 万元）、鹰潭市（3.07 万元）、洛阳市（2.92 万元）。2013~2022 年人均国内旅游收入年均增长率最高的城市是黄石，年均增长率为 34.67%；年均增长率最低的城市是阳泉，年均增长率为-10%。湖北、江西、湖南、河南、安徽、山西该指标年均增长率分别为 18.04%、13.98%、13.01%、12.72%、5.51%、-5.38%。

2. 文化、体育和娱乐业从业人员数占比

2022 年，中部六省文化、体育和娱乐业从业人数占比分别为 0.35%（安徽）、0.96%（山西）、0.32%（江西）、0.10%（河南）、0.81%（湖北）、0.08%（湖南）。文化、体育和娱乐业从业人数占比较高的城市有太原市（1.48%）、运城市（1.28%）、武汉市（1.28%）、宜昌市（1.22%）、六安市（1.14%）、景德镇市（1.03%）、大同市（1.02%）、临汾市（1.02%）、晋中市（1.01%）、孝感市（0.94%）。2013~2022 年该指标年均增长率最高的城市为咸宁，最低的城市为池州，年均增长率分别为 4.22%、-46%。湖北、山西、江西、安徽、河南、湖南该指标年均增长率依次是 1.71%、-0.12%、-7.13%、-9.07%、-18.73%、-22.16%。

第三节　案例分析：湖北省县域推动共享引领经济高质量发展的经验

一　案例1——湖北省黄冈市黄梅县分路镇：着力构建“一河两岸”，谱写乡村生态诗篇

位于湖北省黄冈市黄梅县的分路镇，坐落在鄂、赣、皖三省的交界处。近年来，分路镇党委、政府在坚持绿色发展理念、推进生态文明建设方面取得了显著成效①。

过去，分路镇西河及其周边生态环境状况堪忧，水质污染问题突出，严重影响了当地居民的生活质量，也制约了镇域经济的可持续发展。面对这样的局面，分路镇党委、政府积极行动，打破治理障碍，形成了共商共谋的良好氛围，广泛动员和带领群众参与西河的生态治理工作。

通过几年的不懈努力，分路镇西河的生态环境得到了根本性改善。昔日的污染河流变成了清澈见底的生态之河，周围的环境也得到了美化，绿色植被覆盖率大幅提升。分路镇西河的成功治理，是分路镇党委、政府坚持生态优先、绿色发展的生动实践，成为新时代农村生态文明建设的一个缩影，优化了人居环境，实现了生态文明建设成果由全体人民共享。

1. 从“事不关己”到“共商共谋”

分路镇党委、政府在推进生态环境治理的过程中，积极倡导和动员群众共同参与，形成了共建共治共享的良好格局。为了更好地倾听民意、汇聚民智，分路镇创新性地定期举办“垸子夜话”活动。“垸子夜话”活动由分路镇党委书记亲自主持，为群众提供了一个开放、自由的讨论平台。在西河生态治理的初期规划阶段，分路镇便多次开展“垸子夜话”活动，希望借此收集居民的意见和建议。然而，起初分路镇居民的参与和响应并不热烈，其

① 《湖北省黄冈市黄梅县分路镇：共建“一河两岸”共谱乡村新韵》，学习强国平台，2022 年 7 月 8 日，https：//www. xuexi. cn/lgpage/detail/index. html？ id = 4537288540774472586&；item_ id = 4537288540774472586。

中甚至不乏质疑之声，表现出一种“事不关己，高高挂起”的冷漠。

随着分路镇西河生态治理工作的逐步推进、环境质量的显著改善，以及生态恢复的初见成效，群众的观念和态度开始发生转变。他们亲眼见证了生态治理带来的积极变化，感受到了生活环境质量的提升，因此，越来越多的人开始主动参与“垸子夜话”。在这里，人们能够表达自己的看法，对分路镇的生态治理工作提出宝贵的意见和建议。分路镇的这种做法，不仅有效地提升了群众的参与意识和满意度，也为分路镇的生态文明建设注入了强大的动力，形成了政府与民众携手共进、共商共建的良好氛围。

2. 从“我不参与”到“我来共建”

缔造美好生活，只有群众积极参与、共同建设、双向奔赴，才能取得实效、收获满意、赢得口碑。在这一理念的推动下，分路镇西河的蜕变成为生动的实践案例。曾经的西河周边拥有 500 余座历史遗留的坟墓，密集且杂乱，每逢清明等祭扫时节，祭祀残留的垃圾严重污染了河流水质和周边人居环境。

新一届党委、政府上任后，通过反复宣讲和多次动员，成功激发了周边群众的参与热情。在共享发展理念引导下，群众不仅认识到了问题的严重性，更看到了共同参与治理的必要性和可能性。群众积极参与迁移坟墓 500 余处，拆迁自住房屋 5 处、破旧房屋 12 处，让出庭院面积 1200 余平方米，自愿捐助资金超 60 万元，签订了 400 余份门前“四包”承诺书，展现了与党委和政府同心同向、携手共建的精神。分路镇余桥村和镇南村的党员和群众更是自发组建志愿服务队，在周末积极参与“洁村行动”，在西河新区清除杂草和垃圾。这些行动不仅改善了环境，也增强了社区的凝聚力和向心力，体现了共享发展的精神。分路镇党委、政府在西河新区的打造过程中，广泛发动群众、积极投身共谋，先后召开代表会议 5 次、“垸子夜话” 11 次、点对点上门工作 102 次，收集群众建议 56 条，归纳回应群众期许 35 条，把群众的一点一滴美好愿景都变成了用心用情的处处美景。

3. 从“户户掩门”到“人人共享”

2022 年，分路镇将西河的综合整治工程列为全镇十大民生重点工程之首，以实现生态环境的全面改善和居民生活质量的显著提升。为了实现这一宏伟目标，镇政府统筹了 4850 万元的项目资金，并自筹了 130 余万元，全力投入西河的治理与美化工作。在一系列紧锣密鼓的工程中，12. 58 公里的河道得到了彻底疏浚，确保了水流畅通无阻；1. 9 公里的护岸工程稳固了河岸，防止了水土流失；两岸的道路得到了硬化，总计 5 公里的道路更加便于居民出行；新建的 2 座西河桥和 2 座景观亭，不仅便利了交通，也成为河岸边的美丽风景；68 盏路灯、360 棵行道树以及 2 处节点小游园，为西河增添了生机与活力；墙画、文化宣传栏和 4000 余米的夜光灯带，更是丰富了西河的文化内涵和夜间景观。

分路镇党委、政府还大力推进了两岸村庄的人居环境整治行动，使西河两岸成为居民休闲放松的最佳去处，也成为宜居新镇的“最亮新地标”。经过一系列的治理和改造，西河实现了华丽转身。每当夜幕降临、华灯初上，西河的夜色美景成为居民们津津乐道的焦点。彩灯映照下的两岸民居和树木倒映在清澈的河水中，吸引了无数居民和游客前来打卡、拍照，争相记录下这美好的瞬间。

分路镇的生态治理案例为解决生态修复成本高昂与治理迫切性之间的矛盾提供了一条创新路径。分路镇党委、政府采取了一种新模式，即动员和鼓励群众共同参与生态治理，共同商讨、共同建设，以实现生态环境的持续改善。在规划治理方案时，分路镇打破了传统的行政管理壁垒，摒弃了党委、政府一手包办的“一言堂”模式，转而采用了更加开放和包容的共商共建模式。这种模式鼓励分路镇的居民积极参与生态环境治理规划的讨论，让每一位居民都有机会为改善自己的生活环境出谋划策。在生态环境治理的具体行动中，通过反复宣讲和多次动员，分路镇的居民们逐渐认识到生态环境治理与他们的生活息息相关，从而激发了他们积极参与的热情。居民们认识到生态环境治理的重要性，通过实际行动参与分路镇的生态环境治理，形成了“热情参与、我来共建”的良好社会氛围，真正实现了共商共建共享的目标。

分路镇的生态文明共享发展模式，有效地解决了生态环境治理的经费问题，增强了社区居民的环保意识和主人翁意识，为其他地区在生态文明共享治理方面提供了可借鉴的经验和模式。通过这种全民参与的方式，分路镇成功地将生态环境治理的高昂成本转化为全民共享的生态红利，实现了共商共建共享的发展模式。

二　案例2——湖北天门：精细化服务让老人乐享晚年

面对日益严重的人口老龄化问题，湖北省天门市积极推动养老服务业发展，不断完善以居家养老为基础、社区养老为依托、机构养老为示范、医疗与养老相结合的多层次养老服务体系①。

1. 大力推进居家养老，老人在家畅享服务

为了有效提升老年人居家养老的生活质量，天门市广泛开展了针对分散供养特困人员及城乡居民最低生活保障对象中年龄高、不能完全自理、身体存在残疾的老年人的家庭养老适老化改造。通过专业机构现场评估，了解特殊困难老年人的生活与改造需求，制定个性化的改造方案。实施 7 项普惠性入户改造与 23 项个性化需求改造，天门市已投入资金 150 万元，完成 500 余户特困老年人家庭适老化改造。

在完成家庭适老化改造的基础上，为进一步建立健全失能老人的居家养老照护体系，天门市积极推进家庭养老床位建设试点工作。根据居家养老老年人的需求，在适老化改造的基础上进一步优化，配备家庭养老必要的设施与器具，满足老年人居家生活与上门护理服务的需求。同时，安装紧急呼叫和门磁等智能感知设备，通过养老服务平台进行呼叫响应和预警处理。此外，提供包括生活照顾、卫生清洁、康复护理、精神慰藉等在内的上门服务，全方位满足老年人的照护需求。

2. 积极发展社区养老，老人享受社区便利

为解决社区养老中的痛点与难点，天门市积极构建社区养老服务综合

---

① 《精细化服务让老人乐享晚年》，湖北省市场监督管理局网站，2023 年 12 月 19 日，https：//scjg. hubei. gov. cn/bmdt/ztzl/ggfwzltsdxal/202312/t20231219_ 5008790. shtml。

体。在侯口街道侨乡社区，天门市针对该社区常住人口老龄化程度达 50% 以上的现实状况与对养老配套设施的迫切需求，打造了集全天托管、白天托管、爱心餐饮服务与术后康复等功能于一体的社区养老服务综合体，丰富了老年人的业余时间，便利了老年人的日常生活，得到了侯口街道侨乡社区居民的一致肯定。

近年来，湖北省天门市积极开展社区养老设施的建设，持续推进惠及全民的养老服务基础设施建设，加快建设城乡社区养老服务中心。其中，天门市的重点工作是支持街道社区级别的养老服务综合体建设。除侯口街道侨乡社区外，天门市还在多个社区建立了养老服务综合体，有效为社区的老年人提供各类综合性服务。针对农村老年人养老问题，天门市对农村老年人互助照料中心进行升级改造并建立互助照料中心运营补贴制度，提供持续性的运营补贴，以满足农村老年人的养老需求。

3. 支持发展机构养老，老人生活安心舒心

天门市针对各类养老机构持续进行品质升级，重点是针对农村养老福利机构的升级改造。胡市镇农村福利院在天门市民政局的持续升级下，从以前的几间老瓦房变为花园式二层小洋房，环境优美、设施齐全、服务周到，得到了福利院老年人的一致称赞。

天门市对全市备案的 4 所公办养老机构、6 所民办养老机构及 28 所农村福利院进行升级改造。特别是对农村福利院，天门市广泛开展了适老化改造与配套设施更新，及时更新农村福利院的基础设施，为所有活动场所与住所安装空调。在更新升级基础设施的同时，天门市积极完善安全管理制度，定期联合各部门排除各类安全隐患，为农村养老机构及老年人构筑安全屏障。

天门市的养老服务体系改革，有效提升了老年人的生活质量，满足了老年人的多元化需求，为其他地区应对人口老龄化提供了有益经验。

专题报告

Z.8 江西"在加快革命老区高质量发展上走在前"的路径选择

第一节 问题提出

革命老区是指土地革命战争时期和抗日战争时期在中国共产党领导下创建的革命根据地，即中国老革命根据地。长期以来，革命老区是我国经济社会发展中的薄弱地带，习近平总书记高度重视革命老区的振兴发展。2023年，习近平总书记赴江西考察，对江西的发展提出了新的要求，"（发展江西革命老区要）着眼高质量发展、绿色发展、低碳发展等新要求，解放思想、开拓进取，扬长补短、固本兴新，努力在加快革命老区高质量发展上走在前、在推动中部地区崛起上勇争先、在推进长江经济带发展上善作为，奋力谱写中国式现代化江西篇章"①。

① 《习近平在江西考察时强调 解放思想开拓进取扬长补短固本兴新 奋力谱写中国式现代化江西篇章》，《人民日报》2023年10月14日。

鉴于革命老区振兴发展的极端重要性，长期以来学术界高度重视革命老区振兴发展研究，对革命老区振兴发展的路径和政策进行了深入的探索，并且主要聚焦以下两个方面。

一是对革命老区振兴发展政策的演进进行梳理。[①] 以党的十八大为节点，可将革命老区振兴发展政策分为党的十八大以前的初步探索阶段和党的十八大以后的全面、系统推进阶段。罗海平等[②]将革命老区振兴发展战略划分为改革开放前扶持阶段（1952～1978 年）、改革开放后重点扶持阶段（1979～2000 年）、“1258”体系前制度化振兴阶段（2001～2011 年）、“1258”体系后规范化振兴阶段（2012～2020 年）、“1+N+X”体系全面化振兴阶段（2021 年至今）五个阶段，细致梳理了革命老区振兴政策的演变历程。韩广富、刘心蕊对革命老区扶贫脱贫的历史进程进行梳理，可细分为体制改革带动下的起步阶段（1978～1983 年）、开发式扶贫推动下的展开阶段（1984～2000 年）、专项特惠政策引导下的深化阶段（2001～2010 年）、精准扶贫脱贫的攻坚阶段（2011 年至今），并在此基础上提出了加大对老区的支持和投入、动员社会力量共同参与等经验启示[③]。徐丽媛、郑克强从发展竞争力的角度对中部革命老区的发展阶段进行定位，将中部革命老区发展竞争力划分为要素驱动、投资驱动、创新驱动和财富驱动四个阶段定位[④]。胡学英、罗海平和唐立君同样对革命老区振兴政策的历程进行梳理，将其分为分散扶持阶段、重点扶持阶段、振兴起步阶段、全面脱贫阶段、高质量发展阶段[⑤]。

二是对革命老区振兴发展路径及效果进行评估。张明林、曾令铭运用双

① 龚斌磊等：《革命老区振兴发展的政策创新与效果评估》，《管理世界》2022 年第 8 期。

② 罗海平等：《革命老区高质量发展与中国现代化道路》，经济科学出版社，2023。

③ 韩广富、刘心蕊：《改革开放以来革命老区扶贫脱贫的历史进程及经验启示》，《当代中国史研究》2019 年第 1 期。

④ 徐丽媛、郑克强：《中部革命老区（贫困地区）发展竞争力的阶段定位与对策研究》，《经济研究参考》2014 年第 64 期。

⑤ 胡学英、罗海平、唐立君：《我国革命老区高质量发展：历史逻辑、现实困境与实践路径》，《中共银川市委党校学报》2023 年第 5 期。

重差分法，从经济增长和经济发展内生动力两个维度评估了2012年以来我国出台的5个重点革命老区振兴发展规划的效果，并根据结果提出国家要在支持革命老区的政策目标、扶持内容和方式上做出适应性调整等建议①。张科、朱虹、黄细嘉运用多期双重差分模型识别了红色旅游发展与革命老区经济增长之间的因果关系，提出红色旅游可以显著促进革命老区经济发展，尤其对于经济发展水平、产业发展水平和区位优势较落后的地区，红色旅游的促进作用尤为显著②。张明林、李华旭运用PSM-DID方法，评估了国家优先支持政策对五大重点革命老区绿色全要素生产率的促进效应，指出要加大对革命老区科技和教育等方面的投入，进一步优化政策效果③。龚斌磊等运用双重差分法对老区振兴规划路径进行了评估，发现以五大重点革命老区国家级振兴规划为代表的支持政策，通过促进基础设施建设、工业与旅游业发展等措施有效推动了当地经济加快增长、全面提高了民生福祉④。刘奥、张双龙采用多期双重差分模型研究革命老区振兴规划实施对城乡收入差距的影响及作用机理，发现革命老区振兴规划的实施能通过加强基础设施建设、增加地方财政投入、提高城镇化水平和促进农业发展等途径缩小城乡收入差距，助力老区人民实现共同富裕⑤。

江西是我国重要的革命老区，是我国革命老区脱贫攻坚和振兴发展的典范。本报告运用类比与对比分析法，分析了江西“在加快革命老区高质量发展上走在前”的成效、问题与路径选择。

---

① 张明林、曾令铭：《国家优先支持革命老区的政策效果及治理启示》，《中国行政管理》2020年第6期。

② 张科、朱虹、黄细嘉：《红色旅游发展与革命老区经济增长》，《社会科学战线》2023年第8期。

③ 张明林、李华旭：《国家优先支持政策促进绿色全要素生产率的效应评估——来自革命老区的经验证据》，《财经研究》2021年第10期。

④ 龚斌磊等：《革命老区振兴发展的政策创新与效果评估》，《管理世界》2022年第8期。

⑤ 刘奥、张双龙：《革命老区振兴规划实施的共同富裕效应——基于城乡收入差距视角》，《中国农村经济》2023年第3期。

第二节　江西“在加快革命老区高质量发展上走在前”的基础与成效

一　经济发展与产业升级“走在前”

从政府对革命老区的发展支持来看，无论是财政支持还是资金投入都在不断增加。首先，转移支付增加。江西省财政厅在2024年初预算中增加安排革命老区转移支付2亿元，较上年增长38.5%，资金总量达7.2亿元①。这部分资金主要用于支持革命老区的各项社会事业发展，助力保障和改善民生。其次，资金分配更合理。在资金分配时，注重加强财政困难程度系数运用，向财政运行较为困难的革命老区倾斜，增强资金分配的公平性和合理性。在各级扶贫政策的加持下，革命老区扶贫成绩斐然。自精准扶贫实施以来，江西省革命老区扶贫开发工作取得历史性跨越，是首个实现贫困县摘帽的省份，井冈山市、吉安县等在全国率先脱贫摘帽②。

从经济发展成效来看，江西革命老区在高质量发展过程中经济建设绩效突出、发展态势较好。赣闽粤原中央苏区地跨17市，其中赣州市、吉安市、龙岩市、漳州市、泉州市重点革命老区经济实现飞跃发展，地区生产总值（GDP）大幅增长。江西85个革命老区县GDP全部实现十年翻番，展现出“老区不老、生机勃发”的良好态势。2022年，江西省GDP突破3万亿元，达到3.21万亿元，发展位势不断提升，质量效益显著增强③。

从高质量发展要求来看，江西革命老区高质量发展引领和示范效应持续释放。江西正加快实施数字经济做优做强“一号发展工程”，推动数字经济

① 《我省新增2亿元资金支持革命老区发展》，《江西日报》2024年3月1日。

② 龚晓菊、张跃化：《基于层次分析法的江西省革命老区精准扶贫绩效评估分析》，《经济研究参考》2019年第13期。

③ 《江西省2022年国民经济和社会发展统计公报》，江西省统计局网站，2023年3月28日，https://tjj.jiangxi.gov.cn/default/files/986d3cf5-e3e9-4503-b3af-2993a2b3f033.pdf。

与先进制造业、现代服务业深度融合发展，为革命老区带来新的经济增长点，通过深耕产业赛道、强化数字赋能等措施，促进革命老区产业升级和转型。赣闽粤原中央苏区各区县产业结构不断优化，已形成第二、第三产业为主，产业结构转型升级加速的良好势头，生态环境质量已悄然走在全省前列。在江西加快打造“一主一副、两翼联动、多点支撑”区域发展新格局中，赣州、吉安等革命老区发挥了重要支撑和引领作用，正加速成为全国革命老区高质量发展高地。

二　红色文化与文化服务“走在前”

红色文化是革命老区独有的文化，也是我们民族精神和民族性格的重要组成部分。建设老区红色文化，不仅有助于凝聚民族力量、强化中华民族共同体意识，还有助于老区人民坚定信心、凝聚力量发展革命老区，更有助于探索革命老区振兴发展的独特出路，发展红色旅游等革命老区个性化的振兴方式，向内挖掘革命老区发展动力源泉，推动革命老区经济高质量发展。红色文化资源是革命老区立足的红色底色，是革命老区发挥政策撬动作用、吸引社会资本、推进共同富裕的重要资源禀赋[①]。近年来，革命老区传承弘扬红色基因取得新进展。相关部门推进革命文物保护利用，不断加强红色教育基地建设管理使用，大力弘扬老区精神，统筹推进长征国家文化公园建设，贯彻落实《长征国家文化公园建设保护规划》，指导相关省份推进分省份建设保护规划实施，推进一批红色文化和革命遗址保护利用设施建设项目。例如，江西省于都县梓山镇潭头村等一批革命老区村镇入选全国乡村旅游重点镇和全国乡村旅游重点村。江西革命老区的文化建设成效显著，体现在红色文化传承与保护、文化产业发展、公共文化服务水平提升以及文化创新与传播等方面。

一是红色文化传承与保护。江西认真贯彻落实《关于深入推进红色

① 张瑾等：《共同富裕目标下革命老区乡村旅游发展的农户生计效应》，《自然资源学报》2023 年第 2 期。

基因传承的意见》等文件精神，制定出台相关政策措施，重点部署红色资源保护利用工作。扎实推动长征国家文化公园江西段建设，多个省级重点调度项目顺利推进，其中包括国家级重点项目。举办多届中国红色旅游博览会以及革命文物保护利用智汇论坛，推动革命文物保护利用工作高质量发展。

二是文化产业发展。首先，重视文化产业规模与质量。江西加快文化制造、文化出版、文化创意、数字文化等重点文化产业发展，引进和培育一批重点文化企业。推动文化产业总量扩大、质量提升，为文化强省建设提供有力支撑。其次，重视文旅深度融合。立足江西文化资源禀赋和产业基础，推动文旅深度融合，促进文化产业与旅游产业的协同发展。通过“以文塑旅、以旅彰文”，丰富旅游产品的文化内涵并提升附加值。

三是公共文化服务水平提升。首先，加强公共文化设施建设。江西加强公共文化设施如城市书房、文化驿站等新型公共文化空间的建设，提升公共文化服务水平。推动公共图书馆、博物馆等文化场馆免费开放，并延时、夜间开放，满足人民群众的文化需求。其次，举办文化活动与惠民项目。举办多种文化活动，如庐山国际爱情电影周、“文化进万家”等活动，丰富群众精神文化生活。实施“送戏下乡”等惠民项目，提高群众的文化获得感和幸福感。

四是文化创新与传播。在文化创新上，江西在文化传承与创新方面不断探索，推动赣鄱文化的创造性转化和创新性发展。深化赣鄱文化研究阐释，实施考古探源工程，挖掘赣鄱文化的精神特质和时代价值。在文化传播上，江西省通过多种渠道和方式传播江西文化，如举办新闻发布会、推出“江西文化符号”丛书和创办短视频大赛等。

三　基础设施与民生服务“走在前”

推动革命老区基础设施建设是增进民生福祉、推动革命老区高质量发展必不可少的一环。中央政府继续提高对边界县、脱贫摘帽县等弱势地区的帮扶，进一步加强基层公共服务设施建设，支持手段不应局限于财政转移支付，人才输送与交通网络完善也是推进公共服务均等化的重要内容[①]。经济发展与社会发展之间存在相互挤压和阻碍的现象，因此应时刻注重利用社会发展夯实经济发展，通过经济发展为社会发展充能[②]。革命老区要建设完善基础设施，为经济社会发展提供保障，夯实经济社会发展的基础。各个革命老区都积极完善基础设施，以江西革命老区为例，江西革命老区基础设施建设成效显著，具体表现为交通、水利、农业以及民生设施等多个领域的改善和提升。

一是交通基础设施建设。2023 年江西省高速公路通车里程达 6731 公里，出省通道达到 34 个，其中 85 个革命老区县的高速公路通车里程为 6039 公里，出省通道达 30 个[③]。江西省重点推进沪昆、京九主通道高速公路“四改八”扩容和萍乡等地绕城高速建设，推进通城（赣鄂界）至铜鼓、寻乌至赣州等省际高速公路建设，全面提升革命老区县对外快速通行能力。普通国道路网整体通行能力大幅提升，普通国道二级及以上等级公路比例达 92%。县道三级及以上公路比例达 61%，建制村通双车道比例达 56%。赣江、信江实现三级通航目标，高等级航道里程达 797 公里[④]。全面加快九江主要港口和赣州、吉安等地区重要港口建设。

二是农业与农村基础设施建设。党和国家针对江西组织实施增发国债高标准农田建设项目，启动 2024 年度建设任务，稳步推进“乡村主建、农民主体”建设模式，完善建后管护措施，加速建设省级水网先导区，加快推动鄱阳湖水利枢纽工程建设，全面推进解决农田灌溉“最后一公里”问题攻坚行动。与此同时，力争全省农作物耕种收综合机械化率达 75% 以上，加快适用丘陵山地、果菜茶园、竹林、设施农业等农机具研发，推动农机装备产业园（制造基地）建设。

---

① 张楠、赵倪可、高明：《新时代中国县乡基本公共服务配置的财政基础、空间均衡与实践逻辑》，《中国农村经济》2023 年第 12 期。

② 徐丽媛、郑克强：《中部革命老区（贫困地区）发展竞争力的阶段定位与对策研究》，《经济研究参考》2014 年第 64 期。

③ 《85 个革命老区县 GDP 十年翻番》，《信息日报》2023 年 9 月 7 日。

④ 《85 个革命老区县 GDP 十年翻番》，《信息日报》2023 年 9 月 7 日。

三是民生与公共服务设施建设。民生与公共服务设施包括修缮革命烈士陵园、道路维修改造、安装路灯、新建公厕、新建桥梁、新建排水沟、雨污分流、村庄综合整治等内容。部分农村基础设施面貌得到有力改善，老区人民生活品质得到明显提升。资金规模扩大，例如，2022 年上饶市广丰区共获得革命老区专项转移支付资金 3014 万元，用于 24 个项目，总项目投资 3384. 6 万元。

四　生态文明与绿色发展“走在前”

2012 年，习近平总书记强调：“环境就是民生，青山就是美丽，蓝天也是幸福。”① 生态环境对革命老区的重要性不言而喻，它不仅关系国家的生态安全，还直接影响老区人民的生活质量和老区的可持续发展。在国家和地方政策的支持下，革命老区重点城市既守住了青山绿水，又打造了绿色富民的“生态福袋”。江西革命老区生态建设的显著成就主要体现在生态环境质量、体制机制改革、绿色低碳发展以及生态产品价值实现四个方面。

第一，生态环境质量显著提升。首先，提升空气质量。江西持续打好蓝天保卫战，$PM_{2.5}$ 平均浓度降至 $29ug/m^3$，空气质量优良天数比例达到 96. 5%，两项指标均居中部六省第 1 位。其次，改善水质。国考断面水质优良比例达到 97%，长江干流江西段连续 6 年、赣江干流连续 3 年保持Ⅱ类水质，湖泊水质得到有效提升。最后，生态保护与修复。江西封山育林、退化林修复等生态工程取得显著成效，水土保持率、森林覆盖率等指标均保持在全国前列。

第二，江西革命老区体制机制改革实现新突破。首先，开展林长制考核。江西在全国率先探索并成功实施林长制，考核成绩优异，成为全国深化集体林权制度改革先行区和森林可持续经营试点重点省。其次，完善水资源管理制度。江西在国务院最严格水资源管理制度考核中连续 5

① 中共中央文献研究室编《习近平关于社会主义生态文明建设论述摘编》，中央文献出版社，2017。

年优秀，多项改革成果在全国推广。最后，完善生态保护机制。江西探索自然资源资产整体配置并成功交易，创新自然资源“储赋能”新模式，为生态保护提供有力支撑。

第三，江西革命老区推动绿色低碳发展。首先，推动能源结构优化。江西将新能源和清洁能源发展放在更加突出的位置，2023 年可再生能源发电项目装机容量占比突破 50%，达到 50. 1%。其次，促进产业结构升级。江西革命老区战略性新兴产业增加值增长显著，2022 年全省数字经济核心产业实现增加值 2678. 7 亿元，同比增长 16. 8%，占 GDP 比重达 8. 4%，太阳能电池、电动载人汽车等“新三样”出口额大幅增长。最后，完善绿色建筑与交通。2024 年江西大力推进绿色建筑和海绵城市建设，新开工装配式建筑面积占比超过 34%，交通运输绿色发展成效明显，水路货运周转量增速排名全国前列。

第四，江西革命老区拓宽生态产品价值实现路径。首先，明确生态资产价值核算办法。江西在全国率先出台生态资产价值评估管理办法，建立生态产品信息共享与核算平台，完成省市县三级 GEP 初步试算。其次，完善市场交易机制。江西探索生态溢价交易与融资，推动绿水青山的“好颜值”转化为金山银山的“好价值”。最后，发展绿色金融。通过金融赋能，江西支持生态保护和绿色发展项目，促进生态产品价值实现。

第三节　江西“在加快革命老区高质量发展上走在前”存在的短板与问题

一　经济基础较弱，社会事业发展较滞后

革命老区经济与社会事业发展在革命老区的整体发展中占有重要地位，它们对于革命老区的高质量发展、老区人民生活的改善，乃至国家整体的繁荣进步具有重要意义。江西革命老区经济与社会事业发展存在的问题，主要可以分为经济与社会两个层面。

首先，从经济层面出发，整体来说江西革命老区偏远落后，尽管经济增长提速，但与先进城市仍有较大差距。对比赣州市、龙岩市、三明市，从人均 GDP 来看，江西省属于中部地区崛起战略支持地区，经济发展水平较为落后，尤其是相对于福建省等东部地区而言，龙岩市和三明市的人均 GDP 均是赣州市的 2 倍有余。龙岩市和三明市的人均 GDP 超过同期全国平均水平，三明市人均 GDP 略高于福建省平均水平，龙岩市人均 GDP 略低于福建省平均水平。赣州市的人均 GDP 远低于同期全国和江西省的平均水平（见表 8-1）。2020 年，593 个重点革命老区的人均 GDP 达 4.84 万元，与东部地区人均 GDP 的差值拉大至 4.69 万元。虽然 2015~2020 年重点革命老区的人均 GDP 增速较快，达到 66.32%，经济建设效率较高，但是由于经济基础薄弱，高增速下的重点革命老区人均 GDP 仍较低（见图 8-1）。江西革命老区以农业发展为主，工业和服务业发展相对落后。由于交通不便、基础设施建设不完善等，江西革命老区农业普遍存在规模较小、产业链较短和附加值较低等问题。从工业上看，工业经济新格局能够战略性地决定或左右一个地区经济社会发展的全局，但江西革命老区工业存在技术水平不高、污染较严重和产业结构较单一等问题。陈果和边俊杰认为，中部省份革命老区国家级经济技术开发区由于区位交通优势不明显、工业发展起步较晚、工业基础较为薄弱等，园区中民营企业在物流、用能、人才、技术、营商环境等方面有较多短板[①]。从服务业角度看，革命老区现代服务业发展滞后，商贸流通潜力未能充分发挥，县域经济活力不足，中心城镇集聚产业和人口的能力弱，城镇化进程滞后，以城带乡能力不足。从主导产业角度看，遵循比较优势发展产业，是实现快速发展和提高收入的最好办法[②]，但江西革命老区缺乏特色主

① 陈果、边俊杰：《中部省份革命老区国家级经济技术开发区降成本成效与政策分析——以江西赣州为例》，《企业经济》2020 年第 3 期。

② 林毅夫：《产业政策与我国经济的发展：新结构经济学的视角》，《复旦学报》（社会科学版）2017 年第 2 期。

导产业，经济发展动力与后劲不足①。革命老区优势产业发展存在质量认证基础薄弱等突出矛盾。从扶持资金投入的角度看，革命老区间资金支持不均衡，以左右江革命老区为代表的偏远落后老区建设资金不足成为常态。此外，革命老区财政资金投入存在散、乱、杂的现象，不利于各部门对资金的有效利用与管理。

其次，从社会层面出发，可以再细化从社会保障体系和教育资源两方面进行阐述。总体而言，部分革命老区在义务教育、基本医疗、住房安全“三保障”以及安全饮水方面还存在一定短板，城乡一体化进程缓慢。第一，总体上，江西革命老区社会保障体系存在的问题主要包括基本公共服务水平不高、供给不足、质量不高、发展不平衡等。在医疗方面，革命老区空心化严重，医疗基础设施建设不足，且医疗人才与技术是革命老区的一大短板。在养老方面，革命老区人口老龄化较严重，养老体系的建设成为革命老区的一大难题。第二，江西革命老区教育、文化、体育等方面软硬件建设滞后，基本公共服务能力不足，老区内部差异极为显著，无法满足教育需求。同时，革命老区未能充分挖掘红色文化潜在的教育意义，江西革命老区文化教育活动开展不充分。

表 8-1　2021 年赣州、龙岩、三明主要经济指标

经济指标	赣州市	龙岩市	三明市
常住人口(万人)	898	273	248
GDP(亿元)	4169. 37	3081. 78	2953. 47
GDP 增长率(%)	9. 1	7. 7	5. 8
人均 GDP(万元)	4. 65	11. 32	11. 88
产业结构	10. 3 : 39. 6 : 50. 1	9. 8 : 42. 9 : 47. 3	11. 0 : 50. 9 : 38. 1
一般公共预算收入(亿元)	294. 07	353. 89	179. 88
税收收入(亿元)	200. 07	329. 34	164. 95

资料来源：原始数据整理自“南昌大学中国革命老区大数据平台”，http：//crod2. epsnet. com. cn/index. html#/second_ index。

① 吴海文等：《运用质量认证助力革命老区产业高质量发展研究》，《农业经济》2022 年第 10 期。

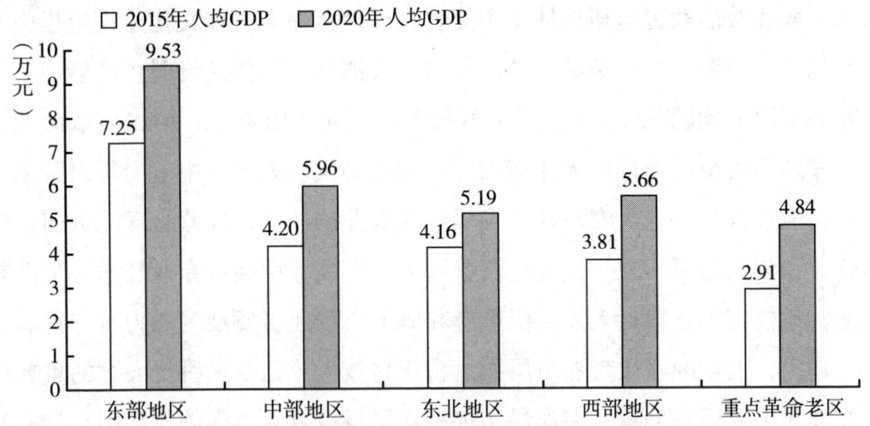

图 8-1　2015 年及 2020 年重点革命老区与我国四大地区人均 GDP 对比

资料来源：原始数据整理自“南昌大学中国革命老区大数据平台”，http://crod2.epsnet.com.cn/index.html#/second_ index。

二　人才支撑不足，发展内驱力不强

革命老区只有健全人才流动的体制机制，才能走活人才推动区域发展的一盘棋①。党的十九大报告指出：“鼓励引导人才向边远贫困地区、边疆民族地区、革命老区和基层一线流动。”只有源源不断的人才作为强有力的支撑，革命老区才能具有可持续的发展内驱力。对江西革命老区人才支撑力度的分析可以从人才的数量与结构、人才的素质与能力、人才所处的环境三个角度出发。

首先，人才的数量与结构。第一，数量上革命老区人才短缺。革命老区存在本地人才留不住、外地人才引不来的问题②。一方面，重点连片革命老区大多处于各省边缘地带，在地理区位、公共服务、城市活力等各方面均不具备吸引人才的优势，这已成为阻碍老区进一步高质量跨越式发展的最大障碍。另一方面，革命老区人力资源开发不足，人均受教育年限低于全国平均

① 吴光明：《创新体制机制引导人才服务革命老区》，《中国人才》2019 年第 8 期。

② 刘长江：《乡村振兴战略视域下美丽乡村建设对策研究——以四川革命老区 D 市为例》，《四川理工学院学报》（社会科学版）2019 年第 1 期。

水平，职业技能教育与培训体系不完善。江西革命老区在文化建设过程中存在文化生活单调、经费短缺、基础设施建设滞后、队伍建设弱化等诸多亟待研究并解决的问题[①]，从而造成了革命老区人才供给不足。第二，革命老区的人才结构失衡。合理的人才结构应该包括高层次人才、中坚力量以及基层人才，但江西革命老区农户缺乏发展现代农业的技能，经营管理能力弱，转移就业和创业意识不强；企业经营管理人才短缺，中高级专业技术人员严重缺乏，科技支撑乏力，人才队伍适应和服务市场经济发展的能力有待提高。

其次，人才的素质与能力层面。青年科技人才是我国科技人才的重要组成部分和主要后备力量，在加快实现高水平科技自立自强的过程中，具有其他群体不可替代的优势和潜力[②]。刘晓丽、朱晓指出山西某革命老区教育发展落后，现有劳动力文化素质偏低[③]。曾雪玫同样认为革命老区经济发展滞后，教育投入明显不足，造成教育水平较低、劳动力文化程度偏低[④]。江西革命老区同样存在劳动力素质偏低的现象，导致科技人才、创新人才供给不足。

最后，人才所处的环境层面。江西革命老区的政策环境与工作环境对人才尤其是高层次人才的吸引力较弱，这是江西革命老区人才支撑力不足、发展内驱力不强的原因之一。

三　基础设施薄弱，更新改造压力大

一是交通不便严重阻碍了对外输送和技术引进。由于江西大部分革命老区位于山地、丘陵地区，自然条件较差，老区铁路、公路的密度和等级均低于周边中心城市，快速通道少，区域互联互通能力不强。

二是水利设施建设滞后，骨干水利工程及配套设施明显不足，小微型水

① 周黎鸿：《江西革命老区新农村文化建设问题研究：以万载县为个案》，《农业考古》2010年第6期。

② 陆夕云：《青年人才托举工程专刊序》，《力学学报》2024年第2期。

③ 刘晓丽、朱晓：《山西某革命老区人口与经济发展的调查研究》，《人口与经济》2010年第S1期。

④ 曾雪玫：《革命老区经济可持续发展战略研究》，《改革与战略》2011年第12期。

利设施严重缺乏，工程性缺水问题特别突出。中小河流治理任务重，病险水库较多，防洪设施薄弱，城镇供水保障能力不足，部分农户尚未解决饮水安全问题。刘长江指出，四川部分革命老区电力上存在电网改造滞后、电压不稳定、电费价格偏高等问题①。江西革命老区也存在电力基础设施建设不完善、用电不便等问题。

三是江西革命老区农村危房、旧房改造仍存难题。由于革命老区在发展过程中未能妥善处理经济发展与自然环境之间的关系，水质污染、空气污染与土壤污染较严重，老区居民的生活环境与生活质量受到一定损害。

四　环境脆弱，保护治理任务重

人地矛盾是制约老区发展的因素之一。部分老区自然灾害潜在风险大，如川陕革命老区处于地震带，陕甘宁革命老区水土流失严重，太行革命老区、左右江革命老区等均生态脆弱，资源开发与环境治理矛盾突出，这些革命老区是生态文明建设的重点和难点地区。土壤贫瘠、资源环境承载力低、干旱洪涝等灾害频发、生态条件脆弱问题直接导致革命老区传统农业生产方式难以为继。江西是受自然灾害影响较重的省份之一，灾害特点表现为种类多、频率高、损失大。第一，从自然环境的基础角度看，革命老区大多处于山区、浅山丘陵区、荒漠地区、偏远牧区和边境地区等生存条件比较恶劣的地区②，如江西革命老区大多地处山区、浅山丘陵区，自然环境基础较差，容易受到破坏且生态自我恢复能力较差。第二，从资源环境的利用角度看，革命老区由于土地过垦、草原过牧，植被加速破坏，水土严重流失，加之灾害气候较多，土地退化、草原沙化，生态环境极度脆弱，如果受到一定的外部因素影响，就会产生严重的自然灾害。江西革命老区同样由于不恰当的利用方式，生态环境十分脆弱。第三，从自然灾害的防治手段角度看，江西革命老区存在

① 刘长江：《乡村振兴战略视域下美丽乡村建设对策研究——以四川革命老区D市为例》，《四川理工学院学报》（社会科学版）2019年第1期。

② 曾雪玫：《革命老区经济可持续发展战略研究》，《改革与战略》2011年第12期。

人民群众的防灾意识不足、防灾的基础设施建设不完善、防灾逃生以及救援能力有待提升等困境。

五　资源开发不足，特色优势不明显

我国革命老区普遍具备特色资源禀赋优势，如川陕的矿产、天然气，陕甘宁的化石能源和清洁能源，左右江的林业、有色金属，大别山的生态、水利以及赣闽粤的矿产资源等。但我国革命老区还存在盲目开发资源、缺乏龙头企业带动、产业集群辐射效应较弱等问题，资源就地转化程度低、精深加工能力弱，能源、矿产、生物等资源优势没有转化为产业优势，尚未形成有效带动经济发展和扶贫开发的支柱产业。此外，革命老区红色旅游资源丰富、民族文化风情独特，具备打造国际知名旅游目的地的巨大潜力，但旅游资源挖掘开发不足、景区基础设施薄弱、旅游产品不丰富，缺乏跨地区精品旅游线路。江西省拥有丰富的特色资源，但也存在资源开发利用的诸多问题。一是从革命老区特色资源的开发难度角度看，江西革命老区受地形与地势的影响，矿产能源资源较难开发。同时，红色文化资源受重视程度不高，且面对市场的激烈竞争，开发难度也相对较大。二是从老区利用特色资源的水平角度看，首先，江西革命老区存在基础设施支撑不强的问题，限制了资源的有效开发利用。其次，革命老区红色文化资源保护任务艰巨，存在保护经费不足，保护机构与部门设立不足，红色文化的解读、阐释与传播工作不到位等问题。在红色文化资源开发过程中，由于革命老区经济基础较差，能投入红色旅游景区和配套旅游设施建设的资金非常有限，红色旅游资源难以得到有效保护和开发。最后，革命老区开发利用特色资源的过程中，由于人才资源短缺，利用特色资源的水平较低。

六　新旧动能脱节，转型升级较迟滞

产业转型升级对于经济的持续健康发展、提升经济发展的质量和效率有着巨大的作用。江西革命老区在产业转型升级的过程中存在以下问题。一是产业结构调整不够及时。江西革命老区在产业结构调整过程中还存在传统产业占比较高、新兴产业发展滞后、服务业培育不足、资源环境承载能力较弱等问题。二是工业经济贡献度提升缓慢。工业经济新格局能够战略性地决定或左右一个地区经济社会发展的全局，经济新常态下，革命老区经济和社会跨越式发展需要着力于推动工业经济新格局的建构。江西革命老区传统工业转型和新兴产业培育仍存在地理和人才障碍。三是现代农业发展不足。革命老区特色农业和现代农业未能打造更具竞争力的品牌；部分革命老区仍在发展传统农业，缺乏高新技术产业、战略性新兴产业、现代服务业萌芽的基础、条件和机遇；部分以资源为重的革命老区粗放型、数量型生产方式尚未向集约型、质量型生产方式转变，科技创新动能尚未萌芽，机械化、信息化、智能化生产尚未成熟。

第四节　江西"在加快革命老区高质量发展上走在前"的路径策略

一　经济发展"走在前"的路径策略

经济社会的发展是促进革命老区高质量发展的基础性工作。革命老区要在经济层面取得进步，具体要做好以下三个方面工作。

第一，推动革命老区产业发展。首先，加强与京津冀、长三角、粤港澳大湾区的深度对接，通过与其他发展战略衔接，推动产业承接，优化革命老区的产业布局。《国务院关于新时代支持革命老区振兴发展的意见》指出："将支持革命老区振兴发展纳入国家重大区域战略和经济区、城市群、都市圈相关规划并放在突出重要位置。"其次，利用科技助力革命老区产业发展，推动制造业智能化发展，打造利用科学技术优势助力经济发展的模式。最后，将发展重点放在实体经济上，补齐产业短板，发展优势产业，推动传统产业转型升级，培育现代服务业，鼓励电商、研发设计、文化旅游等服务业企业发展。

第二，推进革命老区更高水平的改革开放。习近平总书记指出："改革开放是当代中国发展进步的活力之源……是坚持和发展中国特色社会主义的必由之路。”① 革命老区应积极融入共建“一带一路”，建设中欧班列节点、跨境电商平台，推动特色产业国际化；同步优化营商环境，简化审批流程，完善法治保障，吸引内外资落地；对内强化与发达地区产业链协作，对外拓展清洁能源、文旅等领域合作，构建“内外联动”新格局，将老区打造为双循环战略节点，实现红色底蕴与开放活力的深度结合。

第三，缩小革命老区城乡差距。习近平总书记强调：“只有实现了城乡、区域协调发展，国内大循环的空间才能更广阔、成色才能更足。”② 要缩小城乡差距，首先要加强革命老区乡村振兴和城乡融合，培养干部人才，完善乡村基础设施。其次要以三产融合催生乡村发展新业态，提升农业现代化水平，培植特色产业，加快农旅融合③。最后要推动数字乡村建设，推动农村信息化、数字化、现代化发展。

二　社会发展“走在前”的路径策略

推动革命老区社会发展是推动革命老区高质量发展至关重要的一步。

一是保护与修复革命老区生态环境。要建设美丽绿色革命老区，首先要持续打响污染防治攻坚战，加强大江大河和重要湖泊的治理，补齐城市污水的收集与处理短板；其次要推进产业绿色低碳化，提高资源的利用率和循环使用能力；再次要推广使用绿色能源，加强开发绿色能源的能力，推动应用便捷化；最后要建设政府与市场结合的生态补偿机制，建立多元化、市场化以及综合性生态补偿机制，由中央政府引导协调，完善中央纵向生态保护补偿制度，建立跨区域横向生态保护补偿机制，拓展生态产品价值实现模式，实现在发展中保护、在保护中发展。

---

① 《习近平在广东考察时强调：做到改革不停顿开放不止步》，中国共产党新闻网，2012 年 12 月 11 日，https://jhsjk.people.cn/article/19864660。

② 习近平：《加快构建新发展格局　把握未来发展主动权》，《求是》2023 年第 8 期。

③ 刘长江：《乡村振兴战略视域下美丽乡村建设对策研究——以四川革命老区 D 市为例》，《四川理工学院学报》（社会科学版）2019 年第 1 期。

二是完善革命老区基础设施建设。中央政府应该继续加强对边界县、脱贫摘帽县等弱势地区的帮扶，进一步加强基层公共服务设施建设，支持手段不应局限于财政转移支付，人才输送与交通网络完善也是推进公共服务均等化的重要方式。首先要加强政府部门对基础设施的投资与建设，完善革命老区交通、水利、供电等设施。其次要引导社会力量参与基础设施等建设，助力革命老区基础设施的完善。最后要加强革命老区基础设施建设的规划和管理，确保革命老区基础设施建设的科学性、合理性、高效性。

三是增强老区公共服务能力。首先要加强教育板块的建设，从资金支持、教师支持、设备支持、营养支持四个方面，全面推动革命老区教育振兴。其次要提升革命老区的医疗设施覆盖率，增设乡村、社区医疗站点，通过对点帮扶的方式，实现医疗资源发达地区与革命老区合作，加强革命老区医疗体系的建设，提升革命老区医疗机构的综合能力和质量。再次要完善革命老区社会保障体系，健全养老体系、救助体系等社会“安全网”，使革命老区人民的生活更有保障。最后要推动革命老区文化设施建设，鼓励社区建设图书馆、科技馆、博物馆、美术馆和体育场所等惠民利民的公共设施。

三　文化发展“走在前”的路径策略

红色文化是革命老区特有的精神文化，也是革命老区独有的文化资源。红色文化资源的开发，不仅有利于丰盈革命老区人民的精神面貌，为中华民族伟大复兴提供精神动力，还有利于探索革命老区独特的发展路径，开辟革命老区可持续的高质量发展道路。

（一）保护红色资源，宣扬红色文化

红色资源属于不可再生资源。保护好红色资源是在文化层面推动革命老区高质量发展的基础性工作，对老区精神文化的建设和红色旅游等产业的发展具有重大意义。保护好红色资源，具体要做到以下几个方面。

第一，为保护红色资源，及时与定期修缮是必不可少的。纵使无人为因素的干扰，经受自然因素的影响，红色文物、红色遗址等红色资源还是会受损，更何况经过开发与利用后红色资源容易遭受人为因素的破坏，会使红色

资源加速受损，所以政府部门需要投入资金推进红色文物、红色遗址、红色建筑等红色资源的修缮工作，及时对红色资源进行修缮并确保定期检查。

第二，加强对红色资源开发的管理。事后的修缮固然重要，事前的预防也必不可少。通过加强对红色资源开发利用的管理，做到开发有度，减少在开发时对红色遗址、红色建筑造成不可逆转的伤害，从而更好地保护红色资源。在利用红色资源时也要加强管理，制定必要的法律法规，减少人为损坏红色资源的可能性。

第三，充分运用科技手段。随着科技的发展，红色资源保护与修复的手段更加丰富，有利于更好地保护与修复红色资源。同时，通过声、光、电以及多媒体等现代科技手段再现革命历程，既能生动形象地传达红色遗址、红色文物所蕴含的革命精神，又能避免人与红色资源的直接接触，减少红色资源遭受破坏的可能性，以更好地保护红色资源。

（二）运用红色文化，开辟老区独特的发展路径

红色文化是革命老区特有的优势。新时代要从文化层面推动革命老区高质量发展，应运用革命老区特有的优势，探索革命老区的个性化发展道路。红色旅游作为革命老区特色产业的重要组成部分，不仅在传承红色基因、赓续红色血脉的过程中起到了重要作用，而且是地方经济社会协调发展的关键[①]。推动革命老区开辟特色发展道路，发展红色旅游可从以下几个方面发力。

第一，推动红色旅游现代化发展。首先，发展数字化红色旅游。注重体验、强化互动，推动文化与科技结合，提升产品创新力和吸引力。运用VR、全息投影、人工智能等技术，推动红色遗址、红色文物场景化展示，增强红色旅游的交互功能，使红色文化更加生动，更能吸引游客。其次，推动红色旅游与大数据相结合，发展数字营销，建设红色旅游大数据平台，系

---

① 张科、朱虹、黄细嘉：《红色旅游发展与革命老区经济增长》，《社会科学战线》2023 年第 8 期。

统收集红色旅游资源数据，整合革命老区和红色资源“大数据”①。通过大数据平台使革命老区红色旅游服务、消费等更加便利智能，通过精准推送锁定潜在客户，吸引更多游客参与红色旅游。

第二，推动红色旅游与其他产业相结合。推动“红色旅游+疗休养”“红色旅游+生态农业”“红色旅游+户外越野”等融合产业发展，推出“红色旅游+”发展模式，拓展红色旅游发展路径。加快实施“红色旅游+”战略，推进红色旅游与冰雪旅游、生态旅游、养生度假旅游、避暑休闲旅游、民俗旅游、边境旅游、工农业旅游的融合，促进各地和革命老区红色旅游联动发展，初步构建革命老区融合发展红色旅游的模式②。积极探索区域内各类资源的协同开发机制，搭建旅游市场数据平台，将红色资源与其他优势资源的开发深度融合，积极探索“红色+”旅游体验项目③。

第三，丰富红色文旅周边产品。促进歌舞剧、动画片以及影视作品等红色资源衍生作品的高质量发展，使红色文化和革命精神在不同的载体中传承发展。将著名红色景点、红色遗址等打造成品牌，并大力发展红色文创产品、周边纪念品。文创产品的开发既能拓展革命老区增收途径，又能推动红色文化与革命精神的传播。打造国家级景点以及精品旅游线路，提升红色旅游的质量。

（三）将红色文化与红色基因传承相结合，形成强大动能

党的十八大以来，习近平总书记高度重视红色基因的传承，围绕传承红色基因发表了一系列重要讲话。在从文化层面推动革命老区高质量发展的过程中，应以习近平总书记关于红色精神的重要讲话为指导，推动江西革命老区高质量发展。当今世界正处于百年未有之大变局，外来思想涌入、多种思想碰撞，此时强调红色文化和革命精神是重要且必要的。人无精神则不立，

---

① 殷启翠、刘玉龙：《黑龙江省革命老区红色旅游资源整合与文化传播》，《学术交流》2021年第12期。

② 殷启翠、刘玉龙：《黑龙江省革命老区红色旅游资源整合与文化传播》，《学术交流》2021年第12期。

③ 李霄鹤等：《协同发展视角下“红色+”旅游空间格局与耦合发展——基于闽西革命老区的实证研究》，《西南大学学报》（自然科学版）2022年第11期。

国无精神则不强，为了中华民族伟大复兴的顺利推进，习近平总书记十分强调发扬与传承红色文化与革命精神。对此，新时代推动江西革命老区高质量发展，应重视有关弘扬与传承红色文化和革命精神的部署，弘扬革命老区蕴含的精神文化。

第一，营造学习传承红色文化和革命精神的氛围。建设红色文化纪念馆、红色博物馆等公共设施，增设学习红色文化、发扬革命精神的节日与活动，通过红色研学等寓教于乐的红色旅游活动，进行爱国主义、理想信念、革命传统教育。通过新媒体平台制作推广红色博物馆、红色遗址、红色文物的宣传视频。

第二，加强红色教育与党史学习教育。通过新媒体平台宣传红色博物馆、红色遗址、红色文物，加强红色精神宣传和党史学习教育。通过党史学习教育小课堂，运用互联网平台进行宣传教育。

第三，提高思政课的重要性。思政课是连接历史与当下，传达民族精神与时代精神的重要途径。加强思政教育能更好地引领下一代学习红色文化，将红色文化与时代精神相结合。

四　协同发展“走在前”的路径策略

推进革命老区经济—社会—文化协调发展“走在前”，需要把握三维互动逻辑，构建系统性发展机制。一是经济与社会“量质互嵌”，突破单向输血模式。要以物质积累激活社会治理创新，例如通过智慧政务平台、远程医疗等数字化基建，提升公共服务效能。同时，以普惠性就业保障、教育资源共享等民生工程增强经济韧性，形成“科技赋能民生、民生反哺经济”的良性循环。二是经济与文化“根基互构”，激活传统资源的现代价值。一方面挖掘红色基因、乡土伦理等文化共识为产业转型提供非正式约束，将红色精神、农耕伦理等文化基因转化为产业转型的软性规则；另一方面通过经济资源反哺文化遗产活态传承，如利用区块链技术保护非遗、VR 场景复原革命遗址，实现“文化塑魂、经济强基”的双向赋能。三是社会与文化“表里演进”，破解传统与现代的融合难题。在基层治理中，既要保留乡贤调解等传统纽带以强化社群凝聚力，又需引入“数字乡民”治理平台，通过线上议事厅、积分制管理激发年轻群体参与活力；在文化再生产领域，通过“技术+创意”重塑文化符号传播方式，例如利用短视频矩阵传播红色家风故事。政策设计上需注重弹性适配，通过柔性制度平衡文化守正与创新张力。为保障“经济筑基—社会塑形—文化铸魂”的协同链条落地，需实施“靶向突破+全域联动”策略。在空间维度，选取资源禀赋差异化的片区开展主题试点，如生态敏感区探索“碳汇交易+生态旅游”路径，革命遗址密集带试点“红色 IP+数字创意”模式；在技术维度，建立“数字孪生老区”监测系统，实时追踪监测经济活力、社会包容度、文化传承力等核心指标，依托大数据分析动态优化政策工具箱。最终，通过“物质积累—治理创新—文化觉醒”的螺旋式上升，打造既能彰显革命老区精神本色，又能引领时代发展的振兴样板，为全国区域协调共进提供方法论与实践范式双重启示。

Z.9
江西“在推动中部地区崛起上勇争先”的路径选择

第一节　江西省“在推动中部地区崛起上勇争先”的主要优势

一　绿色发展优势突出

表9-1展示了2022年江西省在绿色发展方面的总体状况。从绿色发展指数来看，2022年江西省11个城市绿色发展指数均在70以上，其中，萍乡绿色发展指数高达80.40。在绿色发展方面，江西省11个城市差距不大。从年均增长率来看，在初始禀赋较高的基础上，2013~2022年江西省11个城市年均增长率均为正。综上，江西省在绿色发展方面取得的成绩在中部地区起到带头示范作用，绿色发展成为江西省“在推动中部地区崛起上勇争先”的关键一环。在推动长江经济带高质量发展中，江西省始终把保护长江生态环境放在首位，切实保护生态环境和野生动植物；在绿色转型中，江西省积极推进工业领域碳达峰，大力推行低碳消费、绿色出行，形成全社会绿色低碳的生产生活方式。

表9-1　2022年江西省11个城市绿色发展指数及2013~2022年年均增长率

单位：%

城市	绿色发展指数	2013~2022年年均增长率
南昌	79.53	1.13
景德镇	79.45	2.81
萍乡	80.40	3.76
九江	74.82	1.47

续表

城市	绿色发展指数	2013～2022 年年均增长率
新余	78.98	2.17
鹰潭	78.69	2.22
赣州	77.85	5.45
吉安	77.06	1.15
宜春	78.42	1.87
抚州	79.07	0.77
上饶	78.06	0.87

二　创新发展和开放发展潜力较大

表 9-2 展示了 2013～2022 年江西省 11 个城市创新发展指数和开放发展指数年均增长率。从创新发展方面看，上饶、吉安、宜春、抚州和鹰潭 5 个城市创新发展指数年均增长率均超过了 10%，其中，上饶的年均增长率高达 17.62%，创新发展势头强劲，发展潜力巨大。九江、萍乡和景德镇 3 个城市创新发展指数年均增长率分别为 9.38%、9.12%和 8.94%，发展势头也较为强劲；新余和赣州 2 个城市也保持 7%以上的年均增速。江西省在创新发展方面展现巨大的潜力，多数城市创新发展指数年均增速表现突出。这得益于近年来江西高度重视科技创新发展，在人才队伍建设上，在赣工作的院士突破两位数，2023 年江西新增 2 名院士，国家“杰青”“优青”数量不断增多；在政策上，江西积极投资新领域，培育学科技术带头人，大力支持青年科技人才。未来江西省将继续加大科技创新领域的投入，打造一流的创新环境，在推动中部地区崛起上“勇争先”。

从开放发展方面看，吉安、景德镇、宜春和萍乡 4 个城市开放发展指数年均增长率均超过 10%，可见在开放发展领域，江西省发展势头强劲，发展潜力巨大，发展前景持续向好；紧随其后的抚州年均增速为 9.77%，发展势头较为强劲；新余、上饶、鹰潭、赣州和九江 5 个城市开放发展指数年均增速均超过 5%。江西省多数城市在开放发展领域处于中部地区领先地位，这得益于江西省在对外开放方面积极发挥 VR 产业大会、世界赣商大会等平台作用，建立国际合作产业园，推进海外招商，积极落实《中华人民共和国外商投资法》，努力引进高质量的外资。未来，开放发展有望成为江西省继绿色发展的又一亮点，江西有望成为中部地区开放发展的标杆。

表 9-2　2013~2022 年江西省 11 个城市创新发展指数和开放发展指数年均增长率

单位：%

城市	创新发展指数年均增长率	开放发展指数年均增长率
南昌	3.96	1.86
景德镇	8.94	11.03
萍乡	9.12	10.39
九江	9.38	5.30
新余	8.33	7.36
鹰潭	10.27	6.82
赣州	7.72	6.47
吉安	12.33	12.08
宜春	11.67	10.57
抚州	11.14	9.77
上饶	17.62	7.33

三　江西省各城市经济高质量发展水平较高

表 9-3 展示了 2022 年江西省 11 个城市经济高质量发展综合指数总体状况。从 2022 年江西省 11 个城市经济高质量发展综合指数来看，南昌经济高质量发展综合指数为 55.21，除南昌外的 10 个城市经济高质量发展综合指数均处于 30~40，发展水平较为均衡。新余、九江、景德镇、萍乡和鹰潭 5 个城市经济高质量发展综合指数表现较好，经济高质量发展成效较好；宜春、赣州、上饶、吉安和抚州 5 个城市经济高质量发展水平在中部地区靠前，发展潜力较大。

从经济高质量发展指数年均增长率来看，除南昌年均增长率为2.64%外，江西省其余10个城市高质量发展综合指数年均增长率均在5%以上，说明经济高质量发展势头强劲，其中，赣州经济高质量发展综合指数年均增长率突破了10%，达到11.91%，萍乡、鹰潭和宜春3个城市的经济高质量发展综合指数年均增长率均超过了8%，经济高质量发展潜力较大。这也从侧面反映出，党的十八大以来，加快中部地区崛起的政策取得显著成效。

表9-3　2022年江西省11个城市经济高质量发展综合指数总体状况

单位：%

城市	经济高质量发展综合指数	2013~2022年年均增长率
南昌	55.21	2.64
景德镇	37.16	7.15
萍乡	35.84	8.65
九江	37.39	5.64
新余	39.44	6.06
鹰潭	35.33	8.40
赣州	32.07	11.91
吉安	31.70	5.84
宜春	32.25	8.30
抚州	30.57	5.69
上饶	31.77	5.63

四　资源丰富，产业齐全

江西自然资源丰富，拥有丰富的水资源，97.7%的面积属于长江流域，拥有全国最大的淡水湖——鄱阳湖，境内更是拥有诸多河流和湖泊，2022年江西拥有水资源总量高于全国平均水平，位居全国第七，在中部地区排名第二，仅次于湖南。江西地下矿产资源丰富，已知资源储量的矿产共九大类139种，其中，有85种储量在全国位居前十，[①] 储量位居全国前三的有铜、

① 参见江西省人民政府网站"在线访谈"——《自然资源统一确权登记试点》，http://jxft.jiangxi.gov.cn/show/html/113.html。

钨、银、钽、钪、金、粉石英等，有色、稀土和贵金属矿产优势明显，铜、钨、铀、钽、稀土、金、银被誉为江西的“七朵金花”。江西有“世界钨都”“稀土王国”“中国铜都”“有色金属之乡”的美誉。江西物产同样丰富，景德镇的瓷器闻名中外、历史悠久，素有“白如玉、明如镜、薄如纸、声如磬”之称；樟树的四特酒拥有三千年历史，以“中国特香型白酒开创者”的姿态屹立在中国名酒之林；赣南脐橙更是全国十一大优势农产品之一，赣州市脐橙种植面积世界第一、年产量世界第三，是全国最大的脐橙产区。从传统制造业看，41 个工业大类中江西拥有 38 个[①]，其中涵盖电子信息、有色金属、航空制造等特色产业；在旅游产业方面，江西这片红色土地孕育出了井冈山精神、长征精神等，江西在红色旅游方面拥有独一无二的优势。

五　地理位置优越，营商环境良好

江西处于长江中下游南岸，古称吴头楚尾、粤户闽庭、形胜之区，现今江西是唯一毗邻长三角、粤港澳大湾区的省份，又是长江经济带和京九经济带的中心腹地，多个国家战略叠加。2020 年 4 月，江西成为全国第三个、中部地区唯一的内陆开放型经济试验区。江西具有交通优势，在陆地交通方面，江西是全国第三个县县通高铁的省份，还是全国第一个所有的设区市都通“时速 350 公里高铁”的省份，基本建成“四纵六横八射十七联”的高速公路网络，高速公路打通了 30 条出省道路，做到乡镇、农村 100%通水泥（沥青）路。在水路方面，全省河流总长 1. 84 万公里，全省航道总长 5716 公里[②]，尤其是坐拥 152 公里的长江黄金水道，拥有九江港、南昌港等一批高质量港口。在空运方面，江西航空制造业基础扎实，是中国唯一同时拥有旋翼类航空器和固定翼飞机研发生产能力的省份。优越的地理位置，高效快

---

① 赖永峰、刘兴：《迈向新兴工业强省——江西推进高质量跨越式发展》，《经济日报》2022 年 10 月 6 日。

② 《2023 年江西省交通运输行业发展统计公报》，“南昌道路运输”微信公众号，2024 年 6 月 26 日，https：//mp. weixin. qq. com/s/-yQ_ jAYPq0i3DnVx1NEQNg。

速的交通运输网络，成就了江西如今“七省通衢”的地位。良好的地理优势、发达的交通枢纽，造就江西较为优越的营商环境。不仅如此，江西积极落实鼓励支持政策，为打造权利平等、机会平等、规则平等的市场突破各种障碍，推进高质量“引进来”和高水平“走出去”，打造国际化一流营商环境。

第二节　江西省“在推动中部地区崛起上勇争先”面临的挑战

一　经济高质量发展不够平衡

江西省经济高质量发展不够平衡，主要表现在各城市经济高质量发展差距方面。表9-4展示了江西省内部经济高质量发展不平衡的状况。可以看出，2022年江西省11个城市经济高质量发展综合指数最大值与最小值比值为1.81；具体到5个维度，除绿色发展水平较为均衡外，其余维度都表现出不同程度的差距，其中，开放发展指数和共享发展指数不平衡现象较为明显，开放发展指数最大值和最小值之间比值超过了3，创新发展指数和协调发展指数最大值和最小值比值分别为2.41和1.93。

表9-4　2022年江西省各城市经济高质量发展不平衡状况

指数	最大值	最小值	最大值/最小值
创新发展指数	29.54	12.28	2.41
协调发展指数	49.84	25.84	1.93
绿色发展指数	80.40	74.82	1.07
开放发展指数	20.46	6.77	3.02
共享发展指数	41.64	13.88	3.00
经济高质量发展综合指数	55.21	30.57	1.81

二　经济高质量发展不够充分

表 9-5 列出了 2022 年江西省经济高质量发展的总体状况。从经济高质量发展综合指数来看，2022 年江西省经济高质量发展综合指数为 38.54，位列中部地区第五，与排名第一的湖北省之间存在 14.52 的差距。同时，在考察期内，江西省经济高质量发展综合指数年均增长率为 5.35%，说明江西省经济高质量发展取得的成效相对于中部地区其他省份还有提升空间，发展还不够充分，仍需努力在经济高质量发展上“勇争先”。

具体到 5 个维度，2022 年江西省绿色发展指数为 78.16，展示出江西省绿色发展的优势。但江西省其他 4 个维度指数较低，处于中下游水平，在未来的发展中需要针对性的提升。从 2013~2022 年各维度指数年均增长率来看，江西省创新发展指数年均增长率为 7.57%，发展势头强劲；绿色发展指数年均增速较高，说明江西省在绿色发展“勇争先”道路上起到带头作用。协调发展指数、开放发展指数和共享发展指数年均增速处于中下游，在未来的发展中有进一步提升的空间。

表 9-5　2022 年江西省经济高质量发展总体状况

指数	2022 年指数	2013~2022 年年均增长率(%)
创新发展指数	17.94	7.57
协调发展指数	34.26	4.06
绿色发展指数	78.16	1.91
开放发展指数	12.53	5.27
共享发展指数	23.78	3.16
经济高质量发展综合指数	38.54	5.35

三　省会城市经济高质量发展水平不够突出

从经济高质量发展综合指数来看，2022 年南昌市指数为 55.21。从年均增速来看，在考察期内南昌市经济高质量发展综合指数年均增长率为 2.64%，发展水平有待进一步提升。

具体到5个维度，从2022年指数来看，南昌市在绿色发展方面排名中部地区省会城市第一，彰显了江西省在绿色发展方面的独特优势。然而，在其他4个维度中，南昌市开放发展指数为20.46，创新发展、协调发展和共享发展3个维度指数均较低。从年均增长率来看，南昌市创新发展指数年均增长率达到3.96%，表明南昌市创新发展势头较好（见表9-6）。总的来说，南昌市与其他省会城市之间还存在一定的差距。

表9-6　2022年南昌市经济高质量发展总体状况

指数	2022年指数	2013~2022年年均增长率(%)
创新发展指数	29.54	3.96
协调发展指数	49.84	2.18
绿色发展指数	79.53	1.13
开放发展指数	20.46	1.79
共享发展指数	41.64	1.79
经济高质量发展综合指数	55.21	2.64

四　协调发展和共享发展动力相对不足

表9-7展示了2013~2022年江西省11个城市协调发展指数和共享发展指数年均增长率。从协调发展来看，江西省协调发展指数年均增长率排在第一位的是宜春，具体数值为9.05%，协调发展势头较为突出。紧随其后的抚州和鹰潭，协调发展指数年均增速分别为8.19%和7.59%，增长势头较为良好；上饶、吉安和九江的协调发展指数年均增长率均在5%以上，分别为6.20%、5.95%和5.07%，属于中等水平；新余、景德镇、赣州、南昌和萍乡协调发展指数年均增长率均在5%以下。从上述分析可以看出，在协调发展方面江西省仅有部分城市的指数年均增速处于较高的水平，大部分城市指数年均增速较低，发展动力不足。

从共享发展方面来看，江西省11个城市共享发展指数年均增长率均未超过10%，其中萍乡为8.13%，紧随其后的鹰潭为8.06%，萍乡和鹰潭2

个城市的共享发展势头较为强劲；抚州和宜春共享发展指数年均增长率分别为6.36%和5.66%，发展势头较好；九江、上饶、景德镇、赣州、新余、吉安和南昌7个城市的共享发展指数年均增长率均未超过5%。可以看出，在共享发展方面江西省大多数城市的发展动力较差，发展水平有待进一步提高。

表9-7　2013~2022年江西省11个城市协调发展指数和共享发展指数年均增速

单位：%

城市	协调发展指数年均增速	共享发展指数年均增速
南昌	2.18	1.79
景德镇	4.47	3.73
萍乡	1.90	8.13
九江	5.07	4.41
新余	4.88	3.54
鹰潭	7.59	8.06
赣州	3.56	3.56
吉安	5.95	2.41
宜春	9.05	5.66
抚州	8.19	6.36
上饶	6.20	4.38

五　城乡发展不够均衡

江西省的经济高质量发展水平不均衡不仅体现在城市之间，还存在于城市和乡村之间。2022年江西省城镇居民人均可支配收入为43696元，农村居民人均可支配收入为19936元，城镇居民人均可支配收入是农村的2.19倍。在基本公共服务方面，与城市相比，农村的教育、医疗、养老等公共服务供给总量不足，质量不高；在基础设施方面，农村的基础设施较为薄弱，网络、水、电、垃圾处理等基础设施不够完善。江西身处长三角、珠三角、粤港澳大湾区等腹地，多个国家战略叠加，但与周边省份联动发展积极性不高，中部六省之间的竞争关系强于合作，协同发展意识不强。在促进中部地区协同发展过程中，江西需要积极推进长江经济带的发展，参与全国统一大市场的建设，畅通国内大循环。

第三节　江西省“在推动中部地区崛起上勇争先”的战略路径

一　培育和发展新质生产力，加快构建现代化产业体系

江西要发展起来，工业必须强起来[①]。近年来，江西工业化不断发展，2023年江西省净增规模以上工业企业1600家以上，在全国位居第九，2023年前三个季度的制造业增加值对全省经济增长贡献率超过40%，江西逐步迈向工业大省行列[②]。江西积极落实“1269”行动计划，加快传统产业改造升级，加快战略性新兴产业的发展壮大。传统产业是现代化产业的基础，江西应加快传统产业的改造升级。积极发挥有色产业的独特优势，以高端应用为主攻方向，加强创新，打造全国有色产业重点基地；合理布局石化产业，实现资源节约、生产清洁的目标，同时推进石油化工、有机硅、盐化工等领域的发展；食品产业应以安全、健康、方便、营养等为目标，大力发展绿色健康食品，做大做强脐橙、茶叶等地方特色产业，形成一批具有竞争力的品牌。积极发挥数字技术推动作用，将传统产业转化为符合现代化要求的先进绿色产业，打造具有江西特色的产业，提升江西制造业在全国的优势。战略性新兴产业代表着未来的发展方向，将战略性新兴产业作为主要发展目标，是赢得未来、把握主动的重要路径。以科技创新引领新质生产力发展，深入发展数字经济，大力发展虚拟现实（VR）产业新领域，充分发挥世界VR产业大会平台作用，构建完整产业生态，打造世界级VR中心，推动实体经

---

① 尹弘：《聚焦“走在前、勇争先、善作为”奋力谱写中国式现代化江西篇章》，《理论导报》2024年第3期。

② 江西省工业和信息化厅：《聚焦实施工业强省战略　江西推进新型工业化迈出坚实步伐》，《中国电子报》2023年12月22日。

济与数字经济的结合。同时，积极探索新能源、新材料等领域，在新能源领域，加快新一代太阳能电池、新型锂离子动力电池产业化，打造新能源产业基地；在新材料领域，依托资源优势，大力发展铜基新材料、稀土功能材料、钨基新材料等，建设具有国际影响力的新材料基地，在未来形成推动经济高质量发展的新质生产力。

二　深化对内对外开放，增强现代化建设活力

在对内开放上，以满足国内需求为立足点，积极发挥“四面逢源”区位交通优势，加强交通物流枢纽建设，发展高铁货运等形式；同时，充分发挥邻近长三角、珠三角和闽东南三角区优势，主动对接长三角一体化、粤港澳大湾区建设、海西经济区建设等国家战略，建立完善的开放体系，打造畅通的开放通道，构建健全的水陆空运输体系，积极参与构建全国统一大市场。在对外开放上，江西要充分发挥内陆开放型经济试验区优势，扩大双向贸易和投资，提升国内外资源要素配置能力，形成国际合作与竞争优势。深度融入共建“一带一路”，立足国内大循环，发挥比较优势，积极参与国际大循环①，在发展传统商路的同时，着力建设新型道路，大力开拓 RCEP 成员、金砖国家等新兴市场，积极扩大新能源等产品出口，推动更多优质企业“走出去”，提升江西在全球产业链供应链中的地位；加快贸易创新发展，打造服务贸易、数字贸易新业态等。

三　推进乡村振兴，实现协调发展

乡村振兴是实现共同富裕的应有之义，乡村建设是促进乡村振兴的品质保障②。习近平总书记在江西考察时强调，“要坚持农业农村优先发展，加

① 朱兰：《高质量共建“一带一路”八项行动：理论逻辑、实践进展与落地对策》，《当代经济管理》2024 年第 10 期。

② 李林：《乡村振兴与共同富裕：理论逻辑、现实挑战与实现路径》，《河北大学学报》（哲学社会科学版）2024 年第 2 期。

快农业农村现代化建设，牢牢守住粮食安全底线……全面推进乡村振兴”[①]。为有效守住粮食安全底线，深入实施“藏粮于地、藏粮于技”战略，江西要积极调动农民的积极性，建设完善的水利灌溉系统，加强科技对农业的支撑，一定要保持种粮的面积，提高农田的标准，争取为国家提供更多的粮食。为实现乡村发展，需要建设乡村特色产业，推动农村一二三产业融合发展，做大做强“土特产”，深入实施“生态鄱阳湖绿色农产品”品牌战略，同时加强农产品供应链建设，保障农产品的销售畅通，加快推进江西从农业大省迈向农业强省，激活农村高质量发展的内生动力[②]。在推进乡村农产品品牌建设的同时，要巩固脱贫攻坚的成果，脱贫攻坚的成果是乡村振兴的前提保障，牢牢守住不发生规模性返贫的底线，大力发展县域经济，创造更多就业岗位，帮助脱贫人员转移就业，增强脱贫群众的内生发展动力。深入改善乡村环境，实施村庄治理，推进美丽村庄建设也是实现乡村振兴的重要内容。首先，普及农村厕所，切实提高农村厕所质量，加强厕所粪便无害化处理；其次，加强农村生活垃圾治理，完善农村生活垃圾处置体系，实行生活垃圾分类；最后，注重农村污水治理，适当利用现有技术和治理思路，切实保障农村用水健康。

四　全面共享现代化建设成果，扎实推进共同富裕

进入新时代以来，江西省不断发展和改善民生，推动共同富裕取得实质性进展。在未来的发展中，江西还需继续努力，始终把人民放在首位，扎实推进共同富裕[③]。就业作为最基本的民生，是推进共同富裕最有效的方法，建立健全的就业创业服务平台，强化就业导向，抓好高校毕业生、退役军人、农民工等重点群体就业，确保基本的就业形势稳定，促进创业带动就

---

① 《习近平在江西考察时强调 解放思想开拓进取扬长补短固本兴新 奋力谱写中国式现代化江西篇章》，《人民日报》2023 年 10 月 14 日。

② 周绍杰、钟晓萍：《中国式现代化视角下城乡协调发展的三重逻辑与推进路径》，《甘肃社会科学》2024 年第 3 期。

③ 尹弘：《推动革命老区机关党的建设高质量发展》，《机关党建研究》2024 年第 4 期。

业，消除对就业不合理的限制，促进小店经济、夜间经济等新就业形态发展，努力提高居民收入，实现居民收入和经济增长保持同步。同时，要实现基本公共服务均等化，提高农村基础设施和公共服务水平，加快农村公路建设，实施农村电网改造升级，提高乡村供电质量和能力，推进数字乡村建设，提升乡村教育质量。持续优化教育资源配置，办好让人民满意的教育；积极落实国家战略，建立完善的养老服务体系，深化养老机构改革，加强养老机构政策支持，在每一个乡镇、社区建设配套完善的养老院；降低新生儿养育成本，实现人口高质量发展；推进医疗资源的合理布局，积极应用数字技术完善医疗服务网络，规范医疗机构检查、管理，改善就医体验，加快乡村医疗体系建设，实现每个行政村都建有标准化村卫生室。

五　立足地方实际，实现经济高质量发展

江西省各城市之间自然资源禀赋、发展侧重点、发展现状等不同，在推进江西省经济高质量发展的过程中不能简单地“一刀切”，而是要立足地方实际，因地制宜实施政策。具体来说，一是“巩固优势”，发展较好的维度要继续保持优势地位，充分利用自身自然禀赋、“四面逢源”的地理区位、诸多国家战略叠加、门类齐全的产业等优势。二是“补齐短板”，在发展相对薄弱的方面，通过分析总结，学习其他地区成功经验，以实现快速追赶，加强产业发展、科技创新、民生保障等。例如，江西的铜产业规模位居全国第一，为推动铜产业的提档升级，应积极应用科学技术，大力推动产业创新发展；绿色生态是江西的最大财富、最大优势、最大品牌，因此要深入贯彻习近平生态文明思想，深化国家生态文明试验区建设，继续保持江西绿色发展在中部地区的领先地位，打造高标准的“江西样板”①；强化创新驱动发展，推动建设现代化产业体系，大力发展新质生产力②。

① 陈洪飞、黄顺春：《有绿水青山就有金山银山——基于闽赣黔国家生态文明试验区的证据》，《生态经济》2022 年第 8 期。

② 焦勇、齐梅霞：《数字经济赋能新质生产力发展》，《经济与管理评论》2024 年第 3 期。

Z.10
江西“在推进长江经济带发展上善作为”的路径选择

2023年10月，习近平总书记在南昌主持召开进一步推动长江经济带高质量发展座谈会，对江西提出“在推进长江经济带发展上善作为”的殷切期望。作为长江经济带的重要成员，“在推进长江经济带发展上善作为”既是江西的崇高使命，也是责任担当。江西“在推进长江经济带发展上善作为”主要体现在创新发展、开放合作、生态环境保护和产业转型四个方面，考虑到破解“化工围江”是推进长江生态环境治理的重点，本报告产业转型部分内容主要聚焦石化产业，具体围绕江西“在推进长江经济带发展上善作为”的“现状—优势—挑战—路径”展开论述。

第一节　江西“在推进长江经济带发展上善作为”的现状

一　长江经济带与江西省的经济社会发展现状

长江经济带经济社会发展对于我国构建国内大循环、提升综合实力的影响重大。从表10-1来看，2022年长江经济带社会消费品零售总额占全国一半以上，客运量、邮政业务总量也达到全国半数或以上。其他各领域占比均达到30%以上。

江西省地处长江中下游南岸，是长江经济带的重要组成部分，近年来在经济社会发展方面也取得了显著成效。江西以红色基因与生态禀赋为最鲜明、最具辨识度的底色，在生态保护、红色文化发展等诸多领域占据重要地位。在经济增长方面，江西省保持了稳中有进的发展态势，主要经济指标增速保持在全国前列。根据江西省统计局发布的数据，2022 年江西省地区生产总值达到 32074.7 亿元，比上年增长 4.7%。其中，第一产业、第二产业和第三产业增加值分别增长 3.9%、5.4% 和 4.2%，在推动产业结构优化升级、促进经济发展方式转变方面取得了积极成效。江西省在稀土产业、光伏产业、铜冶炼及加工、汽车制造、钢铁等领域具有一定的竞争优势。此外，作为重要的粮食主产区，江西谷物产量占到长江经济带的 9.47%。可见，江西省在长江经济带中具有独特优势和巨大发展潜力。通过推动经济转型升级、加强创新能力建设、加大开放合作力度以及发挥“红”“绿”优势，江西可进一步提升经济发展水平，实现更高质量的发展。

表 10-1　2022 年长江经济带与江西省的经济社会发展主要指标情况

维度	指标	长江经济带		江西省	
		绝对数	占全国比重(%)	绝对数	占长江经济带比重(%)
人口	总人口(年末)(万人)	60806.0	43.1	4528.0	7.45
国民经济核算	国内(地区)生产总值(亿元)	559766.4	46.5	32074.7	5.73
	第一产业增加值(亿元)	37785.4	42.8	2451.5	6.49
	第二产业增加值(亿元)	224358.3	46.7	14359.6	6.40
	第三产业增加值(亿元)	297622.7	46.9	15263.7	5.13
财政	一般公共预算收入(亿元)	48647.1	44.7	2948.3	6.06
	一般公共预算支出(亿元)	98955.2	44.0	7289.1	7.37
贸易	社会消费品零售总额(亿元)	222625.5	50.6	12853.5	5.77
	货物进出口总额(亿元)	192294.7	46.0	6343.5	3.30
	出口总额(亿元)	118504.5	49.9	4750.7	4.01
	进口总额(亿元)	73790.1	40.9	1592.7	2.16
农业	谷物产量(万吨)	21789.3	34.4	2062.8	9.47
	油料产量(万吨)	1765.2	48.3	137.5	7.79
工业	水泥产量(万吨)	106328.5	49.9	8768.6	8.25
	粗钢产量(万吨)	33923.3	33.3	2689.9	7.93
	钢材产量(万吨)	42539.1	31.7	3457.0	8.13
	汽车产量(万辆)	1232.4	45.4	42.7	3.46
	发电量(亿千瓦时)	33442.5	37.8	1568.6	4.69

续表

维度	指标	长江经济带		江西省	
		绝对数	占全国比重(%)	绝对数	占长江经济带比重(%)
运输和邮电业	铁路营业里程(公里)	48518.6	31.3	4822.0	9.94
	公路里程(公里)	2404433	44.9	210711.0	8.76
	高速公路里程(公里)	70124.2	39.6	6728.0	9.59
	客运量(万人次)	279189.8	50.0	16891.0	6.05
	货运量(万吨)	2318268.2	45.0	196931.0	8.49
	邮政业务总量(亿元)	7313.4	51.1	243.6	3.33
	电信业务总量(亿元)	7640	43.7	437.7	5.73
教育	普通、职业高等学校数(个)	1189	43.1	106.0	8.92
	普通、职业本专科在校生数(万人)	1561.6	42.7	146.4	9.38
卫生	医院数(个)	15450	41.8	964.0	6.24
	执业(助理)医师人数(万人)	188.1	42.4	11.3	6.01
	医院床位数(万张)	342.8	44.7	22.7	6.62

资料来源:《中国统计年鉴 2023》《江西统计年鉴 2023》。

二　长江经济带与江西省的分维度发展现状

1. 创新发展现状

长江经济带绿色创新效率评价指标主要分为投入、产出两类，其中投入指标分为资本投入、人力投入、能源投入三个维度，产出指标分为技术产出、经济产出和非期望产出三个维度[①]，具体见表 10-2。

表 10-2　绿色创新效率评价指标体系

指标类型	指标构成	变量	单位
投入	资本投入	R&D 经费投入	万元
	人力投入	R&D 从业人员全时当量	人年
	能源投入	能源消费	万吨标准煤

① 王圣云等:《长江经济带创新发展报告（2021）》，经济科学出版社，2021。

续表

指标类型	指标构成	变量	单位
产出	技术产出	专利授权	件
	经济产出	人均地区生产总值	元
	非期望产出	工业 SO_2 排放量	吨
		工业废水排放量	万吨
		一般工业固体废物产生量	万吨

资料来源：《中国统计年鉴》《中国科技统计年鉴》《中国环境统计年鉴》。

运用包含非期望产出的超效率 SBM 模型测算长江经济带绿色创新效率。DEA 是评价决策单元有效性的常用模型。传统 DEA 模型无法测度非期望产出对效率的影响，且忽视了对多个有效决策单元的对比。有学者对 DEA 模型进行改进，提出了基于非期望产出的非径向、非角度超效率 DEA 方法，即基于非期望产出的超效率 SBM 模型。超效率 SBM 模型既能将松弛变量纳入考虑，又能克服传统 SBM 模型难以区分效率值大于 1 的问题，在碳排放效率测算方面得到广泛应用。假设某生产系统有 n 个决策单元，每个决策单元由投入、期望产出和非期望产出 3 个投入产出向量组成。投入、期望产出和非期望产出向量可分别表示为：$x \in R^m$，$y^g \in R^{s1}$，$y^b \in R^{s2}$。X、Y^g、Y^b 为矩阵，定义如下：$X = [x_1, x_2, \cdots, x_n] \in R^{m \times n}$，$Y^g = [y_1^g, y_2^g, \cdots, y_n^g] \in R^{s_1 \times n}$，$Y^b = [y_1^b, y_2^b, \cdots, y_n^b] \in R^{s_2 \times n}$。具体公式如下①。

$$\rho^* = \mathrm{Min} \frac{\frac{1}{m}\sum_{i=1}^{m}\frac{\bar{x}_i}{x_{ik}}}{\frac{1}{s_1 + s_2}\left(\sum_{r=1}^{s_1}\frac{\bar{y}_r^g}{y_{rk}^g} + \sum_{r=1}^{s_2}\frac{\bar{y}_r^b}{y_{rk}^b}\right)}$$

① Chung, Y. H., Färe, R., Grosskopf, S. "Productivity and Undesirable Outputs: A Directional Distance Function Approach," *Journal of Environ Mental Management*, 1997, 51 (3): 229-240；陈伟等：《2011—2020 年中国大豆生产碳排放效率时空演变及影响因素》，《中国人口·资源与环境》2024 年第 2 期。

$$
s.t.\begin{cases} \bar{x} \geqslant \sum_{j=1,j\neq k}^{n} x_j \lambda_j \\ \bar{y}^g \leqslant \sum_{j=1,j\neq k}^{n} y_j^g \lambda_j \\ \bar{y}^b \geqslant \sum_{j=1,j\neq k}^{n} y_j^b \lambda_j \\ \bar{x} \geqslant x_0, \bar{y}^g \leqslant y_0^g, \bar{y}^b \geqslant y_0^b, \bar{y}^g \geqslant 0, \lambda \geqslant 0 \end{cases}
$$

式中，ρ^*的目标函数值是决策单元的效率值，其大小可以超过1；k表示n个决策单元中的第k个决策单元，即被评价对象；m表示每个决策单元投入的个数；s_1和s_2分别表示期望产出和非期望产出的个数；λ为常数向量，即对应要素的权重。

包含非期望产出的超效率SBM模型的测算结果见图10-1、图10-2。2013年、2022年长江经济带绿色创新效率均值分别为0.8861和0.9287，绿色创新效率呈现上升趋势，但仍有待进一步提高。分省（市）来看，2013~2022年江西、上海、江苏、安徽、四川、湖北6省（市）绿色创新效率提高，其余5省（市）绿色创新效率下降。2022年，除四川（0.6885）、湖北（0.5513）、湖南（0.3225）效率值低于1外，其余8省（市）效率值均高于1，表明长江经济带绿色创新效率达到了较高水平。尤其是江西省历年绿色创新效率均为长江经济带最高水平。

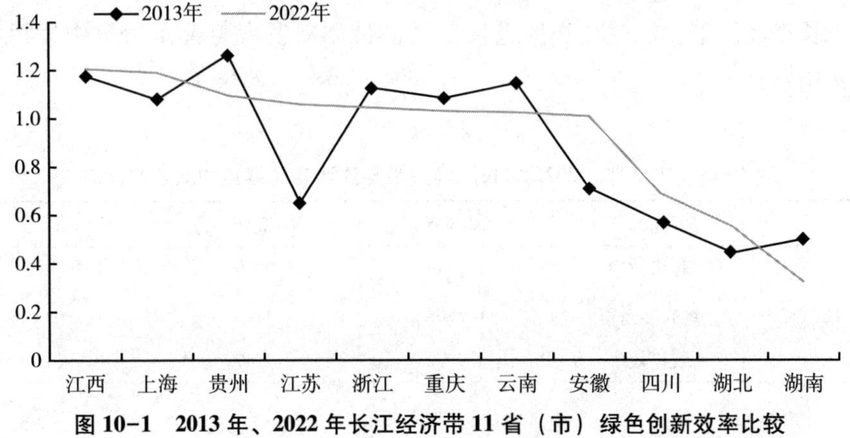

图10-1　2013年、2022年长江经济带11省（市）绿色创新效率比较

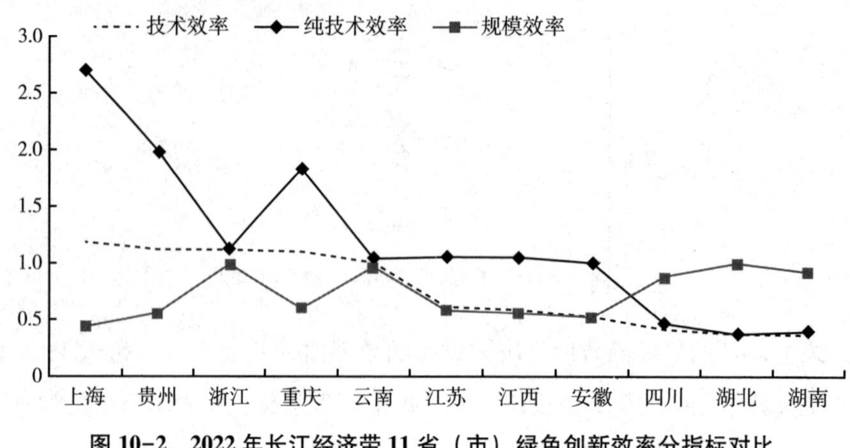

图 10-2　2022 年长江经济带 11 省（市）绿色创新效率分指标对比

纯技术效率反映决策单元的资源投入与产出是否完全转化，即生产过程中是否出现技术性问题造成的浪费。规模效率是生产过程中前沿函数值与最优值之比，反映生产投入与实际所需规模之间的匹配程度。除四川、湖北、湖南 3 省外，长江经济带其余 8 省（市）纯技术效率均超过 1，其中上海市纯技术效率达 2. 7026，表明长江经济带资源投入与产出之间实现了较好转化，技术性问题造成的浪费较少。但长江经济带各省（市）规模效率均低于 1，生产投入与实际所需规模之间的匹配程度有待提高。

进一步对长江经济带绿色创新效率与江西省绿色创新效率进行比较（见表 10-3），2013 年、2022 年江西省技术效率、纯技术效率和规模效率均高于长江经济带，江西“在推进长江经济带创新发展上善作为”中发挥重要作用。

表 10-3　2013 年、2022 年长江经济带与江西省的绿色创新效率比较

区域	指标	2013 年	2022 年	均值
江西省	技术效率	1. 1774	1. 2059	1. 1917
	纯技术效率	1. 1808	1. 2120	1. 1964
	规模效率	0. 9972	0. 9949	0. 9961

续表

区域	指标	2013 年	2022 年	均值
长江经济带	技术效率	0.8861	0.9287	0.9074
	纯技术效率	1.0790	1.0445	1.0618
	纯技术效率	0.8213	0.8943	0.8578

2. 开放合作现状

应用双向时间距离对引力模型的距离指标进行修正，结合公路、铁路两种交通方式，将铁路分为普快、动车、高铁，对长江经济带城市群城市之间的双向时间距离进行测度，再运用修正后的引力模型测度 2022 年长江经济带城市之间的经济合作强度，最后分析长江经济带城市两两之间的经济合作强度占比。修正后的引力模型如下①。

$$R_{ij} = K_{ij}\frac{\sqrt{P_iG_i}\sqrt{P_jG_j}}{T_{ij}^{\ 2}}, K_{ij} = \frac{G_i}{G_i + G_j}, T_{ij} = (r_{ij}p_{ij}q_{ij}g_{ij})^{1/s}$$

$$F_{ij} = R_{ij}/\sum_{i,j=1} R_{ij}$$

式中，R_{ij}为城市 i 与城市 j 的经济合作强度；P_i 为人口数；G_i为地区生产总值；T_{ij}为城市 i 与城市 j 之间的距离；r_{ij}、p_{ij}、q_{ij}、g_{ij}为城市 i 到城市 j 的公路交通、普快、动车、高铁的最短时长；s 为开通列车类型数；F_{ij}为每对城市经济合作强度占长江经济带城市经济合作强度总量的比重。

通过修正引力模型计算出 2022 年长江经济带城市群城市两两之间的经济合作强度。基于城市双向经济合作强度矩阵，计算长江经济带 6972 对城市经济合作强度占比及排名，由于篇幅所限，根据经济合作强度占比排名选取前 100 对城市经济合作强度数据进行分析（见表 10-4）。

① 王德忠、庄仁兴：《区域经济联系定量分析初探——以上海与苏锡常地区经济联系为例》，《地理科学》1996 年第 1 期；王圣云等：《双向联系视域下长江经济带城市群网络结构——基于时间距离和社会网络分析方法》，《经济地理》2019 年第 2 期。

表 10-4　长江经济带城市对经济合作强度占比：前 100 对

单位：%

城市对	经济合作强度占比	城市对	经济合作强度占比
苏州市—无锡市	11. 180	成都市—眉山市	0. 387
上海市—苏州市	7. 295	成都市—重庆市	0. 385
无锡市—苏州市	4. 964	苏州市—镇江市	0. 383
苏州市—上海市	3. 745	武汉市—鄂州市	0. 380
上海市—无锡市	3. 339	南京市—苏州市	0. 374
无锡市—常州市	2. 859	南京市—扬州市	0. 372
上海市—嘉兴市	2. 043	杭州市—上海市	0. 367
常州市—无锡市	1. 871	无锡市—南京市	0. 363
苏州市—常州市	1. 561	武汉市—黄石市	0. 361
上海市—杭州市	1. 318	苏州市—南通市	0. 359
南京市—镇江市	1. 179	上海市—绍兴市	0. 349
杭州市—绍兴市	1. 162	南京市—芜湖市	0. 345
上海市—常州市	1. 128	无锡市—镇江市	0. 344
武汉市—黄冈市	1. 104	镇江市—常州市	0. 339
长沙市—株洲市	0. 956	重庆市—南充市	0. 338
成都市—德阳市	0. 891	镇江市—南京市	0. 323
武汉市—孝感市	0. 797	上海市—镇江市	0. 308
常州市—苏州市	0. 786	苏州市—嘉兴市	0. 306
南京市—马鞍山市	0. 749	常州市—南京市	0. 300
南京市—滁州市	0. 730	南京市—合肥市	0. 295
长沙市—湘潭市	0. 661	长沙市—岳阳市	0. 266
无锡市—上海市	0. 645	扬州市—泰州市	0. 264
上海市—南京市	0. 644	苏州市—杭州市	0. 262
杭州市—嘉兴市	0. 636	上海市—宁波市	0. 261
南京市—常州市	0. 593	重庆市—广安市	0. 258
杭州市—湖州市	0. 586	泰州市—扬州市	0. 241
常州市—镇江市	0. 568	常州市—上海市	0. 237
上海市—南通市	0. 556	成都市—乐山市	0. 231
苏州市—南京市	0. 549	长沙市—益阳市	0. 228
重庆市—成都市	0. 523	宁波市—绍兴市	0. 228
绍兴市—杭州市	0. 500	株洲市—长沙市	0. 224
武汉市—咸宁市	0. 443	南京市—上海市	0. 223
南京市—无锡市	0. 412	嘉兴市—杭州市	0. 211
成都市—绵阳市	0. 388	芜湖市—马鞍山市	0. 211

续表

城市对	经济合作强度占比	城市对	经济合作强度占比
成都市—资阳市	0. 206	昆明市—曲靖市	0. 166
长沙市—衡阳市	0. 194	绵阳市—德阳市	0. 165
重庆市—遂宁市	0. 192	扬州市—镇江市	0. 164
黄石市—鄂州市	0. 191	宜春市—新余市	0. 162
株洲市—湘潭市	0. 190	南京市—湖州市	0. 161
上海市—湖州市	0. 189	武汉市—岳阳市	0. 160
杭州市—宁波市	0. 188	杭州市—金华市	0. 155
嘉兴市—上海市	0. 184	扬州市—南京市	0. 153
南通市—苏州市	0. 183	宁波市—杭州市	0. 152
合肥市—南京市	0. 179	成都市—南充市	0. 149
南通市—泰州市	0. 176	杭州市—苏州市	0. 148
武汉市—荆州市	0. 174	黄冈市—鄂州市	0. 148
长沙市—宜春市	0. 172	上海市—泰州市	0. 146
宜昌市—荆州市	0. 168	宜春市—萍乡市	0. 146
成都市—遂宁市	0. 167	滁州市—南京市	0. 145
苏州市—湖州市	0. 167	上海市—合肥市	0. 145

第一，长江经济带城市群城市之间的经济合作强度存在明显的方向性差异。其中，上海、苏州、重庆、武汉等城市与其他城市之间经济合作强度的方向性差异十分明显，这些城市与其他城市的经济合作强度和其他城市与其经济合作强度存在明显差异。尤其是上海、苏州、重庆与其他城市的经济合作强度和其他城市与其经济合作强度存在量级差异。上海对天门的经济合作强度（42601 亿元×万人/h^2）约为天门对上海经济合作强度（670 亿元×万人/h^2）的 64 倍，苏州对安顺的经济合作强度（13627 亿元×万人/h^2）约为安顺对苏州经济合作强度（318 亿元×万人/h^2）的 43 倍，重庆对潜江的经济合作强度（55899 亿元×万人/h^2）约为潜江对重庆的经济合作强度（1369 亿元×万人/h^2）的 41 倍。

第二，长江经济带城市群城市之间的经济合作强度总量差距很大。长江经济带经济合作强度最强的是苏州市对无锡市（13537 万亿元×万人/h^2），占长江经济带城市经济合作强度总量的 11. 180%。上海市对苏州市、无锡市对苏州市、苏州市对上海市、上海市对无锡市、无锡市对常州市、上海市对嘉兴市、常州市对无锡市、苏州市对常州市、上海市对杭州市、南京市对镇江市、杭州市对绍兴市、上海市对常州市、武汉市对黄冈市的经济合作强度占比均在1%以上，经济合作强度均超过1300万亿元×万人/h^2。尤其是上海市与苏州市之间的经济合作强度均较强。排名前100的城市对经济合作强度均达到170万亿元×万人/h^2以上。雅安市对舟山市的经济合作强度最弱，仅为93亿元×万人/h^2，苏州市对无锡市的经济合作强度是其145万倍。有328对城市经济合作强度低于500亿元×万人/h^2，合计占比4.705%；有928对城市经济合作强度低于1000亿元×万人/h^2，合计占比13.310%。

从江西省城市与非江西省城市的经济合作强度来看（见表10-5），前10对城市的经济合作强度均超过了14万亿元×万人/h^2。其中，宜春市对长沙市的经济合作强度达459112亿元×万人/h^2，占长江经济带城市经济合作强度总量的0.0379%。

表10-5　江西省城市与非江西省城市的经济合作强度：前10对

单位：亿元×万人/h^2，%

江西省城市	非江西省城市	经济合作强度	经济合作强度占比
宜春市	长沙市	459112	0.0379
南昌市	武汉市	425747	0.0352
上饶市	金华市	389917	0.0322
南昌市	长沙市	383253	0.0317
宜春市	株洲市	278376	0.0230
南昌市	黄石市	253216	0.0209
宜春市	湘潭市	185380	0.0153
南昌市	株洲市	151069	0.0125
上饶市	杭州市	140461	0.0116
九江市	黄冈市	140350	0.0116

从江西省城市间的经济合作强度来看（见表10-6），经济合作强度前5对城市依次是宜春市—新余市（1963263亿元×万人/h^2）、宜春市—萍乡市（1763704亿元×万人/h^2）、南昌市—抚州市（1635422亿元×万人/h^2）、南

昌市—九江市（1396644 亿元×万人/h^2）、南昌市—宜春市（1006673 亿元×万人/h^2），经济合作强度占比均在 0.08%以上。经济合作强度最低的是景德镇市—萍乡市，仅为 3138 亿元×万人/h^2，宜春市—新余市的经济合作强度是其 626 倍。

表 10-6　江西省城市间的经济合作强度

单位：亿元×万人/h^2，%

城市对	经济合作强度	经济合作强度占比	城市对	经济合作强度	经济合作强度占比
南昌市—景德镇市	69998	0. 0058	景德镇市—南昌市	11468	0. 0009
南昌市—萍乡市	262465	0. 0217	萍乡市—南昌市	40812	0. 0034
南昌市—九江市	1396644	0. 1154	九江市—南昌市	808653	0. 0668
南昌市—新余市	639011	0. 0528	新余市—南昌市	112802	0. 0093
南昌市—鹰潭市	434937	0. 0359	鹰潭市—南昌市	87721	0. 0072
南昌市—吉安市	292834	0. 0242	吉安市—南昌市	122816	0. 0101
南昌市—宜春市	1006673	0. 0831	宜春市—南昌市	463001	0. 0382
南昌市—抚州市	1635422	0. 1351	抚州市—南昌市	423445	0. 0350
南昌市—上饶市	534790	0. 0442	上饶市—南昌市	237267	0. 0196
景德镇市—萍乡市	3138	0. 0003	萍乡市—景德镇市	3224	0. 0003
景德镇市—九江市	38777	0. 0032	九江市—景德镇市	124480	0. 0103
景德镇市—新余市	4096	0. 0003	新余市—景德镇市	4486	0. 0004
景德镇市—鹰潭市	17653	0. 0015	鹰潭市—景德镇市	17682	0. 0015
景德镇市—吉安市	4665	0. 0004	吉安市—景德镇市	10767	0. 0009
景德镇市—宜春市	5705	0. 0005	宜春市—景德镇市	15126	0. 0012
景德镇市—抚州市	15253	0. 0013	抚州市—景德镇市	26119	0. 0022
景德镇市—上饶市	22940	0. 0019	上饶市—景德镇市	65403	0. 0054
萍乡市—九江市	9096	0. 0008	九江市—萍乡市	34671	0. 0029
萍乡市—新余市	96398	0. 0080	新余市—萍乡市	126189	0. 0104
萍乡市—鹰潭市	10539	0. 0009	鹰潭市—萍乡市	12433	0. 0010
萍乡市—吉安市	9285	0. 0008	吉安市—萍乡市	19501	0. 0016
萍乡市—宜春市	436726	0. 0361	宜春市—萍乡市	1763704	0. 1457
萍乡市—抚州市	20951	0. 0017	抚州市—萍乡市	33916	0. 0028
萍乡市—上饶市	12244	0. 0010	上饶市—萍乡市	35381	0. 0029
九江市—新余市	47193	0. 0039	新余市—九江市	14536	0. 0012

续表

城市对	经济合作强度	经济合作强度占比	城市对	经济合作强度	经济合作强度占比
九江市—鹰潭市	55138	0.0046	鹰潭市—九江市	16116	0.0013
九江市—吉安市	61809	0.0051	吉安市—九江市	44189	0.0036
九江市—宜春市	90682	0.0075	宜春市—九江市	68347	0.0056
九江市—抚州市	140694	0.0116	抚州市—九江市	68362	0.0056
九江市—上饶市	84814	0.0070	上饶市—九江市	72193	0.0060
新余市—鹰潭市	19046	0.0016	鹰潭市—新余市	18878	0.0016
新余市—吉安市	18353	0.0015	吉安市—新余市	33415	0.0028
新余市—宜春市	722091	0.0596	宜春市—新余市	1963263	0.1622
新余市—抚州市	41885	0.0035	抚州市—新余市	58674	0.0048
新余市—上饶市	20713	0.0017	上饶市—新余市	57691	0.0048
鹰潭市—吉安市	13117	0.0011	吉安市—鹰潭市	27746	0.0023
鹰潭市—宜春市	21948	0.0018	宜春市—鹰潭市	60957	0.0050
鹰潭市—抚州市	51747	0.0043	抚州市—鹰潭市	77934	0.0064
鹰潭市—上饶市	203777	0.0168	上饶市—鹰潭市	512338	0.0423
吉安市—宜春市	52534	0.0043	宜春市—吉安市	77821	0.0064
吉安市—抚州市	89422	0.0074	抚州市—吉安市	60143	0.0050
吉安市—上饶市	37192	0.0031	上饶市—吉安市	47955	0.0040
宜春市—抚州市	154998	0.0128	抚州市—宜春市	83249	0.0069
宜春市—上饶市	93915	0.0078	上饶市—宜春市	91880	0.0076
抚州市—上饶市	68857	0.0057	上饶市—抚州市	116293	0.0096

3. 生态环境现状

长江经济带覆盖11个省（市），人口规模和经济总量均占全国一半左右。党的十八大以来，围绕长江经济带发展战略，习近平总书记主持召开了四次座谈会，2023年10月12日，习近平总书记在进一步推动长江经济带高质量发展座谈会上特别指出，“把产业绿色转型升级作为重中之重，加快培育壮大绿色低碳产业，积极发展绿色技术、绿色产品，提高经济绿色化程度，增强发展的潜力和后劲”①。“生态优先”是历次长江经济带发展座谈会的关键词（见表10-7）。

① 《习近平主持召开进一步推动长江经济带高质量发展座谈会强调　进一步推动长江经济带高质量发展　更好支撑和服务中国式现代化》，《人民日报》2023年10月13日。

表 10-7　四次长江经济带发展座谈会关于生态保护的论述

座谈会召开时间和地点	座谈会主题	相关重要论述
2016 年 1 月，重庆	推动长江经济带发展	共抓大保护，不搞大开发。要把修复长江生态环境摆在压倒性位置。推动长江经济带发展必须从中华民族长远利益考虑，走生态优先、绿色发展之路，使绿水青山产生巨大生态效益、经济效益、社会效益，使母亲河永葆生机活力
2018 年 4 月，武汉	深入推动长江经济带发展	共抓大保护和生态优先讲的是生态环境保护问题，是前提；不搞大开发和绿色发展讲的是经济发展问题，是结果；共抓大保护、不搞大开发侧重当前和策略方法；生态优先、绿色发展强调未来和方向路径，彼此是辩证统一的
2020 年 11 月，南京	全面推动长江经济带发展	要加强生态环境系统保护修复。要从生态系统整体性和流域系统性出发，追根溯源、系统治疗。要加强协同联动，强化山水林田湖草等各种生态要素的协同治理，推动上中下游地区的互动协作，增强各项举措的关联性和耦合性。要把修复长江生态环境摆在压倒性位置，构建综合治理新体系。要加快建立生态产品价值实现机制，让保护修复生态环境获得合理回报，让破坏生态环境付出相应代价
2023 年 10 月，南昌	进一步推动长江经济带高质量发展	从长远来看，推动长江经济带高质量发展，根本上依赖长江流域高质量的生态环境。要毫不动摇坚持共抓大保护、不搞大开发，在高水平保护上下更大功夫。要继续加强生态环境综合治理。协同推进降碳、减污、扩绿、增长，把产业绿色转型升级作为重中之重，加快培育壮大绿色低碳产业，积极发展绿色技术、绿色产品。支持生态优势地区做好生态利用文章，把生态财富转化为经济财富

资料来源：表格内容由作者整理。原始资料来源如下，《习近平在推动长江经济带发展座谈会上强调　走生态优先绿色发展之路　让中华民族母亲河永葆生机活力》，中国政府网，2016 年 1 月 7 日，https：//www. gov. cn/guowuyuan/2016/01/07/@ ntent_ 503 1289. htm；习近平：《在深入推动长江经济带发展座谈会上的讲话》，《求是》2019 年第 17 期；《习近平在全面推动长江经济带发展座谈会上强调　贯彻落实党的十九届五中全会精神　推动长江经济带高质量发展》，《人民日报》2020 年 11 月 16 日；《习近平主持召开进一步推动长江经济带高质量发展座谈会强调　进一步推动长江经济带高质量发展　更好支撑和服务中国式现代化》，《人民日报》2023 年 10 月 13 日。

江西省在实现人与自然和谐共生的战略高度谋划发展，以更高标准打造美丽中国“江西样板”，将“共抓大保护、不搞大开发”“生态优先、绿色发展”等理念深深融入发展脉络。鄱阳湖位于江西省北部，是长江的重要调蓄湖泊，承担着调洪蓄水、调节气候、降解污染等多种生态功能，年均入江水量约占长江径流量的 15.6%。鄱阳湖水量、水质的持续稳定，直接关系鄱阳湖周边乃至长江中下游地区的用水安全。

从历史脉络来看，1983 年江西省政府组织 600 多名专家对鄱阳湖及赣江流域进行多学科综合考察，即闻名全国的山江湖工程，提出把三面环山、一面临江、覆盖全省辖区面积 97%的鄱阳湖流域视为整体系统治理的理论，创造性地提出“治湖必须治江、治江必须治山、治山必须治穷”的治理理念[①]。2009 年 12 月，国务院批复《鄱阳湖生态经济区规划》，建设鄱阳湖生态经济区上升为国家战略，这是新中国成立以来江西省第一个上升为国家战略的区域性发展规划。2014 年 11 月 20 日，《江西省生态文明先行示范区建设实施方案》获国家 6 部门正式批复，标志着江西省建设生态文明先行示范区上升为国家战略，成为江西省继鄱阳湖生态经济区规划和赣南等原中央苏区振兴发展后的第三个国家战略，也是江西省第一个全境列入的国家战略。2017 年 10 月，中共中央办公厅、国务院办公厅印发《国家生态文明试验区（江西）实施方案》，这是党中央、国务院总揽全国生态文明建设和改革大局做出的重大部署，对于全面提升江西省生态文明建设水平具有重大而深远的意义，是江西省生态文明建设的一个重要里程碑，既体现出“江西特色”，又为美丽中国贡献“江西智慧”。2023 年 7 月，江西省委十五届四次全会明确提出要打造国家生态文明建设高地，并高规格召开了全省生态环境保护大会暨美丽江西建设推进会，对新征程上加强生态文明建设和生态环境保护做出了安排部署、谋划了实践路径。

2024 年江西省《政府工作报告》强调，推动全面绿色转型，提速打造生态文明建设高地，实施打造国家生态文明建设高地三年行动，让美丽中国

① 王晓鸿等编著《山江湖工程》，科学出版社，2006。

“江西样板”更有成色。2024 年 5 月，国务院新闻办公室“推动高质量发展”系列主题新闻发布会江西专场明确“江西要真正扛起‘在推进长江经济带发展上善作为’的职责使命，不仅要在保护生态环境上善作为，也要在推动经济绿色转型发展上善作为”。在加快推动经济社会发展全面绿色转型、服务和融入长江经济带高质量发展上，江西要着力推动产业高端化、智能化、绿色化发展，深化区域协同联动，弘扬长江文化。2024 年中共江西省委办公厅、江西省人民政府办公厅印发《江西省打造国家生态文明建设高地三年行动计划（2024—2026 年）》，提出“努力在生态环境质量提升、绿色低碳转型发展、生态产品价值实现、生态文明制度建设上走在全国前列，更高标准打造美丽中国‘江西样板’”。

4. 产业转型现状

长江经济带化工产业经济总量大、产业链条长、产品种类多、关联覆盖广，关乎全流域产业链供应链安全稳定与绿色发展成效。推进化工产业绿色转型是深入实施长江经济带高质量发展战略重要而紧迫的任务①。发挥好江西省化工产业的引领和示范作用，打造长江经济带化工产业绿色转型升级的“江西样板”，是贯彻落实习近平总书记第四次长江经济带高质量发展座谈会精神的迫切要求。

第二节　江西“在推动长江经济带发展上善作为”的优势

一　创新发展优势

一是以“技术链”赋能“产业链”优势大。江西省制造业产业链群竞争力明显提升，根据《江西省工业和信息化发展报告（2023）》，2023 年

① 向云波、王圣云、邓楚雄：《长江经济带化工产业绿色发展效率的空间分异及驱动因素》，《经济地理》2021 年第 4 期。

江西省数字经济增加值突破1万亿元，高新技术产业增加值占规模以上工业增加值比重突破40%，电子信息产业链全年投资亿元以上的产业项目达960个，有色金属、石化等重点产业链总体稳定，新能源、有色、钢铁、电子信息产业增加值均实现两位数的增长。江西省围绕特色优势产业，创建7家国家级重点实验室、建设239家省级重点实验室，科技创新技术平台取得新突破，新质生产力的科技支撑日渐夯实。

二是以“新三样”为代表的江西省战略性新兴产业蓄能成势。2023年江西省外贸出口总额达3928.5亿元，其中“新三样”产品太阳能电池、电动载人汽车、锂电池分别出口344.2亿元、67.1亿元、43.9亿元，同比分别增长42.7%、174%、150%，成为江西外贸增长新引擎①。

三是以高能级创新平台助力科技“突围”潜力大。2024年1月，江西赣江新区正式获批国家级新区，形成了以汽车及零部件、新能源新材料、光电信息等为代表的产业体系，打造了国家新能源汽车创新中心、江西省新能源汽车产业园等国家级和省级产业平台。

二　开放合作优势

江西革命老区众多，拥有依托革命老区政策开放发展的重要优势。

一是党和国家高度重视，搭建了新时代支持革命老区振兴发展“1+N+X”政策体系。“十四五”时期，国家重点支持12个革命老区振兴发展，江西省积极参与赣闽粤原中央苏区和湘赣边革命老区两大革命老区建设。《国务院关于新时代支持革命老区振兴发展的意见》明确继续支持赣州执行西部大开发政策，中央预算内投资对赣南等原中央苏区参照执行西部地区政策，为江西打造革命老区高质量发展高地提供了财政和金融方面的有力保障。

二是江西积极作为，对标形成支持革命老区高质量发展“1+1+N”政

---

① 《江西省进出口贸易统计（2023年1—12月）》，南昌海关网站，2024年1月16日，http：//www.customs.gov.cn//nan chang_ customs/496856/fdzdgknr99/hgtj16/496844/5632837/index.htm/。

策体系。江西省委十五届四次全会提出打造“三大高地”的战略部署，并将“革命老区高质量发展高地”作为“三大高地”之首。江西还发布了《关于新时代进一步推动江西革命老区振兴发展的实施意见》《江西省促进革命老区振兴发展条例》两大纲领性文件，形成了《支持赣州革命老区高质量发展示范区建设的若干政策措施》等一系列配套文件，搭建“1+1+N”江西省革命老区高质量发展政策“四梁八柱”。

三是江西主动对接，推进对口帮扶加快革命老区振兴发展。自2022年5月国家发展改革委印发《革命老区重点城市对口合作工作方案》以来，江西抢抓国家政策机遇出台了《江西省推进革命老区重点城市对口合作任务分工方案》，赣州市、吉安市分别与广东省深圳市、东莞市建立对口合作关系，形成了一揽子利振兴、惠民生的合作协议。抚州市也主动作为，加强与福建省泉州市的产学研合作。江西围绕公共服务共享、生态环境共治、产业合作平台共建等领域着力推动对口合作工作全面落地落实，以点带面为全省革命老区连绵式开发筑牢基石。

三　生态环境优势

生态价值转化助推江西绿色转型。江西省是全国唯一兼具国家生态文明试验区和生态产品价值实现机制国家试点的省份，生态优势十分突出，具体表现如下。

一是生态资源丰富、生态环境优良。2022年，江西省森林覆盖率达61.16%，建成区绿化覆盖率高达46.6%，均居全国第二位；断面水质优良比例达96.2%，生态创建示范数量连续5年居全国第一梯队。

二是绿色低碳转型有序推进。2022年，江西省新增安排1亿元专项用于推进碳达峰碳中和，在20个城市和园区开展碳达峰试点建设；统筹安排10.35亿元资金用于光伏发电、新能源汽车推广应用，引导企业实施“智能化+绿色化”改造。2022年，武宁县获批国家第六批“绿水青山就是金山银山”实践创新基地。宜丰县、袁州区、婺源县、井冈山市、浮梁县、崇义县等入选中国小康网发布的“2022年度县市绿色高质量发展百佳样本”。

四 产业转型优势

一是化工产业增长势头强劲，绿色转型能力不断增强。根据《江西省工业和信息化发展报告（2023）》，江西省石化行业保持平稳运行，2022 年全省石化行业实现营业收入 4167. 98 亿元，实现利润 344. 25 亿元，同比分别增长 11. 38%和 1. 51%，石化行业利润率达到 8. 26%，7 个省级重点化工产业集群营业收入均超过 100 亿元。江西省大力促进化工产业绿色升级，2022 年新增国家级、省级绿色工厂各 5 家，现有九江石化、蓝星星火有机硅等国家级绿色工厂 19 家，国家级绿色设计产品 4 个和国家级绿色供应链企业 1 家。

二是化工产业集聚度明显提高，园区集群效应日益凸显。江西省积极引导化工产业优化布局，不断提高产业集中度和本地配套率，打造优势化工产业链，提升化工园区集聚度和产业竞争力，推动化工产业高质量跨越式发展，已经形成乐平精细化工产业集群、星火有机硅产业集群、会昌氟盐化工产业集群、樟树盐化工产业集群、新干盐卤药化产业集群等化工产业集群，尤其是永修有机硅产业集群的 2022 年营业收入突破 600 亿元大关，实现营业收入 612 亿元，同比增长 32. 9%，重点产业集群发展势头良好。根据省工信厅联合省发展改革委等 4 部门公布的结果，江西安义工业园化工集中区、九江石化产业园等 26 个化工园区（化工集中区）成功入选第一批省级化工园区，以园区化为导向的江西省化工产业布局不断完善。

三是化工龙头企业引领作用不断显现，产业绿色转型步伐加快。《江西省工业和信息化发展报告（2023）》显示，截至 2022 年底，江西省石化产业规模以上企业达 1816 家。各龙头企业积极发挥引领示范作用，以“在保护的基础上推动发展、在发展的过程中升级保护”为准绳，努力在化工产业高质量发展中走在前。中国石化九江分公司大力推进绿色低碳转型，积极探索数字化、网络化、智能化管理，基于“环境在线监测实时数据”，将企业实际排放情况与国际标准对标，实现“不让一滴油和一滴超标污水进入长江”，使江西省化工产业快速发展的同时与美丽江西建设同频共振，在破解“化工围江”的战役中硕果累累，是国家首批绿色工厂，国家智能制造试点示范企业、标杆企业，成为江西省乃至长江经济带化工产业绿色转型的头雁领航企业。

四是产业政策体系不断完善，化工产业转型根基愈发坚实。江西省已在长江经济带高质量发展中迈出坚实步伐，努力构建了体现江西特色和优势的现代化产业体系和政策体系。在化工产业发展方面，江西陆续出台了《江西省制造业重点产业链现代化建设“1269”行动计划（2023—2026 年）》《江西省石化化工产业链现代化建设行动方案（2023—2026 年）》《江西省“十四五”石化产业高质量发展规划》等系列政策文件，明确建设高端化、绿色化、智能化的现代化工产业体系，为全省化工产业高质量发展提供政策支撑。

第三节 江西“在推进长江经济带发展上善作为”面临的挑战

一 创新发展挑战

江西省高新技术企业、科技孵化器等科创平台少，目前仅有泰豪、科骏等 6 家国内 VR50 强企业且总部都在南昌，文旅新业态发展的 VR 产业支撑乏力。与此同时，高层次科技人才较为稀缺，智能制造、新兴产业等领域“高精尖”人才尤为匮乏，人才引育留用难。2022 年，全省净流出人口 506 万人，高校毕业生留赣率仅为 59. 96%，且相关企业普遍重生产轻开发、重模仿轻创新，大多仍处在产业链低端，基础技术创新能力弱，原创产品少，与发达地区的协同创新水平较低，创新赋能产业链面临不少困难①。

① 应炯主编《江西省工业和信息化发展报告（2023）》，江西人民出版社，2023。

二　开放合作挑战

江西省开放发展的“量”“质”均有待提升。江西省开放型经济总体规模与沿海省份相比仍然有一定差距，外资来源地较为单一，特别是来自发达国家的先进制造业投资较少，出口商品整体技术含量不高。开放平台综合效应发挥不够，赣江新区、经开区、高新区等与全国同类平台相比竞争力整体偏弱。不仅如此，江西省毗邻粤港澳大湾区、长三角等经济发达地区，受虹吸效应影响，优质资源流失较为严重。

三　生态环境挑战

江西省生态环境保护与生态建设压力很大，主要表现如下。

一是生态资源开发利用方式较为粗放。江西省目前仍存在生态资源过度开发、城乡建设无序扩张等问题。建成区人口密度偏低，2022 年每平方公里仅 0.608 万人，刚达到《关于加强县城绿色低碳建设的意见》提出的人口密度最低标准线。同时，江西省水资源十分丰富但水体污染较为严重，污水处理率仅为 91.90%。

二是生态资源的经济转化仍存在“堵点”。丰富的生态资源与偏低的经济水平形成明显反差。“两山”转化以生态资源直接消耗为主，生态产品价值转化难以有效实现，这主要受到林地权属不透不清、所有权和使用权不匹配、涵养类生态产品交易体系不完善以及监管风控体系建设不规范等因素的制约，生态资源优势难以有效转化为生态经济优势与生态福祉优势。

四　产业转型挑战

一是传统化工产业比重高，绿色转型压力大。当前长江经济带化工产业发展的主要矛盾已经从破旧转向立新，从汰劣转向扶优，从突击式、风暴式监管转向法治化、常态化监管，绿色发展基础稳步夯实。但根据 2022 年 4 月江西省委、省政府印发的《关于完整准确全面贯彻新发展理念做好碳达峰碳中和工作的实施意见》，江西省石油化工行业仍属于高碳行业，工艺流程再造、低碳工艺革新压力大。江西省部分沿江化工产业存在新上高端化工项目慢、技改升级落地迟、搬迁改造推进难等困难，一些临江化工产业用地也面临前有长江、后有基本农田的两难局面，化工产业布局有待优化。同时，江西省化工园区规范化、绿色化、集约化水平和发达地区相比仍然较低，园区专业化管理机构覆盖率偏低，化工产业“三废”排放治理能力尚需加强①。

二是化工产业分布相对“小而散”，产业链短、韧性不足。《江西省“十四五”石化产业高质量发展规划》肯定了江西省化工产业园区建设取得的明显成效，但也指明江西省化工企业分布“小而散”现象依然存在，难以形成强有力的竞争优势。同时，化工园区存在企业间循环链接程度偏低、相互配套较弱，化工产品结构较单一且多处于价值链中低端，以及产业向下游延伸力度不够、尚未形成产业链式发展效应等问题。特别是大多数化工产品停留于原料粗加工阶段，下游深加工应用和延伸不足，企业间相互配套较少，产品市场与产地隔离，市场响应偏慢。中国石油和化学工业联合会化工园区工作委员会公布的 2022 年化工园区高质量发展综合评价结果显示，江西省化工园区均未进入 30 强。

三是化工产品附加值低，市场竞争力弱、创新乏力。从《江西省石化产业 2022 年发展情况和 2023 年发展重点》报告来看，一方面，低附加值、低科技含量、初级化工产品仍是江西省化工行业的主流产品，企业产品较为单一，新产品、深加工产品少，产品不够系列化，化工新材料、精细化学品、高端化学品还处于起步阶段；另一方面，江西省化工产业创新支撑平台数量偏少、实力偏弱，企业创新意识不强，自研核心技术占比偏小，产学研用融通程度不高、成果转化能力偏弱，终端应用开发不足，尚未形成化工产业创新发展的支撑合力。

四是江西省化工行业高端人才缺乏，观念旧、引育难。随着化工产业绿色转型升级的需求增强，企业既缺乏行业专家、研发人员、管理人员等高精

① 刘耀彬、戴璐编著《江西省新型城镇化融入长江经济带的基础、障碍与关键》，社会科学文献出版社，2016。

尖人才，又缺乏工作在一线的蓝领工人。受优惠政策、高等科研机构和院校缺乏，以及企业竞争力不足、薪酬偏低等因素影响，化工产业高端人才和专业技术人才引进难、留住难、培育难“三难”问题仍旧是制约江西省化工产业高质量发展的因素。与此同时，江西省化工产业重大项目相对较少，难以支撑江西省化工产业高速增长。因此，亟须进一步面向长江经济带、粤港澳大湾区及国内外进行化工项目招商引资引智行动，集聚化工产业高端人才，进行高质量的精准招商，发挥化工产业链的项目和人才优势，深化化工产业的开放合作。

第四节　江西“在推进长江经济带发展上善作为”的路径

一　“在推进长江经济带创新发展上善作为”的路径

一是完善“引育留用”全链条，打造吸引人才“强磁场”。实施优秀创新人才特殊政策，突出“高精尖缺”导向，革命老区参照发达地区以高标准给予人才优待。设立“人才”飞地，厚植本土人才优势，通过创新链条提质行动、创新人才引培行动等增强创新驱动力。大力推进鄱阳湖国家自主创新示范区建设，发挥中国科学院赣江创新研究院等“国字号”科研平台引领带动作用，深入实施项目带动战略和治理强基战略。

二是加快抢位发展，构建有江西特色的现代化产业体系。加快实施产业升级战略，大力推进数字产业化和产业数字化发展，深化数字经济赋能制造业“1269”重点产业链现代化建设。支持生产性服务企业与制造企业全业务流程融合，推动生产性服务业向专业化和价值链高端延伸，生活性服务业向精细化和高品质转变。

二　“在推进长江经济带开放发展上善作为”的路径

一是借力政策机遇，落细革命老区重点城市对口合作，开启革命老区合作发展新篇章。以赣州、吉安等革命老区重点城市为支点，支持江西省革命老区错位发展，融入赣闽粤原中央苏区和湘赣边革命老区建设。继续深化赣州与深圳、吉安与东莞、抚州与泉州对口合作，加快建设赣粤、赣浙、赣闽、赣湘等省际合作产业园，推进赣粤运河、闽赣异步联网工程建设。

二是强化区域合作，对接融入长三角，拓展振兴发展新空间。抢抓《中共中央 国务院关于加快建设全国统一大市场的意见》提出的优先开展长三角区域市场一体化建设的机遇，在已有浙赣边合作示范区建设基础上，主动对接长三角产业布局，承接长三角产业转移；在上市培育、路演展示、企业咨询等领域拓宽区域合作方式，探索设立区域协同创新分中心，加快与长三角资本市场优质资源高效对接。

三是深化国际合作，共建“一带一路”，引领江西新未来。以内陆开放型经济试验区建设为引领，贯彻落实习近平总书记视察江西的指示要求，加快建设九江港口型、鹰潭陆港型国家物流枢纽，打造南昌、九江综合型流通支点城市和赣州、上饶、宜春功能型流通支点城市，加快形成内畅外联的现代流通网络。推动景德镇打造世界陶瓷文化中心，依托国家陶瓷文化传承创新试验区，深入实施“国际瓷都·优质旅游”文旅融合计划。

三 “在推进长江经济带生态环境保护上善作为”的路径

一是着力推动产业集群与工业园区绿色转型。加大江西省环境优化治理投入，深化国家生态文明试验区建设，推进生态文明建设制度创新，推出一批成效显著、可复制推广的样本。加快创建井冈山国家公园，稳步实施好“碳达峰十大行动”。积极推进“江西省低碳零碳负碳示范工程”。扎实推进丰城、贵溪、渝水等省级碳达峰试点，创建一批绿色园区、绿色工厂，构建先进优质高效、绿色循环低碳的生态经济体系。

二是探索生态产品价值实现机制和新模式。开展全省 GEP 定期核算并积极稳妥推动结果应用，鼓励金融机构探索开展生态资源融资创新，推进抚州全国生态产品价值实现机制创新中心建设，支持赣州、吉安、抚州等地参与生态产品信息共享与总值核算平台搭建，加快把生态优势转化为经济优势。

四 “在推进长江经济带产业转型发展上善作为”的路径

一是锚定绿色发展，聚力产业转型升级，提升化工产业“绿色度”。一方面，协同推进化工行业降碳减污扩绿增长，加快化工产业绿色转型升级。严格落实负面清单管理等政策要求，加快落实《江西省石化化工行业碳达峰工作方案》《江西省新污染物治理工作方案》，鼓励化工企业和化工园区建设能源综合管理系统，推动能源系统优化和梯级利用，推进化工行业碳达峰工作。另一方面，严格石化类项目准入条件，实施化工生产线清洁低碳化升级改造，促进“减油增化”。出台奖励政策，鼓励有条件的化工企业先行先试以电力、天然气作为煤炭替代燃料。构建“企业小循环、产业中循环、园区大循环”的化工产业集群和园区，逐步实现源头控碳、延链降碳、生产减碳。着力推动传统“黑色化学”向现代绿色化工转型，培育化工行业中的朝阳产业。实施化工行业能效“领跑者”计划，推动绿色化工工厂建设。

二是实施链式培育，推进产业融合聚变，提升化工园区“集聚性”。一方面，构建集石油化工、煤化工、精细化工、化工新材料于一体的完整化工产业链。贯彻落实《江西省制造业重点产业链现代化建设“1269”行动计划（2023—2026 年）》，引导化工产业向新材料领域延伸，聚力发展石油化工、化工新材料、精细化工、氯碱深加工等细分产业链。打造九江石油化工产业集群、星火有机硅产业集群等 5 个产业集群。推进永修有机硅、乐平精细化工等产业板块构建产业上下游配套、结构合理、循环发展的绿色生态产业体系。利用炼油工艺副产物发展特色化工产品，构建芳烃产业链等深度加工产业链，打造具有影响力的智能炼化一体化基地和化工新材料基地。巩固江西省有机硅单体原料优势，大力发展以硅橡胶、硅油等为重点的下游深加工产品，抢占化工产业发展制高点。另一方面，深入实施化工产业链链长制。建立化工产业链“链主”企业培育机制，推进化工产业基础再造行动计划，编制化工产业基础再造目录。推进化工园区达标认定和规范建设，加强化工重点监测点管理服务，提高行业绿色安全发展水平、产业集中度和化工园区集聚水平。

三是坚持创新引领，开辟新领域新赛道，提高化工行业“含新量”。一方面，大力发展高附加值化工新材料和高端专用化学品。加强改性及加工应用技术研发，重点发展高附加值的氟硅化学品和高性能的塑料助剂。贯彻落实《关于“十四五”推动石化化工行业高质量发展的指导意见》和《关于深入推进数字经济做优做强“一号发展工程”的意见》，加快新一代信息技术与石化产业融合。另一方面，强化企业创新主体地位。推动化工产业骨干企业研发机构全覆盖，加快构建重点实验室、重点领域创新中心、共性技术研发机构“三位一体”创新体系。支持“链主”企业加强创新平台建设，建设国家级和省级企业技术中心、工程技术研究中心，推动高校、化工科研院所与江西省化工产业集群及大型骨干企业联合，组建一批产业技术创新战略联盟。搭建人才云平台和公共服务平台，建设高层次化工人才产业园，强化人才支撑，推动产业链和人才链有机融合。

四是促进区域协同，凝聚流域发展合力，增强沿江化工产业“竞争力”。在当前江西省化工企业总体上由沿海向中西部地区加速转移的背景下，发挥好江西省联通东西、承接南北、通江达海的区位优势，利用好江西省岩盐、萤石等资源和生产要素的低成本优势，把握好江西省打造“三大高地”、实施“五大战略”的发展机遇，促进江西省化工产业链融入全国化工产业链分工体系。实施化工产业重点部门竞争力评估、动态监测与调度。进一步理顺和完善赣江新区管理运行机制，全面对接融入长三角一体化，加快浙赣边际合作（衢饶）示范区建设，持续深化与湖南、湖北的化工产业合作。围绕有机硅、聚烯烃以及高端电子化学品等化工新材料开展招商，与江苏等地企业携手推进中下游协同的延链、补链、强链行动。构建长江经济带化工产业联盟，推进省际共商、生态共治、全域共建、发展共享，强化长江经济带产业协同发展平台和机制，加强长江沿岸省市化工产业绿色发展共同体和利益共同体建设，让绿色化工产业成为推动长江经济带高质量发展的坚实力量。

参考文献

吴军：《环境约束下中国地区工业全要素生产率增长及收敛分析》，《数量经济技术经济研究》2009 年第 11 期。

刘军编著《整体网分析讲义：UCINET 软件实用指南》，格致出版社，2009。

附　录

附表 1　2013~2022 年中部地区 80 个城市经济高质量发展综合指数

省份	城市	2013 年	2014 年	2015 年	2016 年	2017 年	2018 年	2019 年	2020 年	2021 年	2022 年
山西	太原	51. 48	54. 97	55. 22	58. 19	58. 76	60. 82	62. 21	58. 93	58. 98	58. 44
	大同	12. 99	17. 49	18. 31	24. 70	27. 09	29. 10	30. 39	30. 36	31. 98	32. 82
	阳泉	16. 21	17. 47	20. 51	21. 68	24. 96	28. 50	31. 06	31. 26	31. 58	31. 24
	长治	16. 24	18. 98	21. 37	22. 10	23. 88	27. 92	27. 78	28. 87	30. 15	29. 71
	晋城	18. 20	20. 23	21. 08	21. 67	28. 24	29. 53	30. 97	30. 71	32. 38	32. 06
	朔州	18. 21	21. 08	20. 36	23. 34	26. 34	27. 39	27. 51	27. 17	30. 59	30. 19
	晋中	17. 58	23. 10	23. 13	27. 88	28. 62	31. 61	32. 54	32. 71	31. 39	32. 76
	运城	12. 81	11. 81	16. 57	20. 54	19. 81	20. 57	21. 56	22. 38	24. 56	24. 58
	忻州	5. 83	9. 75	10. 10	16. 16	20. 51	21. 14	22. 99	22. 71	23. 18	24. 78
	临汾	10. 63	13. 70	15. 96	18. 04	18. 95	19. 76	21. 61	24. 56	25. 66	25. 13
	吕梁	10. 24	12. 35	12. 33	14. 51	16. 92	18. 34	20. 36	21. 25	25. 19	25. 21
安徽	合肥	44. 05	47. 17	50. 58	52. 71	54. 53	57. 49	62. 27	63. 21	68. 74	70. 16
	芜湖	29. 27	32. 06	33. 17	37. 76	39. 30	40. 93	42. 19	43. 66	48. 43	44. 83
	蚌埠	20. 30	22. 82	25. 98	28. 68	29. 66	30. 08	32. 07	33. 31	33. 98	33. 58
	淮南	16. 68	17. 09	19. 19	22. 65	24. 58	25. 81	25. 23	26. 52	28. 23	31. 29
	马鞍山	24. 97	25. 95	28. 67	30. 75	32. 09	34. 76	37. 03	38. 99	41. 12	38. 71
	淮北	18. 26	20. 15	19. 33	24. 06	25. 08	26. 63	27. 29	29. 14	30. 76	33. 03
	铜陵	26. 47	28. 69	29. 57	28. 64	29. 62	30. 46	28. 29	32. 93	33. 74	33. 91
	安庆	20. 50	21. 36	22. 52	27. 00	27. 00	26. 98	28. 00	30. 21	32. 17	32. 85
	黄山	27. 81	28. 40	29. 60	30. 81	32. 71	34. 45	36. 17	36. 40	37. 33	37. 28
	滁州	18. 65	20. 37	22. 75	26. 82	27. 79	28. 40	32. 15	33. 08	35. 96	37. 01
	阜阳	12. 18	12. 24	14. 42	19. 02	18. 75	20. 88	22. 91	24. 13	25. 14	27. 81
	宿州	11. 99	13. 96	15. 62	18. 36	20. 74	21. 71	22. 56	25. 04	24. 87	24. 61
	六安	15. 36	17. 22	19. 51	22. 86	23. 82	24. 63	25. 25	27. 02	27. 85	28. 84
	亳州	16. 43	16. 13	17. 29	19. 56	19. 02	20. 96	22. 91	24. 98	25. 75	26. 55
	池州	20. 17	22. 15	25. 25	28. 33	27. 97	28. 81	30. 62	30. 24	33. 38	34. 43
	宣城	29. 04	20. 85	23. 08	26. 75	27. 36	28. 06	28. 52	29. 81	32. 52	31. 59

续表

省份	城市	2013 年	2014 年	2015 年	2016 年	2017 年	2018 年	2019 年	2020 年	2021 年	2022 年
江西	南昌	43.67	45.56	47.41	48.36	52.98	54.85	56.31	57.71	60.90	55.21
	景德镇	19.96	20.77	22.17	29.32	34.42	33.79	36.54	37.42	38.07	37.16
	萍乡	16.98	16.06	18.60	24.48	27.36	32.32	35.71	34.73	35.62	35.84
	九江	22.81	21.74	23.73	30.48	29.59	31.83	35.31	36.40	38.35	37.39
	新余	23.22	26.40	26.23	30.21	33.65	36.32	38.49	35.83	39.99	39.44
	鹰潭	17.10	19.08	21.02	25.23	27.44	26.77	32.54	31.36	34.73	35.33
	赣州	11.65	13.89	14.07	20.13	27.21	27.75	30.76	33.49	32.33	32.07
	吉安	19.02	19.43	20.93	24.28	26.42	24.53	28.31	29.39	30.31	31.70
	宜春	15.73	16.57	16.07	17.86	21.81	25.00	28.90	30.13	30.74	32.25
	抚州	18.58	19.42	20.19	21.47	23.77	27.20	28.20	29.82	29.04	30.57
	上饶	19.41	20.54	20.76	18.50	20.72	22.99	25.78	27.78	30.93	31.77
河南	郑州	48.34	52.40	57.38	61.29	63.20	65.00	69.43	72.13	77.14	72.83
	开封	9.77	12.91	20.66	20.93	23.86	25.13	27.58	27.09	29.86	31.57
	洛阳	24.06	28.29	29.01	33.30	35.41	36.55	37.50	38.03	40.19	40.08
	平顶山	15.04	18.50	18.81	24.21	25.03	25.77	26.90	27.53	29.65	30.43
	安阳	12.36	14.48	18.92	22.01	24.10	25.55	26.43	27.34	29.19	29.80
	鹤壁	13.36	14.15	16.46	20.71	22.75	24.32	25.72	27.17	29.67	29.51
	新乡	17.53	18.21	19.83	24.09	24.81	28.62	26.15	27.85	29.73	29.61
	焦作	18.46	19.26	21.64	26.34	28.98	30.31	31.88	30.08	32.88	34.45
	濮阳	12.26	14.65	14.38	17.22	20.13	21.93	24.22	24.59	26.38	27.75
	许昌	19.04	21.64	22.25	21.93	26.21	26.95	28.67	29.48	30.38	30.70
	漯河	18.26	18.98	22.25	23.90	23.69	24.86	26.61	26.79	29.86	30.17
	三门峡	16.50	19.27	18.73	25.90	26.21	27.98	28.64	30.10	31.75	31.76
	南阳	9.63	13.16	14.48	20.47	21.93	22.92	25.32	26.43	28.24	28.60
	商丘	11.33	16.02	16.22	18.17	19.56	20.28	21.34	22.47	23.64	19.52
	信阳	13.99	17.25	17.98	18.99	19.02	21.92	23.27	24.92	25.94	26.94
	周口	13.05	13.98	15.17	17.54	18.33	18.79	20.42	21.61	21.63	21.97
	驻马店	13.62	15.27	16.31	20.07	21.26	22.44	22.54	25.35	26.71	28.88

续表

省份	城市	2013 年	2014 年	2015 年	2016 年	2017 年	2018 年	2019 年	2020 年	2021 年	2022 年
湖北	武汉	65. 95	70. 57	75. 68	79. 34	80. 71	85. 35	88. 88	85. 32	90. 99	83. 48
	黄石	17. 16	19. 50	20. 31	24. 96	25. 39	26. 82	28. 16	28. 09	32. 66	34. 92
	十堰	20. 75	20. 32	19. 45	23. 54	24. 36	26. 88	29. 04	29. 78	31. 77	34. 36
	宜昌	22. 62	25. 41	26. 47	32. 12	31. 59	33. 09	34. 12	32. 82	39. 20	39. 52
	襄阳	23. 52	24. 52	27. 08	29. 46	31. 89	32. 73	34. 48	35. 38	37. 25	40. 80
	鄂州	17. 38	17. 99	18. 39	22. 45	24. 15	28. 16	29. 93	30. 35	33. 71	36. 54
	荆门	17. 60	18. 87	18. 74	22. 99	25. 52	27. 33	27. 13	27. 12	29. 47	31. 57
	孝感	14. 07	13. 58	15. 93	18. 00	22. 82	23. 16	24. 57	25. 47	25. 93	27. 73
	荆州	10. 06	13. 10	13. 99	21. 14	22. 45	23. 04	25. 15	24. 06	28. 50	30. 94
	黄冈	9. 58	12. 45	12. 25	17. 71	19. 46	21. 71	22. 68	25. 38	26. 13	29. 06
	咸宁	17. 10	18. 66	19. 97	21. 69	23. 08	23. 97	25. 55	26. 13	29. 11	29. 99
	随州	17. 86	20. 06	20. 00	18. 27	22. 25	22. 30	24. 40	24. 23	26. 93	27. 84
湖南	长沙	50. 57	52. 90	54. 30	57. 13	59. 72	63. 33	66. 75	66. 60	64. 13	67. 53
	株洲	23. 28	28. 02	29. 21	31. 48	33. 11	34. 83	35. 97	37. 22	35. 64	36. 66
	湘潭	23. 38	25. 41	26. 98	30. 51	33. 38	34. 49	34. 41	35. 70	35. 55	35. 33
	衡阳	15. 74	17. 18	17. 73	20. 54	24. 19	26. 29	27. 12	30. 49	29. 84	31. 32
	邵阳	9. 91	12. 63	13. 48	18. 11	19. 62	20. 62	23. 14	24. 41	25. 05	25. 26
	岳阳	18. 32	19. 97	20. 27	22. 82	25. 18	25. 71	27. 82	29. 50	30. 77	31. 49
	常德	20. 17	22. 60	25. 04	26. 85	28. 27	29. 18	30. 97	32. 47	30. 65	32. 37
	张家界	11. 65	17. 73	18. 85	25. 71	29. 20	29. 86	32. 45	29. 96	32. 51	34. 29
	益阳	13. 70	19. 83	16. 69	19. 24	20. 80	22. 86	24. 03	25. 32	28. 64	27. 77
	郴州	17. 98	20. 01	22. 90	26. 34	27. 00	27. 01	30. 64	29. 94	30. 85	31. 67
	永州	15. 11	16. 96	19. 57	21. 18	22. 09	23. 09	24. 24	25. 47	26. 65	27. 84
	怀化	11. 33	12. 13	12. 70	17. 91	20. 30	22. 83	22. 39	23. 33	24. 57	26. 75
	娄底	9. 39	14. 98	11. 45	17. 51	20. 95	22. 40	23. 17	24. 99	24. 74	25. 97

附表 2　2013~2022 年中部地区 80 个城市创新发展指数

省份	城市	2013 年	2014 年	2015 年	2016 年	2017 年	2018 年	2019 年	2020 年	2021 年	2022 年
山西	太原	26. 49	28. 22	29. 81	29. 95	31. 04	31. 91	33. 00	32. 45	33. 81	35. 54
	大同	5. 12	5. 94	7. 77	6. 22	6. 24	6. 42	7. 04	7. 93	8. 07	8. 60
	阳泉	4. 48	4. 68	5. 36	4. 72	5. 09	6. 18	6. 56	7. 07	7. 87	8. 91
	长治	5. 87	7. 22	8. 09	9. 14	7. 10	6. 62	6. 87	8. 39	8. 57	9. 39
	晋城	4. 50	5. 30	6. 25	6. 60	6. 72	5. 81	5. 92	6. 56	8. 12	8. 66

续表

省份	城市	2013年	2014年	2015年	2016年	2017年	2018年	2019年	2020年	2021年	2022年
山西	朔州	4.86	5.46	6.15	7.14	5.85	6.51	6.71	6.88	8.72	9.49
	晋中	7.25	8.29	8.96	9.24	9.34	9.29	9.33	10.30	11.73	13.01
	运城	5.84	5.96	7.17	7.94	6.62	6.86	6.60	7.52	9.03	9.70
	忻州	3.59	3.76	4.78	6.03	5.44	4.78	4.84	5.03	5.70	6.16
	临汾	6.17	6.83	6.67	7.75	7.75	6.51	6.32	7.24	7.61	8.10
	吕梁	5.52	5.71	6.38	5.25	5.40	5.10	5.59	5.98	7.13	7.86
安徽	合肥	23.87	27.52	30.48	35.63	33.85	37.23	41.50	45.50	50.83	53.88
	芜湖	16.00	16.67	18.69	23.20	22.75	22.84	22.18	24.52	26.21	22.28
	蚌埠	10.02	10.98	13.20	15.31	13.04	12.25	11.66	12.50	12.57	12.12
	淮南	7.16	8.04	9.32	9.82	8.75	9.34	9.03	9.59	9.61	10.70
	马鞍山	9.80	10.53	12.94	15.91	15.39	15.32	15.98	18.46	19.35	18.28
	淮北	5.31	5.86	8.44	12.14	7.89	8.99	7.67	9.39	11.81	22.61
	铜陵	11.13	11.64	12.69	15.19	10.93	9.47	11.01	12.44	12.63	11.80
	安庆	6.46	6.60	8.15	9.75	10.29	10.58	9.84	11.63	12.23	11.74
	黄山	5.45	6.42	7.51	8.20	9.44	8.64	8.00	9.96	10.43	11.79
	滁州	6.34	7.71	10.48	13.84	11.05	10.68	11.30	12.88	13.09	12.15
	阜阳	6.17	8.17	9.23	9.66	7.54	7.68	8.80	11.30	10.43	15.73
	宿州	5.02	5.73	7.49	10.22	7.73	9.68	9.86	12.23	10.44	9.51
	六安	5.51	6.05	7.78	9.03	8.61	9.17	9.92	11.58	10.26	10.55
	亳州	5.71	5.81	8.10	7.29	9.29	9.39	9.61	10.58	9.94	8.47
	池州	6.49	5.59	7.42	8.97	6.86	7.83	7.43	8.83	9.40	11.15
	宣城	6.04	6.85	8.45	11.67	11.57	11.39	10.85	11.84	12.07	9.88
江西	南昌	20.83	21.92	23.17	25.24	26.77	27.84	29.96	32.48	36.60	29.54
	景德镇	6.51	6.90	6.96	7.50	9.13	9.15	9.71	10.33	10.86	14.07
	萍乡	5.60	5.36	5.30	5.99	7.10	8.19	8.57	9.76	10.37	12.28
	九江	6.81	6.70	7.27	8.76	8.65	9.81	10.34	12.25	13.37	15.26
	新余	6.31	6.65	7.88	8.47	8.75	8.96	9.82	11.65	12.92	12.96
	鹰潭	5.63	5.38	6.55	7.85	7.61	10.39	11.33	11.91	12.78	13.57
	赣州	6.57	6.83	7.62	9.06	9.15	10.23	10.54	12.59	13.40	12.83
	吉安	5.28	5.15	5.43	6.37	6.70	7.38	7.25	8.44	9.27	15.04
	宜春	6.15	6.26	6.38	7.22	7.56	8.52	8.67	9.64	10.57	16.61
	抚州	5.23	5.28	5.59	5.76	6.27	7.21	7.55	9.19	10.26	13.53
	上饶	3.77	4.09	4.82	4.97	5.35	6.35	7.20	8.07	8.65	16.24

续表

省份	城市	2013 年	2014 年	2015 年	2016 年	2017 年	2018 年	2019 年	2020 年	2021 年	2022 年
河南	郑州	32.94	35.22	38.53	40.66	42.95	43.90	50.01	56.18	64.42	61.44
	开封	7.80	8.64	8.80	9.35	9.73	9.60	10.11	10.39	11.34	12.08
	洛阳	15.53	17.58	18.37	21.10	20.42	18.30	18.18	17.30	19.20	17.98
	平顶山	6.95	7.71	7.26	8.65	10.59	9.77	9.83	10.46	11.09	10.02
	安阳	6.45	7.12	7.31	8.60	8.29	8.31	8.50	10.23	11.17	10.15
	鹤壁	5.48	4.52	5.20	6.31	6.83	6.89	6.68	8.37	9.80	9.38
	新乡	8.96	9.35	9.92	10.65	11.81	11.39	11.17	12.72	14.18	12.49
	焦作	8.31	8.67	9.49	9.96	10.28	10.57	10.54	10.53	11.54	10.97
	濮阳	5.65	5.15	5.31	6.46	6.75	6.00	6.60	7.69	8.11	8.88
	许昌	6.36	7.13	7.68	8.35	9.43	10.56	11.39	12.24	12.84	12.57
	漯河	5.07	5.25	4.93	5.78	5.86	6.39	7.50	9.13	10.53	10.87
	三门峡	4.89	5.59	6.06	6.42	7.62	7.28	7.14	7.30	8.32	9.61
	南阳	9.63	9.98	10.24	10.83	11.51	10.68	10.29	11.02	11.82	10.57
	商丘	5.56	5.73	6.44	5.80	6.45	7.00	8.30	8.83	9.67	8.44
	信阳	6.81	6.89	7.27	7.74	7.92	7.67	7.35	7.95	8.75	8.21
	周口	6.09	6.21	6.17	7.51	7.10	6.65	7.00	7.74	8.39	7.79
	驻马店	7.22	6.63	6.51	6.82	7.40	7.24	7.11	8.44	9.75	10.20
湖北	武汉	44.94	48.32	51.60	53.56	56.54	59.54	63.73	61.21	70.78	76.68
	黄石	6.00	6.84	7.00	8.08	8.35	8.64	8.68	9.74	11.65	12.86
	十堰	5.36	5.71	6.57	6.87	6.97	6.97	6.95	8.52	9.75	11.45
	宜昌	11.58	12.40	14.89	15.06	14.60	14.67	16.30	16.13	23.15	25.94
	襄阳	10.51	12.60	14.33	14.35	15.47	15.45	15.89	18.66	18.22	19.19
	鄂州	4.89	4.51	6.03	7.11	7.33	7.42	6.90	9.66	12.55	15.39
	荆门	5.34	5.85	6.51	7.28	8.24	9.31	8.84	10.25	14.11	15.54
	孝感	6.38	6.28	7.54	8.07	8.29	8.29	8.67	8.77	10.31	11.07
	荆州	6.95	7.50	8.15	8.46	9.67	8.82	8.68	8.98	11.39	12.93
	黄冈	5.44	5.37	5.63	6.50	6.12	5.78	5.71	5.92	6.00	6.70
	咸宁	4.99	5.45	5.23	5.72	5.78	6.83	7.00	8.33	9.57	10.25
	随州	3.90	4.46	4.81	5.16	5.70	5.65	5.87	5.73	6.05	6.48

续表

省份	城市	2013 年	2014 年	2015 年	2016 年	2017 年	2018 年	2019 年	2020 年	2021 年	2022 年
湖南	长沙	35.00	35.83	35.82	37.49	39.10	41.58	44.68	44.33	43.95	44.92
	株洲	9.52	10.80	12.77	13.21	14.14	15.46	16.83	18.55	19.17	21.44
	湘潭	8.86	9.59	11.53	12.18	13.70	14.40	14.43	16.38	16.62	17.49
	衡阳	8.20	8.91	9.54	10.35	11.22	11.68	11.02	12.54	11.71	14.81
	邵阳	4.00	4.06	4.21	5.04	5.06	5.13	5.48	6.98	7.78	8.26
	岳阳	10.15	10.59	11.75	12.63	12.46	12.24	12.67	13.37	14.43	15.76
	常德	9.85	10.78	12.02	12.74	12.44	11.90	12.69	14.21	15.05	16.15
	张家界	8.58	8.04	6.64	7.65	7.59	7.25	7.27	8.05	7.69	10.03
	益阳	5.71	5.95	6.24	6.87	7.55	8.11	8.04	9.37	10.82	11.96
	郴州	6.44	7.14	7.79	8.80	10.19	10.37	10.03	9.84	10.53	11.98
	永州	6.67	6.64	7.27	7.21	6.82	6.84	6.95	7.67	8.67	9.60
	怀化	8.23	6.98	6.53	6.77	7.79	8.43	8.62	9.50	11.03	11.87
	娄底	5.54	5.34	5.50	6.42	6.94	7.13	7.34	8.38	9.00	10.82

附表 3　2013~2022 年中部地区 80 个城市协调发展指数

省份	城市	2013 年	2014 年	2015 年	2016 年	2017 年	2018 年	2019 年	2020 年	2021 年	2022 年
山西	太原	61.90	64.98	63.33	65.26	64.50	64.49	63.50	58.98	59.21	56.97
	大同	25.97	29.14	27.39	30.05	30.89	32.24	33.30	34.31	35.73	36.42
	阳泉	31.47	32.77	33.08	33.61	35.81	36.75	36.88	35.59	36.07	37.52
	长治	23.17	24.08	22.89	24.07	26.11	26.47	27.09	27.55	30.04	31.11
	晋城	26.97	28.63	27.69	29.16	30.98	31.15	32.48	32.35	35.92	35.83
	朔州	23.58	24.84	22.78	24.02	28.43	30.39	29.69	30.12	32.17	33.98
	晋中	24.62	26.77	25.74	27.32	27.55	29.40	29.82	30.36	30.91	29.70
	运城	11.78	13.70	15.18	16.14	17.20	18.13	18.69	19.57	19.76	19.53
	忻州	16.04	18.29	18.31	18.82	17.28	18.20	20.18	21.29	21.04	23.11
	临汾	18.28	19.35	18.71	19.20	20.15	21.82	23.58	24.17	24.79	25.17
	吕梁	17.47	17.97	16.24	17.30	18.99	19.87	21.03	21.49	24.23	26.17
安徽	合肥	38.49	42.08	44.86	47.05	47.63	48.67	55.59	54.95	59.12	59.00
	芜湖	29.78	32.32	34.61	37.71	38.23	40.62	41.40	45.79	49.32	49.65
	蚌埠	20.93	23.07	23.99	26.50	26.89	28.71	32.38	33.85	34.03	36.31
	淮南	34.54	29.87	29.78	27.66	28.65	28.90	30.44	30.60	30.06	33.07
	马鞍山	29.31	30.78	32.21	34.17	33.96	36.65	39.36	41.86	44.69	45.45
	淮北	20.86	22.52	24.08	25.23	25.28	25.95	29.29	31.37	31.68	31.60

续表

省份	城市	2013 年	2014 年	2015 年	2016 年	2017 年	2018 年	2019 年	2020 年	2021 年	2022 年
安徽	铜陵	35.51	37.49	35.52	27.72	27.29	29.77	30.90	33.90	33.18	37.35
	安庆	14.50	16.77	17.18	21.20	20.88	20.63	21.89	26.34	26.45	29.73
	黄山	21.80	25.04	26.58	28.01	29.45	30.34	32.32	35.93	34.47	36.27
	滁州	17.00	18.83	19.11	22.79	23.38	22.74	26.80	31.48	35.15	37.32
	阜阳	11.12	12.64	12.26	16.76	18.19	17.45	20.99	22.75	21.80	24.48
	宿州	9.17	11.16	12.36	14.00	15.24	15.57	19.14	21.00	20.79	22.11
	六安	11.85	14.72	14.70	17.10	19.76	19.86	21.96	24.99	24.46	27.94
	亳州	11.17	13.18	13.14	16.29	16.38	16.92	20.45	22.74	22.57	25.35
	池州	22.86	22.72	23.41	25.03	25.73	24.49	26.67	30.40	31.68	33.71
	宣城	21.56	23.49	25.12	27.56	28.42	28.31	29.44	31.81	34.82	35.98
江西	南昌	41.06	39.22	42.15	43.03	48.58	49.12	50.91	46.73	53.16	49.84
	景德镇	23.75	22.86	24.54	32.20	30.01	32.58	34.74	39.80	35.32	35.19
	萍乡	26.88	22.59	24.97	28.54	27.95	30.74	40.08	33.64	28.60	31.84
	九江	21.00	21.66	25.34	27.28	22.34	24.40	30.88	29.77	30.12	32.76
	新余	25.69	31.66	29.04	30.52	32.89	35.35	38.67	33.48	39.20	39.45
	鹰潭	18.42	22.01	20.44	23.65	28.88	25.41	29.06	32.74	32.73	35.57
	赣州	19.90	21.07	16.38	19.61	23.49	20.94	26.52	32.79	24.17	27.27
	吉安	15.36	15.57	18.84	22.27	24.17	18.70	22.98	27.11	22.76	25.84
	宜春	13.10	15.49	22.23	20.58	20.99	23.54	26.60	30.95	24.67	28.56
	抚州	12.79	15.31	18.81	17.96	20.13	28.25	25.74	27.10	22.32	25.98
	上饶	16.10	18.35	19.51	16.81	19.03	21.39	21.65	25.35	23.02	27.67
河南	郑州	46.58	49.34	52.77	53.14	53.30	53.25	57.68	54.99	62.24	58.46
	开封	15.36	17.51	18.66	19.38	20.52	21.32	22.08	24.11	25.29	28.27
	洛阳	24.84	27.35	28.32	29.91	31.58	32.35	33.16	35.29	37.57	39.42
	平顶山	19.29	21.22	20.85	21.75	22.43	23.56	25.12	26.34	30.43	31.17
	安阳	15.21	17.53	18.14	19.06	20.30	22.33	22.95	24.05	27.65	29.25
	鹤壁	18.31	20.51	20.53	22.04	23.29	24.23	25.71	25.86	25.96	26.97
	新乡	18.98	20.47	20.77	21.37	22.04	22.86	22.85	24.74	27.04	28.91
	焦作	21.08	22.96	24.54	26.37	27.50	27.83	29.54	31.69	35.07	36.38
	濮阳	9.52	12.00	12.84	13.38	14.45	17.72	20.68	21.16	23.73	23.99
	许昌	18.51	20.78	22.16	21.95	23.28	24.01	26.68	28.07	29.89	31.94
	漯河	15.65	18.09	18.59	20.58	23.03	25.14	26.54	27.76	30.52	32.78
	三门峡	19.93	21.98	23.43	24.58	25.22	27.07	27.18	28.30	30.20	30.57
	南阳	11.34	15.64	14.91	16.17	17.36	19.35	20.31	23.08	23.92	27.14

续表

省份	城市	2013 年	2014 年	2015 年	2016 年	2017 年	2018 年	2019 年	2020 年	2021 年	2022 年
河南	商丘	10.69	12.32	11.76	12.70	13.77	14.96	17.42	20.02	20.69	23.40
	信阳	10.66	12.09	13.67	14.77	15.84	16.13	16.85	19.60	19.14	22.48
	周口	6.21	7.89	9.08	9.58	10.94	11.59	13.66	15.59	15.56	19.47
	驻马店	8.00	9.86	11.54	12.80	13.49	14.38	15.21	17.44	19.56	22.22
湖北	武汉	54.96	59.89	61.95	63.69	63.84	66.21	68.27	53.94	66.33	58.23
	黄石	25.60	28.28	26.46	28.28	29.58	30.07	33.10	29.15	35.93	37.36
	十堰	16.74	18.41	19.57	21.64	23.19	24.22	27.55	25.70	30.85	31.87
	宜昌	26.25	28.71	30.60	30.83	30.91	32.40	33.70	28.71	36.68	36.67
	襄阳	23.28	25.28	26.84	26.62	27.07	27.87	29.42	24.85	29.11	30.79
	鄂州	26.52	28.09	29.02	30.25	31.14	32.18	34.96	30.62	35.59	37.73
	荆门	18.73	20.19	21.36	23.29	25.20	26.90	28.90	26.54	32.29	33.57
	孝感	18.92	20.96	22.44	22.09	23.25	23.72	25.30	24.38	26.83	28.53
	荆州	16.70	18.63	19.77	21.15	22.36	23.80	26.06	24.91	28.30	29.58
	黄冈	12.68	14.30	16.10	17.21	18.80	19.84	21.14	20.72	23.77	25.07
	咸宁	16.74	18.41	20.14	20.46	21.64	22.20	23.68	22.68	26.63	28.42
	随州	15.86	18.41	18.17	20.12	21.79	22.51	24.22	23.59	27.37	28.43
湖南	长沙	47.43	50.68	53.81	54.99	56.71	58.52	58.89	56.08	64.75	59.55
	株洲	26.21	27.61	28.45	30.43	31.81	31.46	31.00	32.76	32.58	33.12
	湘潭	23.88	25.13	26.39	27.44	28.49	27.93	28.61	30.03	32.98	34.49
	衡阳	18.07	18.98	19.50	21.02	21.27	22.90	24.29	26.20	26.78	28.55
	邵阳	10.03	12.18	13.57	15.13	16.72	16.91	19.92	21.16	21.06	23.82
	岳阳	16.76	18.30	18.98	20.99	22.42	22.34	24.87	26.43	27.99	30.09
	常德	15.60	16.69	17.78	19.49	21.71	22.43	23.12	25.05	26.57	28.32
	张家界	17.29	18.57	19.86	21.88	24.51	26.93	30.85	30.07	33.49	36.19
	益阳	12.30	13.35	14.61	15.32	16.71	17.17	17.00	19.04	20.49	22.46
	郴州	18.63	19.90	20.10	21.93	21.53	21.83	23.11	24.15	25.33	27.11
	永州	11.57	12.48	13.63	14.94	16.58	17.38	18.42	19.63	20.73	22.75
	怀化	10.98	10.36	11.51	13.07	15.45	16.64	17.77	18.95	19.77	21.33
	娄底	11.04	10.94	11.38	12.66	14.34	14.62	17.22	19.11	19.84	21.70

附表 4 2013~2022 年中部地区 80 个城市绿色发展指数

省份	城市	2013 年	2014 年	2015 年	2016 年	2017 年	2018 年	2019 年	2020 年	2021 年	2022 年
山西	太原	66.15	69.52	70.16	72.85	73.69	75.14	76.29	77.04	77.72	76.89
	大同	45.31	52.01	53.20	65.33	69.55	70.18	70.94	71.26	72.98	74.61
	阳泉	50.18	51.70	57.28	58.34	62.46	65.67	70.14	75.30	75.05	73.56
	长治	53.92	58.08	63.16	62.73	65.85	73.58	71.70	74.46	74.94	74.43
	晋城	57.82	60.07	62.38	60.77	72.84	73.90	73.81	74.94	76.15	77.03
	朔州	63.69	66.70	66.19	69.92	73.37	71.59	70.21	69.89	75.83	74.98
	晋中	51.22	59.35	60.09	68.26	68.31	71.04	70.96	74.01	73.16	74.64
	运城	53.09	50.40	58.38	65.38	63.75	64.24	65.65	67.60	71.04	71.68
	忻州	41.16	47.24	46.69	58.47	68.83	68.84	70.30	70.51	71.45	74.62
	临汾	48.87	54.22	58.38	60.98	61.22	62.27	64.18	70.68	71.88	72.24
	吕梁	50.73	55.00	55.39	59.15	62.06	62.53	65.92	67.33	72.96	72.58
安徽	合肥	73.90	74.31	75.71	74.52	75.60	75.81	75.65	74.84	76.34	76.67
	芜湖	67.37	69.37	69.14	72.20	73.49	74.12	74.94	73.26	77.40	76.60
	蚌埠	62.49	65.64	70.18	72.58	73.72	74.29	75.44	74.63	75.47	74.28
	淮南	45.09	47.94	51.14	63.08	67.38	67.94	65.06	67.16	69.83	74.13
	马鞍山	63.10	63.51	66.38	69.91	69.42	70.18	71.25	72.20	73.03	72.55
	淮北	64.78	66.69	62.03	69.05	72.90	74.32	73.66	75.21	75.67	75.03
	铜陵	59.59	63.46	65.41	72.22	73.55	72.19	65.85	72.42	72.55	72.65
	安庆	67.82	69.19	69.97	72.19	73.85	73.06	73.28	73.21	75.32	75.23
	黄山	74.97	75.98	76.17	76.36	76.10	76.87	77.09	77.85	78.10	77.71
	滁州	64.25	64.89	67.28	69.78	72.92	73.45	76.18	72.65	74.78	76.86
	阜阳	60.93	57.46	61.48	67.33	68.30	71.97	72.25	71.47	74.83	75.87
	宿州	61.84	63.92	65.43	67.84	73.09	72.40	71.40	72.82	74.24	74.40
	六安	65.62	67.24	70.05	73.75	74.73	75.02	73.84	73.99	76.29	76.61
	亳州	69.13	66.74	66.84	69.83	67.66	70.67	70.96	73.37	75.41	76.16
	池州	60.73	64.42	68.49	72.46	73.74	73.95	74.82	74.16	75.76	77.21
	宣城	84.73	66.02	69.52	72.95	72.63	72.65	71.50	72.35	75.18	75.86
江西	南昌	71.89	71.52	72.00	72.74	75.70	77.07	77.47	78.99	79.75	79.53
	景德镇	61.90	61.55	62.47	70.13	80.28	76.35	77.86	79.31	79.45	79.45
	萍乡	57.67	57.96	61.03	69.95	72.69	77.93	74.40	79.39	80.73	80.40
	九江	65.61	61.71	61.25	71.71	72.73	72.80	75.35	75.32	76.40	74.82
	新余	65.08	67.50	67.21	73.61	75.40	75.49	76.37	78.30	78.79	78.98
	鹰潭	64.58	65.89	67.62	71.46	72.09	68.70	77.12	75.84	76.83	78.69
	赣州	48.30	50.85	53.81	61.41	73.28	75.54	77.02	76.74	77.43	77.85

续表

省份	城市	2013 年	2014 年	2015 年	2016 年	2017 年	2018 年	2019 年	2020 年	2021 年	2022 年
江西	吉安	69.52	69.27	69.80	72.35	72.97	72.01	75.73	75.80	76.90	77.06
	宜春	66.37	65.68	59.47	63.61	70.99	73.92	77.21	76.88	78.27	78.42
	抚州	73.77	73.02	71.15	73.19	75.41	75.70	77.82	78.64	79.28	79.07
	上饶	72.24	71.33	69.62	64.68	67.22	69.85	73.63	75.64	77.29	78.06
河南	郑州	65.08	70.07	70.71	74.93	74.00	74.83	75.16	75.23	76.10	73.68
	开封	47.75	50.40	62.87	67.97	71.20	72.42	76.17	72.74	77.59	77.70
	洛阳	63.75	68.17	67.43	72.89	74.70	76.06	75.36	75.97	76.85	77.14
	平顶山	57.52	62.82	63.49	73.57	72.86	73.44	74.44	74.23	75.60	76.15
	安阳	54.51	56.83	65.82	70.76	73.51	73.82	74.46	74.19	75.52	75.28
	鹤壁	57.16	56.77	61.23	68.23	70.60	71.67	72.29	74.19	78.07	77.43
	新乡	59.59	59.21	61.91	69.98	69.52	70.12	71.43	72.08	73.75	72.53
	焦作	59.51	58.97	61.77	68.57	71.40	72.50	74.20	69.25	72.72	74.34
	濮阳	62.36	65.68	63.93	68.05	71.93	72.76	73.90	73.79	74.16	75.69
	许昌	66.51	69.27	68.83	69.14	74.73	74.99	75.21	74.73	75.45	74.04
	漯河	68.23	67.39	74.70	75.28	73.16	73.45	75.57	73.48	75.60	74.51
	三门峡	59.15	62.89	59.81	73.28	72.84	73.20	73.62	76.19	76.95	76.52
	南阳	51.59	55.52	58.76	70.15	71.72	72.23	75.43	75.30	78.01	75.68
	商丘	59.99	68.76	68.82	72.30	73.74	73.74	73.15	72.98	73.51	62.54
	信阳	65.25	70.69	68.74	71.00	70.11	75.69	77.07	77.66	78.96	77.64
	周口	66.48	67.33	68.29	71.73	72.29	72.51	73.82	73.86	73.06	70.10
	驻马店	65.46	67.09	67.99	73.74	75.50	76.78	76.86	77.20	78.79	79.09
湖北	武汉	70.47	70.85	73.98	75.66	70.73	73.64	73.57	75.20	75.52	74.04
	黄石	55.65	57.99	60.22	67.62	68.26	69.71	70.28	71.05	72.51	72.59
	十堰	71.38	68.75	65.08	71.86	71.55	74.51	75.61	76.15	76.50	76.03
	宜昌	63.48	66.83	65.66	73.04	73.26	73.41	71.94	72.16	75.10	73.93
	襄阳	63.75	62.41	62.43	67.05	72.39	72.63	74.16	76.18	77.00	77.34
	鄂州	59.04	59.18	59.48	65.75	67.40	73.38	74.52	73.83	74.84	75.86
	荆门	65.85	66.75	65.12	71.16	73.60	74.88	73.08	72.79	72.87	74.82
	孝感	58.30	54.85	58.23	61.99	71.17	70.56	71.45	72.54	72.00	74.31
	荆州	48.22	52.83	52.25	67.52	68.58	69.12	70.28	69.06	70.33	73.51
	黄冈	51.24	56.22	53.51	63.22	67.33	70.66	70.72	71.21	71.89	75.81
	咸宁	66.59	67.67	69.08	71.80	71.39	72.23	72.72	73.28	74.15	73.86
	随州	69.91	71.94	71.25	67.72	74.20	73.28	74.70	74.89	76.28	76.65

续表

省份	城市	2013 年	2014 年	2015 年	2016 年	2017 年	2018 年	2019 年	2020 年	2021 年	2022 年
湖南	长沙	71.17	72.44	71.68	72.27	73.69	75.72	76.02	74.75	71.77	79.08
	株洲	64.24	70.80	70.57	73.04	74.08	74.93	75.73	75.76	74.83	76.22
	湘潭	65.66	67.87	68.73	71.80	75.06	76.17	74.33	74.55	74.98	75.39
	衡阳	57.96	59.49	59.14	62.46	69.33	71.33	71.44	75.62	75.97	76.56
	邵阳	58.19	61.68	61.97	70.14	71.04	71.68	74.36	74.84	76.04	75.88
	岳阳	66.21	67.35	65.80	68.47	71.88	71.70	72.30	73.48	75.25	76.31
	常德	67.28	69.20	72.44	74.07	76.50	76.35	77.87	77.51	73.97	75.08
	张家界	51.41	62.97	64.15	70.22	73.61	74.73	75.28	72.83	74.23	74.17
	益阳	61.85	73.38	65.05	69.63	70.19	72.83	74.36	74.43	75.59	75.73
	郴州	64.04	65.83	70.24	75.47	76.08	73.98	76.38	76.57	77.41	77.46
	永州	64.05	66.69	70.02	72.35	72.15	73.61	73.57	73.53	74.97	75.32
	怀化	57.96	60.63	60.14	69.86	71.66	72.39	72.68	72.09	73.70	74.23
	娄底	53.84	65.86	56.55	67.90	72.46	72.60	72.60	73.02	73.51	73.88

附表 5　2013~2022 年中部地区 80 个城市开放发展指数

省份	城市	2013 年	2014 年	2015 年	2016 年	2017 年	2018 年	2019 年	2020 年	2021 年	2022 年
山西	太原	10.55	11.74	11.02	11.48	11.23	13.52	14.13	14.11	18.07	15.96
	大同	3.72	3.88	3.81	3.74	4.26	4.63	4.76	4.98	5.59	5.78
	阳泉	3.43	3.96	4.01	4.47	4.90	4.72	4.87	4.53	4.84	5.32
	长治	2.84	2.81	2.92	3.02	3.30	3.81	4.28	4.36	4.70	4.10
	晋城	3.71	3.85	3.63	3.83	4.01	4.09	5.37	6.03	5.31	5.10
	朔州	3.09	3.11	3.00	3.74	4.19	4.42	4.72	4.45	4.36	4.87
	晋中	4.41	3.90	4.26	4.32	5.29	5.76	5.22	4.93	6.40	6.34
	运城	2.97	3.25	3.40	3.63	4.04	3.74	4.46	4.66	4.79	5.43
	忻州	2.53	2.79	3.01	3.23	3.81	4.51	4.48	4.57	4.91	5.41
	临汾	2.57	2.41	2.14	2.58	3.57	3.15	3.04	3.37	3.89	4.11
	吕梁	2.62	2.18	2.14	2.37	2.85	4.72	3.63	4.23	3.89	4.52
安徽	合肥	20.67	21.77	24.20	24.58	28.74	31.92	33.82	36.75	44.55	45.76
	芜湖	14.89	14.62	15.18	15.98	17.83	17.75	18.77	21.74	24.98	17.20
	蚌埠	6.07	5.97	6.69	7.44	8.51	8.12	8.43	9.04	9.43	7.26
	淮南	3.92	3.96	4.09	3.68	3.86	4.19	4.54	4.86	5.07	4.37
	马鞍山	9.55	9.13	9.90	10.23	11.50	12.75	14.37	15.63	16.21	9.00
	淮北	3.89	4.63	5.04	5.49	5.77	5.36	5.91	6.26	6.45	5.69

续表

省份	城市	2013年	2014年	2015年	2016年	2017年	2018年	2019年	2020年	2021年	2022年
安徽	铜陵	6.52	4.29	4.80	3.84	6.58	7.37	7.95	8.87	10.65	6.96
	安庆	5.54	5.08	4.77	5.64	5.69	5.98	6.62	7.63	8.57	8.16
	黄山	4.12	4.29	4.25	4.59	5.08	6.35	7.13	7.22	7.34	6.81
	滁州	9.36	10.40	11.04	11.97	12.27	12.63	13.92	15.43	16.87	15.47
	阜阳	3.46	5.57	5.75	5.94	4.25	4.86	5.22	6.10	6.35	5.84
	宿州	4.25	5.26	5.64	6.22	6.75	7.23	7.19	8.58	8.10	6.06
	六安	3.28	5.49	5.67	6.15	5.34	5.97	6.20	6.71	7.04	5.86
	亳州	5.59	6.01	7.04	7.40	6.34	7.14	7.87	7.54	7.90	7.53
	池州	4.16	5.27	5.75	5.77	5.57	5.99	6.35	7.29	8.05	7.19
	宣城	5.68	6.38	6.13	6.76	7.67	8.70	10.02	10.57	11.22	8.77
江西	南昌	17.34	19.89	18.60	18.65	23.12	24.55	23.81	25.06	25.96	20.46
	景德镇	2.73	3.76	3.52	5.53	5.77	6.29	6.77	6.77	6.02	7.00
	萍乡	2.78	3.21	3.39	4.16	4.75	6.36	6.81	7.30	7.02	6.77
	九江	8.68	8.94	10.04	11.52	11.48	14.16	13.13	15.35	16.55	13.82
	新余	5.39	5.57	6.00	6.91	6.79	7.64	8.04	7.81	8.39	10.21
	鹰潭	4.29	3.91	3.90	4.89	5.45	6.55	6.87	7.26	8.16	7.77
	赣州	6.70	8.52	8.00	9.17	9.97	11.14	11.95	13.12	14.07	11.78
	吉安	4.58	5.77	5.97	7.55	8.47	8.51	9.98	10.91	10.93	12.78
	宜春	3.51	3.82	4.25	5.69	6.03	7.29	8.57	9.02	8.30	8.67
	抚州	3.03	3.96	4.39	5.11	5.32	6.23	6.94	8.22	7.11	7.01
	上饶	4.48	5.83	6.10	6.45	7.63	7.63	8.02	9.10	9.61	8.47
河南	郑州	27.36	29.13	34.70	37.00	38.41	37.87	40.84	45.40	50.28	44.60
	开封	4.05	4.18	4.85	4.24	5.91	6.08	6.59	7.33	7.87	7.29
	洛阳	6.85	8.60	9.05	9.48	10.14	11.31	11.27	11.22	12.81	8.26
	平顶山	3.16	3.19	3.50	3.63	3.64	3.76	4.20	4.51	5.36	4.50
	安阳	4.07	4.12	4.02	4.42	4.87	5.25	5.62	5.84	5.86	5.06
	鹤壁	4.50	4.82	4.71	5.23	5.28	5.65	6.22	6.59	6.73	5.24
	新乡	5.47	6.05	6.24	6.68	7.44	18.87	7.29	8.01	8.41	6.73
	焦作	5.36	5.50	6.01	6.24	6.50	7.07	7.51	7.20	7.84	7.20
	濮阳	3.22	3.39	4.08	4.73	4.99	4.93	5.54	5.89	6.52	5.91
	许昌	4.79	4.75	4.84	5.12	7.71	7.76	8.22	7.70	7.66	6.43
	漯河	4.27	4.70	4.56	4.83	4.64	4.94	5.87	6.46	8.07	5.82
	三门峡	6.59	6.63	6.93	8.27	4.11	6.56	7.21	7.51	8.48	6.51
	南阳	4.19	4.51	4.43	4.61	4.67	5.05	5.62	5.70	6.39	6.22

续表

省份	城市	2013 年	2014 年	2015 年	2016 年	2017 年	2018 年	2019 年	2020 年	2021 年	2022 年
河南	商丘	2.40	2.70	3.09	3.21	3.62	3.68	4.13	4.64	5.71	4.37
	信阳	3.48	3.71	3.56	4.09	3.98	4.49	4.73	5.99	6.57	6.00
	周口	3.99	3.88	4.01	4.21	4.50	4.88	5.43	6.43	6.69	5.58
	驻马店	4.20	4.35	4.44	4.94	5.10	5.45	5.54	6.17	6.78	6.42
湖北	武汉	42.56	46.82	49.91	50.73	59.75	63.47	68.18	67.98	73.19	56.36
	黄石	6.18	6.04	5.33	5.68	6.36	7.31	7.08	7.85	8.99	9.56
	十堰	4.35	4.40	3.78	3.92	4.61	6.37	6.99	7.58	6.35	6.32
	宜昌	6.42	6.42	6.66	7.11	7.07	8.35	8.96	8.59	9.03	9.18
	襄阳	6.56	6.40	7.88	8.18	8.99	9.56	9.74	9.83	11.63	12.82
	鄂州	5.98	6.05	4.28	4.81	5.22	4.67	5.80	6.56	7.41	8.05
	荆门	3.79	3.92	4.37	4.79	5.16	6.04	6.38	5.95	6.47	7.60
	孝感	4.95	5.25	5.42	5.74	5.73	6.19	6.52	7.06	7.28	6.92
	荆州	3.79	4.18	4.08	4.22	3.80	4.07	4.66	5.47	6.51	7.44
	黄冈	3.89	4.49	4.75	4.95	4.75	4.81	5.33	6.62	6.00	6.53
	咸宁	3.17	3.11	2.98	3.31	5.32	5.34	5.88	5.66	5.39	6.09
	随州	2.56	2.78	3.29	3.29	3.55	3.82	4.25	4.47	4.63	4.86
湖南	长沙	15.06	16.94	18.33	19.87	21.42	25.48	31.68	35.06	28.36	34.89
	株洲	6.96	7.28	7.55	7.31	7.89	7.65	9.81	10.50	7.17	6.60
	湘潭	6.76	6.70	7.03	7.40	9.58	10.43	11.56	12.27	8.89	6.82
	衡阳	5.79	5.75	5.84	6.43	6.96	7.38	8.43	9.58	7.09	4.56
	邵阳	2.60	2.99	3.22	3.60	4.25	4.82	4.84	5.70	3.59	2.35
	岳阳	3.75	3.93	4.19	4.65	5.85	6.95	8.13	9.05	8.69	5.41
	常德	4.11	4.60	4.74	4.38	5.43	6.34	7.88	9.26	6.03	5.36
	张家界	2.57	2.61	3.13	3.51	3.78	4.26	4.11	4.76	4.78	4.82
	益阳	2.62	2.78	2.93	2.84	3.33	4.19	5.48	6.40	5.69	4.44
	郴州	5.61	6.31	5.86	5.42	6.46	8.24	9.01	10.28	7.20	5.44
	永州	3.70	4.31	4.64	5.05	6.09	6.53	7.86	8.38	5.92	4.50
	怀化	1.39	1.35	1.59	1.58	1.83	2.72	3.09	3.41	3.20	3.23
	娄底	2.82	2.99	2.93	3.19	5.10	8.10	6.39	7.24	4.57	3.58

附表 6　2013~2022 年中部地区 80 个城市共享发展指数

省份	城市	2013 年	2014 年	2015 年	2016 年	2017 年	2018 年	2019 年	2020 年	2021 年	2022 年
山西	太原	48.37	48.81	49.63	52.61	53.26	54.90	57.17	50.79	45.07	47.23
	大同	17.95	18.38	19.52	20.80	20.89	24.50	25.76	23.18	23.72	22.67
	阳泉	16.27	16.08	16.66	18.41	19.88	24.69	25.69	20.00	19.92	18.21
	长治	18.71	19.29	19.83	20.57	21.10	22.23	23.29	20.86	21.22	19.30
	晋城	15.79	16.46	16.11	18.34	19.48	22.56	24.67	21.23	20.40	17.88
	朔州	10.99	13.86	13.93	15.17	15.90	19.02	21.71	20.75	19.31	16.32
	晋中	22.81	25.83	25.02	26.28	27.37	30.61	33.66	28.65	22.60	24.98
	运城	20.59	19.03	19.81	20.35	20.11	20.93	21.02	18.93	19.21	17.44
	忻州	13.82	14.72	15.52	15.79	16.09	17.10	18.78	16.21	15.70	13.21
	临汾	13.25	13.69	15.83	16.80	17.50	18.28	19.81	18.02	18.37	15.16
	吕梁	10.63	10.84	11.46	12.58	13.69	15.24	16.04	15.49	16.30	13.75
安徽	合肥	30.80	32.28	33.50	34.96	36.43	38.72	41.62	40.40	39.99	40.40
	芜湖	14.26	17.28	16.53	18.87	20.08	21.87	23.57	21.53	22.71	22.39
	蚌埠	14.95	15.45	15.33	15.34	17.42	17.09	18.22	20.57	20.89	21.33
	淮南	19.28	20.38	21.27	16.97	16.58	18.62	19.34	19.45	21.32	21.37
	马鞍山	17.43	18.16	18.38	14.98	19.48	23.07	23.91	22.94	24.29	23.88
	淮北	11.23	11.62	11.62	11.62	12.63	14.20	14.49	14.20	16.05	15.58
	铜陵	22.48	23.39	23.98	17.80	20.68	23.34	22.70	22.72	24.11	24.22
	安庆	17.97	16.68	17.71	22.43	19.80	20.63	22.33	22.46	24.16	23.89
	黄山	25.38	21.49	22.55	23.74	27.17	30.20	33.18	27.35	30.92	28.76
	滁州	11.46	12.02	12.84	14.59	14.66	16.50	18.55	19.15	20.01	20.12
	阜阳	7.17	7.26	7.61	8.56	8.17	9.68	10.77	11.02	10.87	10.94
	宿州	7.52	7.21	7.16	7.80	8.15	9.76	10.14	10.73	10.33	10.55
	六安	10.39	8.57	10.11	11.39	11.37	12.38	13.04	13.46	14.14	14.06
	亳州	7.18	7.17	7.86	7.87	8.40	8.86	10.17	10.35	10.21	10.42
	池州	19.88	20.73	21.93	22.91	21.17	23.58	25.85	19.76	24.93	23.29
	宣城	13.48	11.44	10.59	11.39	12.18	13.74	15.00	14.11	14.70	13.66
江西	南昌	35.48	40.68	42.88	42.09	41.49	42.68	43.71	46.92	45.01	41.64
	景德镇	17.85	20.59	22.12	23.57	25.57	26.20	29.61	24.58	31.21	24.82
	萍乡	12.09	12.99	14.02	14.76	19.04	21.89	27.50	22.26	27.99	24.43
	九江	18.79	20.27	22.00	23.60	24.47	25.99	27.15	28.15	30.39	27.71
	新余	19.38	19.40	20.54	20.99	26.72	31.61	32.73	25.41	30.42	26.50
	鹰潭	9.71	10.98	15.20	17.67	18.12	21.10	22.32	15.86	23.52	19.50
	赣州	11.67	12.04	12.87	15.43	15.87	14.91	15.64	15.49	18.05	15.99

续表

省份	城市	2013 年	2014 年	2015 年	2016 年	2017 年	2018 年	2019 年	2020 年	2021 年	2022 年
江西	吉安	11.79	12.30	12.53	13.72	16.57	16.94	17.95	15.21	20.20	14.61
	宜春	8.46	9.31	9.39	8.72	9.50	10.80	14.00	12.68	18.84	13.88
	抚州	8.24	8.56	9.51	10.68	11.89	12.45	14.16	14.15	15.70	14.36
	上饶	9.71	10.85	11.99	14.32	14.03	14.13	16.10	14.06	23.02	14.28
河南	郑州	35.18	34.43	37.99	39.99	44.02	48.21	49.34	51.15	46.92	48.21
	开封	12.41	15.49	19.99	12.77	14.38	15.78	16.42	16.87	16.12	18.18
	洛阳	15.57	16.68	17.96	19.24	21.60	23.25	26.57	26.03	26.20	28.61
	平顶山	12.43	13.04	13.52	13.73	15.00	15.93	16.05	16.24	15.53	18.13
	安阳	12.11	12.47	12.76	12.95	14.16	15.91	16.63	17.09	16.51	18.76
	鹤壁	8.71	10.09	10.40	10.75	12.00	14.06	15.76	15.65	16.46	17.55
	新乡	13.83	14.19	14.42	14.53	15.12	15.78	16.47	17.00	16.57	18.97
	焦作	15.40	16.38	17.08	19.58	22.19	23.70	24.10	23.67	22.62	24.96
	濮阳	7.64	8.12	8.21	9.11	11.08	12.96	14.48	14.05	15.65	17.36
	许昌	11.91	13.18	13.77	11.70	12.56	12.75	14.03	15.57	15.06	17.35
	漯河	11.41	11.91	11.51	12.88	12.91	13.34	12.55	12.98	14.18	16.14
	三门峡	12.77	13.40	13.99	14.44	18.06	19.38	20.32	19.65	20.09	20.98
	南阳	8.80	9.29	9.35	9.82	10.28	11.03	12.83	13.00	12.65	15.11
	商丘	7.75	7.78	7.93	8.52	8.84	9.37	9.53	9.79	10.39	12.79
	信阳	6.51	7.19	10.53	8.45	8.67	9.23	10.82	10.75	11.38	14.01
	周口	6.45	6.43	7.54	8.19	8.59	9.10	9.47	9.69	10.15	13.04
	驻马店	6.77	8.10	8.38	9.93	9.82	10.60	10.00	14.40	12.58	16.24
湖北	武汉	50.77	53.13	57.12	62.05	62.87	65.02	66.43	69.78	61.75	58.10
	黄石	13.58	14.25	15.92	16.78	15.07	15.88	16.38	17.46	20.26	24.28
	十堰	13.30	13.69	14.89	15.49	16.26	17.33	18.66	20.23	20.76	27.19
	宜昌	13.77	14.51	15.27	21.67	20.01	21.84	23.99	25.10	26.45	26.60
	襄阳	20.07	21.48	25.16	25.93	23.69	24.72	25.91	28.02	27.19	34.34
	鄂州	9.53	9.94	10.05	11.15	12.69	16.03	16.60	20.28	21.13	23.41
	荆门	9.83	10.51	10.30	11.96	13.31	13.75	13.80	15.76	13.42	13.69
	孝感	7.50	8.73	8.49	9.19	9.76	10.82	11.77	13.41	11.63	11.89
	荆州	12.25	12.39	14.42	13.05	13.76	13.88	16.18	14.68	20.46	20.09
	黄冈	11.67	11.39	12.43	13.54	12.00	13.43	14.69	21.67	20.40	21.58
	咸宁	10.06	11.37	12.02	12.46	14.43	14.53	16.71	17.78	21.07	21.25
	随州	10.03	10.73	11.04	8.42	9.19	9.76	12.06	11.81	14.06	14.73

续表

省份	城市	2013 年	2014 年	2015 年	2016 年	2017 年	2018 年	2019 年	2020 年	2021 年	2022 年
湖南	长沙	41.59	41.44	42.55	46.67	48.28	49.19	51.03	52.62	46.50	45.36
	株洲	16.11	18.79	20.06	21.49	22.40	26.03	25.87	25.89	24.81	24.01
	湘潭	17.48	18.87	19.32	24.09	24.12	25.24	25.94	25.94	24.60	22.84
	衡阳	11.84	12.68	13.77	15.07	15.15	16.48	17.17	17.48	17.25	18.82
	邵阳	7.70	8.65	9.18	9.33	10.56	12.04	12.75	12.73	14.29	13.05
	岳阳	9.48	10.93	12.18	13.17	13.32	14.56	16.38	16.97	16.22	16.58
	常德	14.92	17.47	18.17	19.47	17.51	19.52	20.26	21.03	20.98	22.68
	张家界	11.74	13.29	14.57	24.19	27.44	25.32	28.82	24.04	26.89	27.81
	益阳	10.58	11.80	12.30	12.51	14.20	15.19	15.76	15.72	22.44	17.58
	郴州	11.20	12.51	14.89	15.82	15.34	16.37	22.68	18.19	20.77	21.75
	永州	10.80	11.39	12.80	12.87	13.78	13.60	14.97	16.61	18.43	20.06
	怀化	8.95	9.39	10.88	11.46	12.89	17.29	13.83	15.41	15.03	18.83
	娄底	9.82	10.17	11.99	12.33	12.78	14.07	15.18	16.73	16.30	17.05

图书在版编目(CIP)数据

中国中部地区经济高质量发展报告 . 2024~2025 / 刘耀彬主编；彭继增，聂长飞副主编 . --北京：社会科学文献出版社，2025. 6. --ISBN 978-7-5228-5492-2

Ⅰ. F127

中国国家版本馆 CIP 数据核字第 20254MQ933 号

中国中部地区经济高质量发展报告（2024~2025）

主　　编 / 刘耀彬
副 主 编 / 彭继增　聂长飞

出 版 人 / 冀祥德
责任编辑 / 陈　颖
文稿编辑 / 白　银
责任印制 / 岳　阳

出　　版 / 社会科学文献出版社 · 皮书分社（010）59367127
地址：北京市北三环中路甲 29 号院华龙大厦　邮编：100029
网址：www. ssap. com. cn
发　　行 / 社会科学文献出版社（010）59367028
印　　装 / 三河市东方印刷有限公司

规　　格 / 开 本：787mm × 1092mm　1/16
印 张：17. 75　字 数：270 千字
版　　次 / 2025 年 6 月第 1 版　2025 年 6 月第 1 次印刷
书　　号 / ISBN 978-7-5228-5492-2
定　　价 / 158. 00 元

读者服务电话：4008918866